돈을 아는 아이는
흔들리지 않는다

Smart Money Smart Kids
Raising the Next Generation to Win with Money
by Dave Ramsey and Rachel Cruze

Copyright © 2014 Lampo Licensing, LLC
First published by Lampo Press, The Lampo Group Inc., Brentwood, Tennessee 37027

All rights reserved.
No portion of this book may be reproduced, stored in a retrieval system, or transmitted in any form or by any means — electronic, mechanical, photocopy, recording, scanning, or other — except for brief quotations in critical reviews or articles, without the prior written permission of the publisher.

Korean Translation Copyright © 2025 by Next Wave Media Co., Ltd.
korean edition is published by arrangement with The Lampo Group Inc. through BC Agency, Seoul.

이 책의 한국어판 저작권은 BC에이전시를 통한 저작권자와의 독점계약으로 흐름출판에 있습니다.
저작권법에 의해 한국 내에서 보호를 받는 저작물이므로 무단전재와 복제를 금합니다.

돈을 아는 아이는 흔들리지 않는다

아빠 데이브 램지,
딸 레이첼 크루즈 지음
이주만 옮김

Smart Money Smart Kids

세계적 재정 전문가
아빠와 딸이 함께 쓴
8가지 자립 습관

흐름출판

사랑하는 우리 아이들 데니스와 레이첼, 대니얼. 너희는 이 책을 집필할 수 있는 근거를 마련했고, 여기서 다룬 원칙들의 효과를 삶으로 입증했다. 너희는 우리 집안에 커다란 변화가 일어났음을 보여주는 증표가 되었다. 나아가 우리 집안의 첫 손자인 윌리엄과 미래에 태어날 손주들에게도 미리 말하고 싶다. 너희가 바로 우리 부부의 가장 소중한 유산이란다.

근면하게 일하고 성실하게 인내하며 사는 법 그리고 지혜롭게 돈을 관리하는 법을 가르쳐준 어머니와 아버지. 우리에게 훌륭한 모범을 보여준 두 분께 감사드립니다. 이 책을 집필하는 동안 격려와 지원을 아끼지 않은 남편 윈스턴, 매 순간 기운을 북돋아 줘서 정말 고마워요. 당신의 아내가 되어 기쁘고, 우리 아이들에게 이 유산을 남겨줄 생각을 하니 벌써 가슴이 벅찹니다.

이 책은 아버지와 딸이 함께 쓴 책으로, 양쪽의 관점을 동시에 보고 배울 수 있도록 구성돼 있습니다. 본문에 등장하는 아이콘 중에서 은 아빠 데이브 램지의 글을, 은 딸 레이첼 크루즈의 글을 의미합니다.

추천의 글

스스로 결정하고
스스로 책임지는 아이로 기르고 싶다면

세상에서 마음대로 안 되는 일 중 하나가 자녀 문제다. 뭐 하나 기대대로, 마음대로 움직여지지 않는다. 자녀 교육에 관한 책을 읽을 때는 고개가 끄덕여지지만 현실로 돌아오면 생각과 행동이 따로 논다. 아이를 명문대에 입학시킨 부모들의 수기를 보면 정답을 얻을 수 있을 것 같아 기웃거려 보지만 결과는 역시 '글쎄'다.

어려서부터 책을 많이 읽히고 자기 주도 학습을 하면 내 자식도 명문대를 갈 것 같지만 현실은 영 딴판이다. 필자의 경우에도 이런 책을 여러 권 읽었다. 그래서 아이가 어렸을 때는 아무리 바빠도 자기 전에 책을 읽어 주려 노력했다. 우리 아이는 독서를 많이 하는 아이로 성장했을까? 앞으로는 모르겠지만 중고등학교 시절에는 책을 멀리 했다. 그것도 아주 멀리… 하지만 유튜브와 게임은 가까이했다. 그것도 매일 조금씩 꾸준히….

아이에게 진짜 필요한 교육은 무엇일까?

우리의 삶은 어쩌면 당위와 현실 사이를 오간다. 해야 하는 것과 실제로 하는 것은 차원이 다른 영역이다. 은퇴 준비와 자녀 교육이 대표적이다. 경제적 의미에서 보자면 자녀는 비용의 영역에 가깝다. 노벨경제학상 수상자 게리 베커Gary Becker는 소득이 증가하면 자녀의 질Quality을 높이는 쪽으로 투자가 많아진다고 보았다. 자녀의 수는 줄고 1인당 투자는 늘어나는 것이다. 베커 교수는 농업 기반 사회나 산업 사회 초기에는 자녀를 노후 부양과 심리적 만족을 주는 존재로 봤다. 즉 '투자재'의 성격을 가졌지만 현대사회에서는 '소비재'의 성격이 강해진다고 보았다. 베커 교수의 지적처럼 현대의 출산율은 그 어느 때보다 낮지만 자녀 1인당 투자액은 그 어느 때 보다도 높다. 우리나라에서는 자녀가 소비재 중에서도 가장 값비싼 소비재인 셈이다.

서구사회는 자녀가 성인이 되는 순간, 부모와의 경제적 관계가 거의 단절되지만, 우리나라는 결혼 시점까지도 계속 이어진다. 사교육비, 대학교육비, 결혼자금까지 부모와 자녀의 경제 관계가 얽혀 있다. 당연히 부모 입장에서는 이런 구조는 고비용을 의미하고, 자신의 미래를 위한 투자, 즉 노후 준비에 할당할 자원을 줄게 된다.

이 문제를 해결하는 방법은 두 가지 정도 있을 것이다. 첫 번째는 자녀가 돈을 많이 버는 직업을 갖거나 직장에 들어가는 것이다. 그런데 이 방법은 2000년대 들어서 한계를 드러내고 있다. '자산가격의 폭등' 때문이다. 일각에서는 2000년대 이후의 사회를 '자산 계급 사회'라고 부른다. 자산 계급 사회란 개인의 능력이나 노력보다 자산의 보유 혹은 자산을 물려받을 수 있느냐가 한 사람의 삶에 더 큰 영향을 미치는 것을 뜻한다. 흔히 하는 말로 명문대를 나와도 자기 힘으로 서울에 아파트 한 채 사기 어려운 세상이 된 것이다. 서글프긴 하지만 현재와 같은 사회 구조는 당분간은 크게 바뀔 것 같지는 않다.

두 번째 방법은 자녀 스스로 경제적 독립을 할 수 있는 능력과 지식 그리고 기술을 갖추도록 하는 것이다. 즉, 경제 및 금융교육을 제대로 시켜서 돈에 관한 독립적 마인드를 갖도록 조기 교육을 시키는 것이다. 경제교육, 그 중에서도 금융교육은 현 시대의 생존 지식이라 해도 과언이 아니다. 주택 구입, 연금, 대출, 신용카드 등 돈과 금융을 모르고서는 제대로 된 경제적 의사결정을 할 수 없는 시대에 우리는 살고 있다.

자기 선택과 책임의 원칙을 알려주는 책

《돈을 아는 아이는 흔들리지 않는다》는 10년 넘게 아마존 스테디셀러에 올라 있는 책이다. 저자 중 한 명인 데이브 램지는 재무 설계 교육 분야에서 가장 탁월한 교육자 중 한 명이다. 필자도 오래전 램지의 책을 짧은 영어로 읽었던 기억이 있다. 이 책은 램지와 그의 딸이 함께 쓴 책이다. 자신의 집안에서 행하는 경제 교육 방법을 이론에 접목해서 실감나게 쓴 책이다. 용돈, 기부, 투자, 소비, 자기 책임 등 자녀들과 함께 돈과 관련된 문제에 어떻게 접근할 것인가에 대한 기본 원칙을 제시하고 있다. 그 기본 원칙이 매우 엄격하다. 램지 집안의 경제교육은 비타협적인 원칙 위에 세워져 있다. 그래서 독자의 입장, 그것도 미국이 아닌 한국의 독자의 입장에서 보면, 조금은 불편하고 거부감이 일어날 수도 있다.

하지만 이 책의 메시지는 간명하고 강렬하다. 자본주의적 삶, 그중에서도 자기 선택과 책임의 원칙을 어릴 때부터 가르쳐야 한다고 강조한다. '스스로 선택한 것은 스스로 책임을 져라. 선택에는 비용이 따른다.' 선택과 책임은 자본주의의 기본 원리다. 이 정도로 청교도적 가치 위에서 경제 교육의 중요성을 강조하는 책은 만나보기 어렵다.

세상의 모든 부모는 자녀들이 독립적인 자아를 갖기를 바랄 것이다. 스스로 결정하고 스스로 책임지는 존재가 되기를 말이다. 독립적인 자아를 갖기 위해서는 독립적인 사고와 경제적 독립이 필요하다. 독립적인 사고는 상부구조, 경제적 독립은 하부구조다. 하부구조가 튼튼하지 않으면 상부구조도 무너진다. 경제 및 금융 교육은 우리 아이들의 삶의 하부구조를 건설하는 일이다. 자녀의 삶이 건실하길 바란다면, 램지 부녀가 자신들의 경험을 바탕으로 쓴 이 책을 읽어보면 많은 도움을 받을 것이다.

— 이상건 미래에셋투자와연금센터장

들어가며

아이는
부모의 행동에서 배운다

로터리클럽에서 마흔세 명의 청중을 앉혀놓고 돈 관리 방법을 얘기한 게 내 첫 강연이었다. 프로젝트를 이용해 스크린에 내용을 띄워가며 진행했었다. 당시를 떠올리니 제일 아쉬운 게 머리숱이다. 지금이야 대머리가 되었지만 그때는 참 풍성했는데…. 아무튼 비행기를 타고 전국을 돌아다니며 강의하고, 매주 수천만 청취자를 상대로 라디오 방송 〈데이브 램지 쇼 The Dave Ramsey Show〉를 진행한 것은 한참 뒤의 일이다.

거울 앞에서 여러 시간 연습했던 첫 강연을 무사히 마친 나는 안도의 한숨을 쉬며 강연장 뒤쪽으로 갔다. 거기에는 자비로 출판한 책 《재정적 평화 Financial Peace》가 테이블에 놓여 있었고, 강연 참석자들에게 권당 12달러에 파는 중이었다. 지금도 그렇지만 그때도 돈 관리의 기본 원칙을 다룬 강연을 마치고 나면, 참석자들이 하나같이 공감을 표시한다. 그동안 상식으로 여겼던 게 사실은 상식적이지 않다는 사실에 놀라면서 말이다.

그날 테이블에 앉아 있는 내게 한 중년 여성이 다가왔다. 그 여성에게 처음으로 들었던 평가를 나는 지금까지도 잊지 못한다. 그녀는 내 책 한 권을 집어 들고 값을 치르면서 이렇게 말했다. "데이브 씨, 아주 훌륭한 강연이었어요. 그런데 어째서 부모들은 자녀에게 돈에 대해 가르치지 않는 걸까요? 학교에서도 왜 기본적인 돈 관리법을 가르치지 않는 길까요? 우리 자녀들이 꼭 알아야 하는 중요한 정보인데 말예요."

그녀의 말이 옳다. 이 어머니는 자신이 돈 문제에 미숙한 이유가 어려서 돈의 이치에 대해 교육받은 적이 없기 때문이라는 사실을 알았다. 지금이라도 돈의 이치를 배울 수 있어서 다행이긴 하지만, 그동안 자기 자녀에게 돈의 이치를 전혀 가르치지 못했다는 생각에 못내 아쉬워했다. 다른 참석자들도 마찬가지였다.

지난 수십 년간 여러 매체에 출연하고, 라디오 방송에서 수백만 청취자를 만나 상담하고, 미국 전역을 돌며 강연할 때마다 이와 똑같은 장면과 질문이 반복되었다. "우리는 어째서 자녀에게 상식적인 돈 관리 원칙을 가르치지 않는 걸까요?"

사실, 부모들은 자신이 잘한다고 느끼는 분야에 대해서는 자녀에게도 잘 가르친다. 내 친구의 부친은 훌륭한 기계공이다. 그분은 자동차 아래 누워서 혹은 자동차 안을 들여다보면서 차량에 대해 몇 시간이고 아들과 대화를 나눈다. 주말 저녁이 되면 아들과 아버지는 대부분 함께 시간을 보내면서 엔진을 만들고 기어를 조작하고 브레이크를 고친다. 두 사람이 함께할 때면 늘 어떤 기계를 수리하거나 아니면 그 일에 대해 대화를 나눈다. 내 친구는 커서 기계광이 되었는데, 이게 놀랄 만한 일인가? 그 친구는 모터가 달린 거라면 뭐든지 사족을 못 쓰고, 또 그런 물건을 다루는 데 일가견이 있다. 이는 그 집안 전통이다.

또 한 친구의 부친은 우리 주의 주지사로 두 번이나 당선된 분이다. 그것도 우리 주 역사상 최연소 주지사였다. 그래서 내 친구는 어렸을 때 주지사 관저에서 살았다. 그 집안은 식사 중에도 주로 정치나 공공 서비스 같은 주제를 두고 대화하고 토론하며 시간과 정력을 쏟았다. 그 친구는 어릴 때부터 정치로 세상을 배웠다. 식사 자리에 가만히 앉아서 관련 지식을 흡수한 셈이다. 그 친구가 정치를 사랑해서 국회의원이 되거나 시장에 출마하거나 공공 서비스 기관의 고위직에 복무하게 되었다면, 그게 놀랄 만한 일일까? 그 친구는 나랏일에 관련한 거라면 뭐든지 좋아했다. 이는 그 집안 전통이다.

또 한 친구의 모친은 유명한 작가다. … 무슨 얘기가 이어질지 더 적지 않아도 예상할 수 있을 것이다. 내가 아는 또 한 친구의 부친은 항상 새로운 회사를 차려서 사업을 성공시킨 뒤 그 회사를 비싸게 매각한다. … 또 한 친구의 부친은 비행기와 조종법, 비행기의 역사를 사랑한다. … 역시 무슨 얘기가 이어질지 예상할 수 있을 것이다.

모든 집에는 전통이 하나씩 있다. 물론 다시는 반복하지 말아야 할 슬픈 전통으로 고통받는 집안도 있으리라. 아이들은 스펀지 같아서 주변에 있는 것은 죄다 흡수한다. 그러므로 아이들을 둘러싼 환경에는 특히 주의를 기울여야 한다. 다행히 다음 세대에 물려줄 집안

전통은 부모가 선택할 수 있다. 그것은 선택의 문제다.

부를 쌓은 사람들, 그리고 부에 대해 건전한 생각을 지닌 사람들은 돈에 집착하거나 돈을 숭배하지 않는다. 대신 돈을 경계하고, 자녀들에게 돈을 다루고 관리하는 법을 확실히 가르친다. 이는 부자들의 집안 전통이다.

샤론과 내가 파산으로 모든 재산을 잃고 법원에 파산 신청서를 냈을 때 우리는 스물여덟 살이었고, 집에는 아장아장 걷는 큰딸과 갓 태어난 둘째 딸이 있었다. 나는 돈으로 어리석은 실수를 저질렀고 돈 때문에 내 인생의 한 시기를 통째로 잃어버렸다. 이후 힘든 나날을 보내는 동안 나는 성경에서 거짓된 상식이 아니라 참된 상식을 발견했다. 그리고 성경에 기초한 돈 관리 원칙을 삶에 적용했다. 우리 삶은 새로운 전환점을 맞이했으며, 돈 문제에서 승리를 맛보기 시작했다.

빚더미에서 빠져나와 한숨 돌리고 나자, 램지 집안에서 두 번 다시는 빚에 빠지는 사태가 발생하지 않도록 해야겠다는 생각이 제일 먼저 들었다. 또한 우리 아이들이 이런 실수를 범하지 않도록 보호해야겠다는 생각도 들었다. 우리 부부가 빚을 지는 일도 없어야 하지만, 우리 자녀가 똑같은 상황에 빠지는 일도 없어야 했다. 샤론과 나는 적절한 돈 관리 원칙을 아이들이 뼈에 새기도록 훈육하겠다고 다짐했다. 우리는 집안 전통을 바꾸기로 마음먹었다.

파산으로 겁에 질려 큰 상처를 안은 채 젊은 시절을 보낸 샤론과 나는 돈에 관한 한 새로운 역사를 써나가기로 작정했다. 돈에 관한 지식을 쌓고, 돈을 현명하게 다루는 습관을 기르고, 부를 축적하는 집안 전통을 세우기로 했다. 그리고 성공했다. 우리는 삼 남매를 돈 문제에 똑똑하게 대처하는 성인으로 양육했다. 결과적으로 우리 부부의 인생은 물론 자녀들의 인생까지 달라졌다.

이 책은 돈을 다루는 문제와 관련하여 집안에 새로운 전통을 세우는 데 꼭 필요한 안내서다. 둘째 딸 레이첼과 내가 여기서 다루는 내용은 매우 실용적이고 효과적인 돈 관리 원칙들이다. 이 원칙을 따른다면 당신은 집안의 새로운 역사를 쓸 수 있다. 부모가 자녀에게 돈 관리하는 법을 공 들여 가르치지 않으면, 나이 마흔이 되어서도 독립하지 못하고 부모 집에 얹혀살지도 모른다. 부모가 돈을 지혜롭게 관리하는 법을 솔선해서 보여주지 못하면, 자녀는 세상의 수많은 보통 사람처럼 돈 문제로 힘든 삶을 살게 된다.

램지 집안 사람들은 특히 건전한 정신을 지녔고 이 책에서 다룬 원칙을 완벽하게 실천했다고 말하고자 하는 게 아니다. 나 역시 아버지 역할을 제대로 하지 못한 적이 많다. 아내 역시 쇼핑몰 복도에서 떼를 쓰는 자식에게 항복하고 요구를 들어준 때도 많았다. 샤론과 나는 원래 흠이 있는 사람들이고, 우리 아이들이 돈 문제에 똑똑하게 대처하도록 키우는 일에서도 원칙을 완벽하게 따르진 못했다. 하지만 똑똑한 재정 원칙을 실천에 옮겼고, 일상에서 기회가 있을 때마다 아이들에게 돈에 관해 가르치려고 애를 많이 썼다.

돈 관리 능력이 워낙에 좋은 사람도 있을 것이고 형편없는 사람도 있을 것이다. 또 똑똑한 돈 관리 원칙을 가르치고 싶은데 자녀가 이미 훌쩍 커버린 가정도 있을 것이며, 이제 막 가정을 꾸린 사람도 있을 것이다. 당신이 어떤 처지에 있든 상관없다. 당신은 오늘부터 집안의 새로운 전통을 세울 수 있다. 이 원칙들을 배우고 가르치기 위해 당신이 완벽한 사람이어야 할 이유도 없다. 과거에 저지른 실수 때문에 실천하지 못할 이유도 없다. 그냥 시작하면 된다. 오늘부터 경제관념을 제대로 세운 돈에 똑똑한 아이로 키우면 된다.

방금 말했다시피 샤론과 나 역시 이 책에서 말하는 똑똑한 돈 관리 원칙을 완벽하게 실천하지는 못했다. 그럼에도 아들딸을 돈에 똑똑한 아이들로 키우는 데 성공했다. 나는 개인적으로 성공을 거두고 온갖 칭송을 받고 명성도 얻었지만, 내 인생에서 가장 자랑스러운 것이 무어냐고 누가 묻는다면 주저 없이 자식들을 꼽을 것이다. 샤론과 내게는 유능하고 자신감 넘치고 훌륭한 성인으로 자란 자식이 셋이나 있다. 세 아이는 모두 정신적으로 성숙한 인생을 살고 있으며, 행복한 가정을 이뤘고, 자기 경력을 탄탄하게 쌓으며 돈을 잘 관리하고 있다.

그중 둘째 딸 레이첼은 이제 뛰어난 강사가 되어 모든 연령대의 청중을 대상으로 전국 각지에서 재정 원칙을 가르치고 있다. 레이첼은 자신의 경험을 살려서 돈 문제와 관련해 새로운 전통을 세우고 싶어 하는 가정을 돕고 가르치는 일을 좋아한다. 나야 아버지로서 당연히 이런 딸을 대견하게 여기고 있지만, 이 책을 읽으면 당신도 '우리 딸아이 같은' 자녀로 키우고 싶어질 것이다. 물론 당신도 그렇게 할 수 있다.

내가 하고 싶은 말은 이거다. 램지 부부가 돈 좀 있다고 어리석게 굴다가 파산했는데, 이를 극복하고 새로운 전통을 세우고 새로운 유산을 남겼다는 것. 그리고 램지 부부가 해낸 걸 보면 누구라도 할 수 있는 일이라는 것. 기대해도 좋다. 지금부터 당신 앞에 흥미진진한 이야기가 펼쳐질 것이다.

— 아빠, 데이브 램지

차례

추천의 글 · 7

들어가며 아이는 부모의 행동에서 배운다 · 11

| 제 1 장 |

내가 바로 그 조그만 소녀였다 · 21

| 제 2 장 |

노동 일을 해야 돈이 나온다 · 35

| 제 3 장 |

소비 돈은 한번 쓰면 돌아오는 법이 없다 · 67

| 제 4 장 |

저축 필요한 물건은 내가 모은 돈으로 산다 · 91

| 제 5 장 |

기부 돈은 소유하는 게 아니라 관리하는 것 · 121

| 제 6 장 |

예산 계획하지 않는 것은 실패를 계획하는 것 · 145

| 제 7 장 |

부채 부채는 독이다 · 171

| 제 8 장 |

학자금 빚더미에서 시작하는 사회생활 · 201

| 제 9 장 |

자족 감사할 줄 알아야 행복을 알게 된다 · 237

| 제 10 장 |

가족 다양한 가정의 양육 원칙 · 267

| 제 11 장 |

레거시 무엇을 물려줄 것인가 · 301

| 제 12 장 |

내가 바로 그 아버지였다 · 325

부록 · 332

제 1 장

내가 바로
그 조그만 소녀였다

"오늘 초대 손님은 레이첼 램지… 아니, 레이첼 크루즈 씨입니다. 그러니까 재정 전문가 데이브 램지 씨의 따님이시죠. 레이첼, 미안해요."

지난 수년 동안 내가 출연했던 텔레비전 프로그램의 진행자들은 이런 실수를 범하곤 했다. 내가 결혼을 했음에도 예전 성으로 소개하는 것 말이다. 유명한 아빠를 둔 딸로서 어쩔 수 없는 일이려니 한다. 내 부친은 20여 년간 재무 관리 상담을 하면서 '그 돈 관리 전문가' 하면 모르는 사람이 없을 정도로 명성을 쌓았다. 그러니 강연장에서 나를 만난 청중이나 프로그램 진행자들이 아버지를 먼저 떠올리는 것도 당연하다. 그래서 싫다는 말이 아니다. 사람들이 나를 그렇게 소개해도 아무 불만이 없다. 아버지가 나를 훈육한 방식과 우리 가족이 자랑스럽기 때문이다. 그래도 '레이첼'이라는 내 이름보다 '램지'

라는 성씨에 더 주목하는 사람들에게 분명히 밝혀두고 싶다. 내 인생은 우리 부모님이 살아온 인생과는 많이 다르다고 말이다.

나는 빈털터리가 된 적이 없다. 재산을 모두 날리고 법원에 파산을 신청한 적이 없다. 그러니까 밤낮으로 걸려오는 빚 독촉 전화에 시달리며 수치심을 느낀 적도 없다. 식료품을 사려고 계산대 앞에서 기다리다가 이걸 사고 나면 전기요금을 내지 못할까 봐 겁에 질린 적도 없다. 하지만 우리 부모님은 이보다 더 심한 일들도 겪었다.

어머니와 아버지가 파산을 신청했을 때 나는 생후 6개월 된 아기였다. 당시 아버지는 수년간 부동산업을 했는데, 사업 수완이 뛰어났다. 스물여섯 살에 400만 달러 상당의 부동산을 소유한 자산가였다. 아버지와 어머니는 한동안 호화롭게 살았고, 나의 언니 데니스는 사업이 한창 잘나갈 때 태어났다. 처음 부모가 되어 부모 역할을 하나둘 배워가고 있을 때 두 분은 사업상 위험한 결정을 적잖이 내렸고, 결국 얼마 안 가 모든 것이 산산조각 났다.

당시 아버지가 진행한 사업들은 모두 빚을 내서 시작한 것들이었다. 수백만 달러를 대출받은 상태였는데 하루는 여러 은행에서 느닷없이 상환을 요구하기 시작했다. 하지만 아버지 통장에는 그 빚을 갚을 만한 현금이 없었다. 결국 소송을 당했다. 그것도 아주 많이. 아버지 표현대로라면 '억수로 많이' 소송을 당했다.

1988년 4월에 내가 태어났고, 그해 9월에 어머니와 아버지는 파산을 신청했다. 그때 일을 아버지는 이렇게 표현하셨다. "결혼생활은 위태롭게 흔들리고, 아장아장 걷는 아이와 갓 태어난 아기를 데리고 살아보겠다고 여러 해를 아등바등했지만, 결국 밑바닥까지 떨어졌지." 부모님은 한순간에 무일푼 신세로 전락했다.

하지만 그때 나는 태어난 지 고작 6개월밖에 되지 않았다. 돈이 뭔지 알 리도 없거니와 빈털터리로 사는 게 무슨 뜻인지 또 부자로 사는 게 어떤 의미인지 전혀 모를 때였다. 당연히 나는 근사한 휴양지에서 휴가를 보내거나 고급 의류에 값비싼 보석을 걸친 적도 없었다. 하필 모든 것이 무너진 최악의 순간에 내가 태어난 거라고 말하는 사람들도 있겠지만, 내 생각은 다르다. 나는 모든 것이 새로 시작하는 최고의 순간에 태어났다. 부모님이 전 재산을 잃고 무너지는 과정이 아니라, 맨손으로 다시 모든 것을 일으키는 과정 말이다. 덕분에 부모님이 그 과정에서 얻은 깨달음으로 다른 수많은 가정이 빚더미에서 탈출할 수 있도록 도와주는 모습을 지켜볼 수 있었다. 나는 이 대목에서 항상 짜릿함을 느낀다.

파산한 이후 아버지는 전기가 끊기지 않고 식구들이 입에 풀칠할 방도를 찾아내느라 눈코 뜰 새 없었다. 아버지는 거기서 그치지 않고, 돈이 어떻게 굴러가는지 그 이치를 이해하려고 노력했다. 그즈음 아버지는 기독교 신자가 됐는데, 성경에서 돈을 어떻게 묘사하는지 열심히 연구했다. 그러면서 돈을 다루는 방법과 관련해 하나하나 원칙을 세우고, 나중에 이것을 주일학교 수업 시간에 신자들을 대상으로 가르쳤다. 이후 그 내용을 책으로 출간했고, 인기를 얻자 총 13주에 걸친 강좌를 열었다. 이 강좌를 들은 가정이 지금까지 수백만에 이른다. 또 날마다 진행하는 라디오 쇼를 맡았는데 지금은 수백만 청취자가 듣는 프로그램으로 성장했다. 그리고 몇 권의 책을 더 출간해 수많은 가정을 재정적으로 평화에 이르는 길로 안내했다. 아버지는 여전히 눈코 뜰 새 없이 바쁘게 살고 있다.

사람들이 '데이브 램지'를 입에 올릴 때 인기 절정의 아이돌 또는 심한 경우 테레사 수녀라도 되는 듯이 경외감을 표하는 모습을 볼 때면 나도 모르게 웃음이 나왔다. 내게는 그저 평범한 아빠이기 때문이다. 사람들이 돈을 관리하기 위해 사용한다는 방법론이나 원칙, 또 아버지가 출간한 모든 책에 들어 있는 내용은 전부 우리 집 거실에서 접하던 것들이다. 우리 집이야말로 '데이브 램지 계획'을 그대로 따라 생활한 첫 번째 가정이었다. 분명히 말해두지만, 그 일이 늘 쉽지는 않았다. 램지 집안의 자녀로 태어난 덕분에 즐거운 일도 많았지만, 우리에게 주어진 그 축복을 누리기 위해 언니 데니스와 동생 대니얼과 나는 일을 해야만 했다. 그것도 아주 열심히. 내가 돈 문제로 고생한 적이 없는 이유는 부자 아빠의 딸이어서가 아니다. 데이브 램지의 원칙을 배우고 그대로 적용했기 때문이다. 이 원칙들은 내게 효과가 있었으며 분명 당신에게도 효과가 있을 것이다.

나는 평생 이 원칙들을 매 순간 호흡하듯이 실행에 옮기며 살았다. 아버지와 어머니는 내가 걸음을 떼기도 전에 이 원칙들을 실행하며 파산 상태에서 벗어나기 시작했고, 바로 이 원칙들이 나중에는 수많은 가정이 빚더미에서 벗어나 돈 문제에서 승리하도록 돕는 길라잡이가 됐다. 평생에 걸쳐 훈련받은 덕분에 나는 오늘날 아버지에게서 배운 원칙들을 사람들에게 가르치며 전국을 여행한다.

내 남편 윈스턴과 나는 데이브 램지 계획을 실천하는 여느 가정과 다를 바가 없다. 우리도 일하고 저축하고 소비하고 나누는 삶을 살며, 우리가 살아가는 방식을 자녀와 손주에게 물려줄 유산으로 삼는다. 매달 예산을 세워 생활하고, 목돈이 들어갈 일은 미리 계획한다. 부채를 유용한 수단으로 여긴 적은 한 번도 없었다. 우리 부모님은 부채 없이 살아가는 법을 유산으로 물려주셨는데, 이는 부모가 자녀에게 줄 수 있는 최고의 선물 중 하나다.

"드디어 빚을 모두 갚았어요"

〈데이브 램지 쇼〉에 전화를 거는 시청자들이 날마다 소리 높여 외치는 말이 있다. "빚을 모두 갚았어요!" 이들은 빚더미에서 벗어나 집안을 일으키려고 때로는 몇 년째 있는 힘을 다해 일해온 사람들이다. 빚더미의 족쇄를 끊어버리기 위해 두세 가지는 기본이고 많게는 다섯 가지가 넘는 일을 하며 살아온 어머니들이자 아버지들이다. 이들은 학자금 대출, 신용카드 청구서, 자동차 할부금 등으로 빚더미에 앉았다가 마침내 재기에 성공했다. 그래서 미칠 듯이 기뻐했다. 기쁨에 차서 성공담을 들려주는 그들의 목소리를 듣고 있노라면 그들이 다시 빚더미에 빠지는 일은 없으리라는 생각이 든다.

빚을 청산한 가족들은 먼 길을 달려 우리 회사로 와서, 로비에 있는 카페에서 방송에 전화를 거는 경우가 많다. 회사 로비에 있는 '마르타의 쉼터'는 항상 시나몬 롤이나 갓 구운 과자 향이 나는 근사한 카페다. 크리스마스 아침에 할머니 집 주방에 들어선 것처럼 포근하고 정성 가득한 손맛을 볼 수 있다.

마르타의 쉼터는 아버지의 라디오 스튜디오 건너편에 있어서 아버지가 쇼를 진행하는 모습을 투명한 유리벽을 통해 지켜볼 수 있다. 일반 방문객이나 빚을 청산하고 이를 기념하려는 사람들이 회사를 찾아와 맨 먼저 그곳부터 들르는 이유다. 한 가족이 카페에 들어서는 모습이 눈에 들어올 때가 있다. 그들이 왜 왔는지 나는 한눈에 알아본다. 지친 기색은 있지만 마음이 들떠 있고, 대개는 조금 긴장한 상태다. 보나 마나 몇 시간씩 차를 몰고 여기까지 왔을 터다. 아빠가 허리를 펴고 기지개를 켜는 동안 네 살배기 여자애는 수줍은 듯 두 팔로 아빠 다리를 붙들고 있다. 엄마는 곤히 잠든 아기를 안고 카페로 들어선다. 그리고 기운 넘치는 일곱 살배기 남자애는 출발 신호를 들은 경주마처럼 로비를 질주한다.

마르타는 그들과 인사를 나눈 뒤 흩어진 아이들을 한데 불러 모으는 일을 돕는다. 그리고 스튜디오 안에서 방송을 진행하는 데이브가 잘 보이는 자리에 가족을 앉히고 마이크와 헤드폰을 챙겨준다. 이것으로 방송 준비는 끝났다. 평생 몸에 밴 해로운 돈 관리 습관을 뜯어고치고, 초과근무에 부업까지 몇 년을 고생한 끝에 적자인생에 종지부를 찍은 그들은 유산으로 물려줄 새로운 삶의 양식을 건설하는 중이다. 그리고 이제 자신들의 사연을 라디오 방송에서 다른 사람들과 나누려고 한다.

엄마와 아빠가 마이크 하나로 번갈아가며 사연을 풀어나가는 동안 아이들도 덩달아 신이 난다. 아이들도 자신들이 해야 할 일이 있음을 잘 안다. 네다섯 시간이나 차를 타고 오면서 내내 연습한 게 있기 때문이다. 아이들은 부모님의 신호가 떨어지기만을 기다린다. 그리고 데이브가 마침내 그 순간이 되었음을 알린다. "좋아요, 친구들. 시작할까요?"

거대한 장애물을 없애고 가족과 함께 새 삶을 시작한 부부는 아들과 딸을 안아서 마이크 가까이 들어 올린다. 아빠가 이렇게 말한다. "준비됐지, 얘들아? 연습한 대로만 하면 돼. 하나, 둘, 셋!" 다람쥐처럼 귀여운 아이들이 깜찍한 목소리로 엄마랑 아빠랑 목청껏 소리 지른다. "빚을 모두 갚았어요!"

이런 광경을 볼 때면 나도 모르게 눈물이 솟구친다. 그 조그만 소녀에게 다가가 두 손으로 얼굴을 감싸고 눈을 들여다보며 이렇게 말하고 싶어진다. "부모님이 너를 위해 어떤 일을 하셨는지 아니? 네 삶을 완전히 바꿔놓으셨단다."

당신도 알다시피, 나도 바로 '그 조그만 소녀'였다. 우리 부모님은 재정적으로 곤란을 겪고 나서도 그 원인을 제공했던 습관을 그대로 유지하며 살아갈 수도 있었다. 하지만 두 분은 그렇게 하지 않았다. 두 분은 생활 습관을 바꿨다. 그리고 당신들의 인생만 바꾼 게 아니라 그 과정에서 내가 살아갈 인생도 바꿔놓았다. 돈 문제에서 실패하지 않으려면 꼭 알아야 할 삶의 교훈을 두 분은 내게 가르쳤다.

아빠의 결심으로 아이의 인생이 바뀐다

내가 태어났을 때는 이미 아버지와 어머니가 돈을 펑펑 쓰던 시절과는 영영 작별을 고한 뒤였다. 어머니와 쇼핑을 가면 어머니가 쿠폰을 꺼내는 동안 계산대 앞에서 적어도 5분은 더 기다려야 했다. 우리가 자주 다니는 상점 사람들은 어머니를 '쿠폰 아줌마'라고 불렀다. 물건을 살 때 어머니가 정가를 다 내고 사는 모습은 본 적이 없다. 어머니는 귀신같이 재고 처분 가판대를 찾아냈고, 어떤 물건을 사든지 어김없이 거기에 해당하는 쿠폰을 꺼냈다. 다들 우리 집에서 신용카드를 가위로 자르고 생활하는 방법을 터득한 사람이 데이브 램지일 거라 생각할 것이다. 하지만 신문에 난 광고를 확인한 뒤에야 물건을 사러 나가는 샤론 램지를 보았다면 그 유명한 신용카드 자르기 신공은 아버지가 어머니한테 배운 게 틀림없다는 걸 알게 될 것이다!

나는 남들도 우리 가족처럼 사는 줄 알았다. 친구네 어머니들은 매장에 들어가 진열대에 걸려 있는 값비싼 옷을 집어 들고 정가대로 구입하리라고는 생각도 못 했다. 그런 식으로 물건을 사는 어머니를 한 번도 본 적이 없으니 말이다. 다른 가족들도 우리처럼 무료캠프장으로 휴가를 떠난다고 생각했다. 당신은 그래본 적이 없다고? 이런, 우리 가족만 그랬던 거군.

일요일에는 빡빡한 우리 집 형편 때문에 괴로운 날도 있었다. 램지 가족은 일요일이면 교회에 간다. 나는 언니에게 물려받은 꽉 조이는 드레스를 입고, 에나멜가죽 신발을 신었다. 헌금시간이 돌아오면, '기부'라 적힌 내 봉투(이 봉투에 대해서는 조금 후에 자세히 얘기하겠다)에서 지폐를 꺼내 헌금주머니에 넣었다. 우리 부모님은 기부의 중요성을 늘 강조했다. 살림이 아무리 빡빡해도 두 분은 성실하게 기부를 실천했고, 우리 삼 남매에게 어려서부터 기부를 실천하도록 교육했다. 우리에게는 무척 소중한 가르침이었다.

어쨌든 예배가 끝나면 친구들은 다들 주차장으로 쏟아져 나와 부모님과 함께 시내에 있는 근사한 레스토랑으로 외식을 하러 갔다. 데니스 언니와 나도 우리 집 차가 보이는 순간부터 아빠에게 외식하자고 조르곤 했다. 그럴 때마다 아버지는 이렇게 대답했다. "우린 이 동네에서 제일 좋은 레스토랑에 갈 거야! 최고급 식당이지! 오늘 우리보다 더 맛있는 요리를 먹을 사람은 아무도 없을걸!"

처음에는 언니와 나도 그 말에 번번이 속았다. 아버지가 그럴싸하게 말을 할수록 기대감은 더욱더 부풀었다. 우리는 펄쩍펄쩍 뛰며 물었다. "어디로 가는데요? 어디로 가요?"

한껏 얘기를 지어낸 아버지는 이렇게 외치셨다. "샤론의 주방이지!" 그 말인즉, 램지 가족은 집에서 점심을 먹을 예정이라는 소리다. 다행히 우리 어머니는 요리 솜씨가 굉장히 좋다.

그 시절의 부모님 얘기를 농담처럼 입에 올리지만, 사실 부모님이야말로 오늘의 내가 있도록 나를 가르친 분들이다. 어머니와 아버지가 그토록 오랜 기간 흔들림 없이 원칙을 지켜내기가 만만치 않았음을 이제 나는 안다. 그분들이라고 왜 다른 교인들처럼 외식을 하고 싶지 않았겠는가. 하지만 우리에게 자주 말했듯이 부모님은 자신들에게도 "이건 예산에 없는 일"이라고 못 박아야 했을 것이다. 그래서 우리 가족은 샤론의 주방을 우리 동네에서 가장 훌륭한 레스토랑 삼아 옹기종기 붙어 앉아 점심을 먹었다. 세월이 오래 흘렀지만 그곳은 여전히 내가 가장 좋아하는 레스토랑이다.

부모부터 변해야 한다

내가 유치원에 다닐 무렵 우리 집 재정 상태는 안정을 되찾기 시작했다. 위기를 완전히 벗어나지는 못했지만 일단 큰 고비는 넘겼다. 아버지는 돈을 올바로 다루는 법을 터득했고 재무 관리 공부반을 하나 개설해 사람들에게 가르치며 체계를 잡아나갔다. 이 공부반이 재정평화학교 Financial Peace University: FPU의 시초다. 처음에는 인근에 있는 홀

리데이인 호텔에서 저녁 시간을 이용해 주중 하루만 공부반을 운영하려고 했다. 하지만 주민들의 관심이 서서히 높아지더니 이내 수강생이 빠르게 증가했다. 월요일 저녁반 인원이 다 차자 아버지는 다른 날 저녁에 반을 추가로 개설했다. 그리고 반을 또 하나 추가했다. 얼마 지나지 않아 아버지는 주말 빼고 내내 강의를 진행하게 되었다. 20여 년이 지난 지금 재정평화학교를 통해 인생을 바꾼 가족은 수백만에 이른다.

상식 수준의 재무 관리 강의였지만 이는 사람들의 곪은 상처를 건드리고 감쌌다. 동네에서 시작한 강의가 나중에는 전국적으로 관심을 불러일으켰다. 아버지가 가르친 내용은 소규모 공부반에서 세미나 과정으로, 또 책이나 라디오 프로그램에서 다룰 주제로 영향력을 확대해나갔고, 거기서 멈추지 않았다. 그야말로 '혁명'을 일으켰다.

이제 나도 그 혁명의 일원으로서 수많은 가정이 재정적으로 끔찍한 재난을 당하지 않도록 돕는 일에 헌신하고 있다. 나는 부모들을 도와 그들의 자녀가 세상에 나가기 전에 돈 문제에 관해 탄탄한 가치관을 세우도록 한다. 십대 청소년과 대학생에게는 빚질 일이 생기기 전부터 돈을 똑똑하게 다루는 법과 빚지지 않고 살아가는 법을 안내한다. 우리 부모님이 나를 위해 한 일이며, 나 역시 이 비결을 젊은 부부나 학생들과 나누고 싶다.

말하자면, 아버지는 응급 수술을 하는 외과의고 나는 예방 의학 의사인 셈이다. 데이브 램지는 재정적 위기에 빠진 사람을 구해내는 최고의 명의다. 하지만 아버지와 나는 그보다 앞서 사람들이 애초에 그 같은 수렁에 빠지지 않기를 바란다. 그리고 그런 사태를 예방하는 게 내 사명이다.

지금부터 나는 돈에 똑똑한 아이로 키우는 방법에 관해 차례차례 살피려고 한다. 확고한 노동관을 어떻게 정립했는지 내 경험을 설명하고, 당신이 자녀 교육을 하면서 구체적으로 적용할 수 있는 방법을 살펴볼 것이다. 또 우리 부모님이 소비와 저축, 기부에 관해 내게 가르친 내용을 당신과 나눌 생각이다. 부채 문제도 빼놓을 수 없다. 부채가 젊은이들의 날개를 꺾어버릴 정도로 위험한 이유, 그리고 대학에 진학할 때나 자동차를 구입할 때도 빚지지 않고 살아가도록 자녀들을 훈육하는 방법을 이야기하려고 한다.

여기까지만 잘 하기도 쉬운 일은 아니다. 그런데 "이 정도면 충분하다"고 만족할 줄 아는 사람으로 키우려면 더 나아가 자녀들의 특권의식을 깨뜨리는 법, 성취감을 심어주는 법, 자족하게 하는 법을 알아야 한다. 돈 때문에 껄끄러워지는 관계가 수두룩하고, 가족과 친구 사이가 완전히 끊기는 경우도 있는 만큼 사람들과 관계를 맺는 문제도 다루려고 한다. 마지막으로, 장차 부모의 유산을 물려받을 자녀를 위해 정서적·영적·도덕적으로 건강한 가치관을 심어주는 법에 대해 얘기할 것이다.

나는 우리 부모님이 무척 자랑스럽다. 무너진 집안을 다시 일으키려고 얼마나 고된 노동을 했는지 알기 때문이다. 두 분은 나로서는 짐작도 하지 못할 일들을 겪었고, 이를 극복했다. 또한 돈과의 싸움에서 유리한 고지를 차지할 수 있도록 나를 가르쳤다. 내가 얼마나 유리한 고지에 오를지 당시 부모님도 짐작하지 못했을 것이다. 나는 지금껏 누구에게도 빚진 적이 없고 한 푼이라도 빚지는 일은 앞으로도 결단코 없을 것이다. 나는 굳건하고 참된 재정적 평화를 누리는 가정에서 자랐다. 내가 데이브 램지 씨의 딸이라서가 아니다. 내게 돈을 다루는 방법을 가르치려고 부모님이 각별히 노력한 덕분이다. 두 분 덕분에 나는 가진 돈이 많든 적든 간에 내 재정만큼은 확실하게 처리할 수 있다는 자신감을 얻었다. 돈의 주인이 되는 것만큼 이 세상에서 짜릿한 일은 없으며 그 방법을 가르치는 일은 부모로서 자녀에게 줄 수 있는 최고의 선물이다!

저 옛날 우리 부모님처럼 치열하게 돈 문제와 싸우고 있는 사람도 있을 것이고, 이미 그 싸움에서 승리를 거두고 자녀들은 자신처럼 힘겨운 처지에 놓이지 않도록 도와주고 싶은 사람도 있을 것이다. 어느 쪽이든 제대로 찾아왔다. 지금 당신이 재정적으로 어떤 상황에 있든 상관없다. 돈 문제로 고생하는 사람이든 승승장구하는 사람이든 부모로서 당신이 꼭 알아야 하는 관점, 즉 아이들 눈높이에 맞는 방법을 가르쳐줄 수 있다. 저 옛날 내가 바로 그 조그만 소녀였으니까.

제 2 장

| 노동 |

일을 해야 돈이 나온다

SMART   SMART
MONEY   KIDS

내가 초등학교 5학년 때의 일이다. 하루는 친구네 집에 놀러 갔는데 몹시 이상한 광경을 목격했다. 친구 어머니가 딸의 방을 청소하고, 우리가 식사를 마치고 나니 그릇들을 개수대로 가져가고, 딸의 세탁물을 치우고, 개에게 사료를 주고, 쓰레기를 비우셨다. 그러는 동안 한 번도 우리에게 도움을 청하지 않으셨다. 그때 나는 우리 가족이 남다르다는 사실을 처음으로 알았다.

부모님 밑에서 수많은 교훈을 배웠지만, 어려서부터 우리 부모님이 강조한 원칙이 하나 있다. '램지 가족이라면 누구나 근면하게 일해야 한다'는 것. 아버지는 라디오 쇼를 진행하고 재정평화학교도 운영한다. 그리고 아버지와 내가 함께하는 우리 회사에서는 고등학생용 재무 관리 교육과정부터 유소년 성경공부 교재까지 수십 가지 상품과 서비스를 제공한다. 하지만 램지 일가의 '가업'이 진짜 뭐냐고 누가 내게 묻는다면, 내가 경험한 바에 따라 '노동'이라고 답하겠다.

성인이 되어 유년 시절을 돌아보니 부모님이 내게 한 모든 일이 그저 고마울 따름이다. 두 분이 내게 가르친 원칙 중에서도 지금까지 날마다 삶의 지표로 삼는 원칙이 있다. 바로 노동하는 법이다. 노동을 하면 스스로 단련할 수 있다는 사실을 나는 일찌감치 깨쳤다. 자기를 단련할 줄 알면 몸도 마음도 훨씬 건강한 사람이 된다.

땀 흘려 일하고 집에 돌아와 온몸이 노곤할 때처럼 기분 좋을 때가 없다. 기분 좋은 피로감이다. 오늘 하루 살면서 보람 있는 일을 성취했을 때 맞이하는 피로감이다. 자녀들이 컴퓨터나 게임기 앞에서 종일 게으름을 피우고 무기력하게 지내도록 방치하지 말고, 기분 좋은 피로가 무엇인지 경험하도록 가르쳐야 한다. 옛날처럼 몸을 쓰는 일을 함으로써 말이다. 낙엽 쓸어 모으기, 집 청소, 애완동물 먹이 주기 등의 일을 하고 나면 제 손으로 쓸모 있는 일을 해냈다는 생각에 뿌듯해진다. 노동을 통해 성취감이 쌓이면 세상에 나가서도 승리할 수 있겠다는 자신감이 생긴다.

우리 사회는 여러 면에서 아이들의 안전과 복지를 보장할 만큼 놀랍게 진보했다. 하지만 아이들에 대한 보호가 지나친 감도 있다. 요즘 부모 중에는 아이들의 욕구를 채우는 데 급급한 나머지 아이들에게 '꼭 필요한 것'이 무엇인지 분간하지 못하고 균형 잡힌 시각을 상실한 이들이 많다. 인생을 성찰하고 균형 잡힌 시각을 갖춘 부모라면 아이들에게 노동하는 법을 가르쳐야 마땅하다. 아이들에게 노동하는 법을 가르치는 것은 아동학대가 아니다. 어른들 편하자고 아이들에게 노동을 가르치는 게 아니다. 오늘 열심히 일하고 나서 느끼는 노동의 고귀함을 배우고, 장차 어른이 되어 세상에서 승리하는 데 필요한 도구를 익히고 그 자질을 기를 수 있기 때문이다.

양치질과 목욕하는 법은 사람이 살아가는 데 꼭 필요한 기술이라고 가르치면서 그와 똑같은 기술인 노동하는 법은 왜 똑같이 가르치지 않는가. 어른이 되어 자기가 맡은 일에 전력을 다해 끝까지 문제를 해결할 줄 모르는 사람이나 이가 누렇다 못해 거무튀튀하고 몸에서 역겨운 냄새가 풀풀 풍기는 사람이나 부실하기는 매한가지다. 고등학교를 졸업한 아이가 고작 할 줄 안다는 게 비디오게임뿐이고, 매사 징징거리면서 부모에게 손 벌리기 일쑤인데다, 정크푸드 먹는 거나 좋아한다면 사회에서 실패하기 딱 좋은 사람이 되도록 부모가 방치했다고 봐야 한다.

아이들에게 노동의 가치를 가르치면 또 하나 좋은 점이 있다. 일하기 싫어하는 사람에게는 좀처럼 매력을 느끼지 못한다는 점이다. 어째서 이게 장점이냐고? 당신 딸이 놈팡이가 아니라 근면한 사람과 결혼하고 싶어 할 테니 장점이고말고. 샤론과 나는 우리 딸들(아들도 마찬가지다)이 열심히 일할 줄 모르는 사람과는 연애를 하지 않는다는 사실을 진작 알았다. 이 얼마나 좋은 소식인가. 언젠가 당신에게도 손주가 생길 텐데, 손주를 먹여 살릴 만큼 딸과 사위, 아들과 며느리가 근면한 사람이어야 하지 않겠는가.

 자기 방 청소는 우리 집에서 당연히 해야 하는 집안일이었다. 나는 청소하기를 진짜 싫어했다! 지금도 쓸고 닦길 좋아하는 편이 아니니 어려서야 말해 무엇하겠는가. 매주 청소하라는 말을 들었지만, 나는 버티고 버티다가 부모님이 내 방을 확인하러 올라오는 소리를 듣고 나서야 부리나케 청소를 시작했다. 어머니와 아버지는 우리 방이 군대 내무반처럼 정리정돈이 완벽하기를 바라지는 않았어도, 그래도 보기에 깔끔하기를 바랐다. 청소하는 과정이 그다지 즐겁지는 않았지만, 몇 분간 열심히 청소하고 나서 방을 둘러보면 뿌듯했다. 내가 힘들게 일한 결과물을 바로 확인하고 나면 기분이 무척 좋았다.

일하는 데 익숙지 않은 어린이들에게 노동하는 법을 가르치기가 만만치 않겠지만, 자녀에게는 더할 나위 없는 축복이다. 반드시 노동의 가치를 가르치되 당연히 연령에 맞는 일을 시켜야 한다. 자녀가 어려서부터 노동하는 법을 익히면 그 습관은 몸에 배어 평생을 함께 간다.

부자들을 보면 별로 힘들이지 않고 돈 나오는 구멍을 척척 찾아내는 듯이 보이지 않는가? 우리 아버지도 이제 그런 부자가 되었다. 물론 파산하고 나서 몇 년간은 모은 돈을 지키지 못해 아버지도 어려움을 겪었지만, 사실 벌이 자체는 늘 나쁘지 않았다. 돈이 어디서 생기는지 절대 헷갈린 적이 없어서다. 아버지한테 날마다 귀에 못이 박이도록 들었던 소리가 있다. "일을 해야 돈이 나온단다."

부모님이 파산한 이유는 열심히 일하지 않아서가 아니다. 아버지는 성공의 사다리를 오르기까지도 미친 듯이 일했고 밑바닥으로 떨어져서도 미친 듯이 일했다. 파산하기 전에는 부를 축적하기 위해 일했고, 파산 후에는 집에 먹을거리가 떨어지지 않게 하려고 일했다.

동기만 바뀌었을 뿐 아버지의 노동관은 바뀌지 않았다. 아버지는 내가 아는 한 가장 열심히 일하는 사람이다.

아버지는 어렸을 때 할아버지의 부동산업을 도운 이야기를 내게 자주 들려주었다. 할아버지는 집에서 업무를 봤기 때문에 고객한테서 전화가 걸려올 때가 많았다. 그러니까 여덟 살 소년 데이브가 고객의 전화를 받을 때도 있었다는 얘기다. 아버지는 그 나이에도 전문교육을 받은 상담원처럼 고객을 능숙하게 응대했다고 한다. 어머니 역시 농장에서 자랐기 때문에 근면한 생활이 몸에 밴 분이다. 우리 어머니로 말하자면, 우리 식구 중에서 제일 일을 야무지게 하고 또 누구보다 열심히 한다. 그러고도 해가 지면 집에 돌아와 근사한 만찬을 뚝딱 차려내는 분이다.

레이첼이 말한 대로 내가 어렸을 때 우리 부모님은 부동산업에 종사했다. 회전식 다이얼이 달린 전화기를 쓰던 '옛날 그 시절' 얘기다. 그 시절에는 사람들이 신문을 읽고, 부동산 잡지나 신문에 난 광고를 보고 집을 샀다. 그 시절에는 휴대폰, 음성사서함, 이메일, 트위터, 페이스북 같은 건 물론 없었고 자동응답기조차 없었다. 그러니까 전화벨이 울리면 받든가 받지 않든가 둘 중 하나였다. 당시 우리 집에 전화가 걸려오면 부동산 구매 의사가 있는 고객의 전화일 가능성이 다분했다. 만약 식구들이 전화를 제대로 받지 못하거나 부적절하게 응대했다가는 거래 기회를 놓칠 수도 있었다. 그만큼 전화를 제대로 받는 일이 중요했다.

우리 형제들은 부모님이 출타 중일 때를 대비해 일찌감치 친근

하면서도 전문가답게 전화를 받는 교육을 받았다. 무성의하거나 껄렁하게 대꾸하지 않고 "예, 선생님" 혹은 "예, 사모님" 하고 또박또박 대답하며, 전화를 건 사람의 전화번호와 신상 정보를 간단히 묻고, 정확히 받아 적었는지 되물어 확인하는 법을 배웠다. 정중하게 전화를 받는 일은 내 삶의 일부가 되었고, 이를 잘못 처리하면 가차 없이 혼이 났다. 어려서부터 고객 서비스 개념과 기업가 정신을 배운 셈이다. 그래서 샤론과 나도 우리 아이들에게 일찍부터 노동의 가치를 심어줄 수 있었던 듯싶다. 참고로, 지금도 나는 전화벨이 계속 울리는 건 딱 질색이다.

우리 집안에 공짜 용돈은 없다

램지 일가에서 노동은 선택 사항이 아니다. 데니스 언니와 나, 동생 대니얼이 아무리 어려도 예외는 없었다. 다섯 살 무렵부터 나는 일을 하고 '수고비'를 받았다. 아이들에게 주는 '용돈'이란 말은 아버지와 어머니 사전에는 없었다. 특히 아버지는 그 말을 싫어했다. 용돈을 준다는 행위에는 그저 숨 쉬며 살고 있다는 이유만으로 자녀에게 일정한 금액의 돈을 아량으로 베푼다는 의미가 숨어 있다. 물론 부모라면 자식들에게 대가 없이 좋은 것만 주고 싶기도 할 것이다. 그렇지만 아이들에게 용돈을 주는 방식으로는 실제 세상이 어떻게 돌아가는지 가르칠 길이 없다.

부모님은 우리 삼 남매가 세상이 당연히 아량을 베풀 것으로 기대하는 사람이 되지 않기를 바랐다. 하지만 요즘에는 그런 식으로 생각하는 이들이 너무나 많다. 어떤 세대는 돈은 공짜로 받는 거라고 여기며 자랐다. 그들은 어른이 되어서도 자신들의 청구서를 부모가 해결해주기를 바라고, 정부가 그들을 돌보기 위해 존재한다고 생각한다. 내게는 그 같은 사고관이 허용된 적이 없다. 내가 아주아주 어렸을 때조차!

부모님은 내가 다섯 살 때부터 돈 버는 일에 관해 한 가지 원칙을 따르도록 했다. '일하면 돈을 받고, 일하지 않으면 돈을 받지 못한다.' 인생에 필요한 이 기본 원칙을 어린 자녀들에게 가르치지 않는 부모가 참 많다. 일해야 돈이 생기는 이치를 네 살 때부터 배운다면, 스물네 살이 될 무렵에는 진짜 세상에 맞설 준비가 되어 있을 것이다.

나는 용돈이라는 말이 싫다. 이 말에 담긴 의미가 지극히 부정적이고 영향력이 크다고 생각하기 때문이다. 당신이 어떤 사람에게 용돈을 준다면 이는 그 사람이 능력이 없기 때문이다. 내가 보기에 아이들에게 용돈을 주자는 말은 생활보조비를 주자는 말이나 매한가지다. 이 말에는 아이들은 일하기 싫어하거나 일할 능력이 없으니까 부모가 대신 돈을 대야 한다는 의미가 깔려 있다. 부모로서 자녀를 보호하고 필요한 돈을 댈 수도 있지만, 샤론과 나는 우리 아이들을 당당하고 진취적인 사람으로 키우고 싶었다. 부모가 아이들에게 모든 것을 거저 제공해서는 이런 자질을 기를 수가 없다. 그렇게 하면 아이들이 자기가 우주의 중심인 양 착각하기 쉽다. 아이에게 노동하는 습관을 길러주지 않고 거저 돈을 주면 그 아이는 선의를 당연하게 여겨 불평을 일삼고, 피해자 행세를 하며 평생 누군가에게 기생하며 살게 된다. 당신 주변에도 이런 사람이 있지 않은가? "누구든지 일하기 싫어하거든 먹지도 말게 하라"(데살로니가후서 3장 10절)는 원칙을 나는 자녀들에게 가르쳤다. 또 잠언 12장 11절도 자주 인용했다. "자기 땅을 일구는 사람은 먹을 것이 넉넉하지만 헛된 것을 좇는 사람은 지각이 없다."

라디오 방송 중에 말 안 듣는 열네 살짜리 아들을 둔 아버지와 전화 연결이 되어 그의 사연을 들은 적이 있다. 그 아버지는 아들이 도통 집안일을 거들거나 심부름을 하지 않으려 한다고 했다. 그래서 이 아버지는 작업장에 가서 망치를 들고 와 식탁에 놓인 아들의 접시 위에 올려놓았다. 아들이 저녁을 먹으러 오자 아버지가 말했다. "네가 맡은 집안일을 다 마치기 전에는 네가 먹을 밥도 없다. 해야 할 일을 계속 미룬다면 그 망치로 네 접시를 깨버릴 거야." 다들 알듯이, 십대 소년이 잘못을 깨우치도록 하는 가장 빠른 길은 그의 배를 주리게 하는 것이다. 아니나 다를까, 그 소년은 바로 일하기 시작했다. 너무 극단적인 방법으로 주의를 줬다고 생각하는 이도 있겠지만, 소년은 훗날 자기 자녀나 손주에게 이 이야기를 자랑삼아 들려주게 되리라고 나는 장담한다. 모르긴 해도 이 사건을 기점으로 아버지의 뜻을 알고, 새로운 삶의 양식을 몸에 익혔을 테니까.

부모는 자녀가 어려서부터 돈과 노동의 상관관계를 깨우치도록 도와야 한다. 그러려면 용돈이라는 개념을 배제하고, 대화의 틀부터 다시 짜야 한다. 아이들도 돈 얘기를 할 때 용돈이라는 말을 쓰게 해서는 안 된다. 수고비라는 말을 써서 노동을 통해 돈이 생긴다는 개념을 설명해야 한다. 아이들이 인과관계를 이해할 수 있는 연령이 되면 돈과 노동의 관계를 가르쳐도 좋다.

돈 버는 일의 고귀함을 가르쳐라

내가 강의를 할 때면 어김없이 이렇게 묻는 부모가 있다. "아이가 뭐든지 당연히 받을 줄로 착각하지 않도록 키우려면 어떻게 해야 하나요?" 내가 경험한 바로는 노동이라는 원칙을 심어주는 게 선의를 권리로 여기는 아이로 키우지 않는 가장 좋은 방법 중 하나다. 땀 흘려 일해야 돈이 생긴다는 사실을 아이들이 이해하고 나면, 장난감 하나를 사더라도 그 돈을 실제로 벌려면 얼마나 일해야 하는지 생각하게 된다.

아이들도 비싸지 않은 물건을 사면서 쇼핑의 즐거움을 누릴 수 있고 또 마땅히 그래야 한다. 그런데 비디오게임 CD 한 장, 장난감 한 개라도 자기 손으로 일한 대가를 받아 사게 한다면 이를 당연한 권리로 여기지 않을뿐더러 뿌듯한 성취감을 맛본다. 제 손으로 돈을 버는 게 얼마나 고귀한 일인지 깨닫도록 부모가 옆에서 응원해야 한다. 현금인출기가 되어 아이들이 달라는 대로 5달러든 10달러, 20달러든 순순히 쥐여주는 행위는 최악의 교육 방법이다.

세 살부터 시작하는 자립 교육(만 3~5세)

수많은 부모가 아빠와 나의 조언대로 서너 살의 자녀에게 수고비를 주는 방식으로 경제 교육을 하고 있다. 이들을 만나 얘기를 들어보면 하나같이 깜짝 놀랐다고 말한다. 자녀들의 반응이 염려했던 것과 너무도 다르더라는 것이다. 아이들은 부모가 짐작하는 것보다 훨씬 빠르게 새로운 상황에 적응한다. 부모들이야 놀랍겠지만, 당연히 금전 문제도 마찬가지다. 아이들에게 집에서 할 수 있는 일거리를 몇 가지 주고 수고비를 지급하면 놀라운 교육 효과를 목격할 수 있다.

추천 일거리(만 3~5세)

주의 사항: 아이들에게 돈에 관해 가르칠 때 부모가 너무 앞서가면 안 된다. 도를 넘는 부모도 있다는 뜻이다. 예를 들자면, 네 살배기 아이에게 매일 밤 설거지를 시키고 주말마다 잔디를 깎게 하는 부모가 있다. 하지만 그렇게 한다고 효과가 좋아지는 게 아니다. 아이에게 일을 시키는 목적이 무엇인가를 생각해야 한다. 노동력을 착취하는 게 목적이 아니잖은가.

유아기 자녀에게는 세 가지 정도로 집안일 수를 제한하고, 단순하고 금방 끝낼 수 있는 일을 시키는 게 좋다. 과정이 복잡하거나 완수하기 어려운 일이 아니라 제 손으로 일을 마치고 나서 성취감을 크게 느낄 수 있는 일거리를 지정해야 한다. 세 살에서 다섯 살 아이들에게는 다음과 같은 일거리가 좋다.

- 장난감 치우기
- 더러운 옷가지 세탁 바구니에 넣기
- 자기 침구 정돈하기

- 세탁한 양말들 짝 맞추기
- 저녁상에 식기 놓기(부모와 함께)
- 집안 곳곳의 쓰레기통 비우기
- 가벼운 식료품 운반하는 일 돕기

자녀에게 맞는 일거리를 할당하는 일은 부모가 판단한다. 연령에 맞는 일거리를 찾아 목록을 만든 다음, 일거리마다 수고비로 1달러를 책정하자. 아이들이 신이 나서 이런 일을 하는 모습을 보면 깜짝 놀랄지도 모른다. 어느 토요일 아침, 내 친구는 네 살배기 딸에게 이 방식을 도입한다고 설명했다. 그랬더니 태풍이 휩쓸고 지나간 자리처럼 엉망이던 아이의 놀이방이 30분 만에 깔끔하게 변신하는 광경을 목격했다. 1달러치곤 썩 괜찮은 거래 아닌가!

수고비 지급은 신속하고 신나게!

일곱 살 미만의 아이들에게는 일이 끝나는 즉시 대가를 지급해야 한다. 그래야 아이들이 자기가 한 일과 부모가 주는 돈과의 연관성을 이해한다. 아이가 어릴수록 수고비를 며칠 늦게 지급하면 자신의 행동과 그에 따른 보상을 연관 짓기가 쉽지 않다.

솔직히 말해, 네 살배기가 하는 청소가 어른들 눈에 만족스러울 리가 없다. 어른이 인형 열 개를 후딱 치우는 시간에 두세 개쯤 치우는 수준이니까. 하지만 괜찮다. 이 나이에는 일의 개념을 이해하는 게 가장 중요한 목표니까. 이 목표는 하루아침에 달성하기 어려울 텐데, 일이 무엇이고 그 일을 완수하는 게 무슨 의미인지를 자녀가 이해하면 그걸로 충분하다.

자녀가 일을 끝마치면 부모가 바로 결과물을 검사해야 한다. 여기서 부모는 평소보다 열띠게 반응해야 한다. 아이들이 한 일을 보고 감동하라! 만약 아이들이 방을 청소했다면, 지구상에서 제일 실력 좋은 청소부가 된 양 어깨를 으쓱하게 만들어줄 필요가 있다! 과장이 너무 심한 듯해도 부모가 이렇게 감동하는 모습을 보이면, 아이들은 두 가지를 얻는다. 첫째, 자신이 해놓은 결과물을 대견스러워하는 부모의 모습을 본다. 둘째, 자신이 한 일에 스스로 자부심을 느낀다. 그런 다음 끝마친 일에 대한 보상으로 수고비를 주면, 아이는 부모에게 용돈을 받는 것으로 생각지 않고 일을 잘 했으니 마땅히 받아야 할 보수를 받는다고 생각하게 된다. 부모라면 누구나 자녀가 돈에 관해 이 같은 가치관을 형성하기를 바랄 것이다.

아이들의 눈을 즐겁게 하라

세 살에서 다섯 살 사이의 아이들에게 보상을 할 때 중요하게 고려해야 하는 또 다른 요소는 수고비를 시각적으로 돋보이게 하는 일이다. 다섯 살 이상의 아이들한테는 저축, 소비, 기부 용도로 따로 책정한 봉투를 이용한다. 하지만 서너 살 아이에게 수고비를 주는 방식을 막 도입한 단계에서는 가능한 한 돈을 풍성하고 인상적으로 보이도록 하는 게 좋다. 그러려면 수고비를 한데 모아야 한다.

나는 우리 아버지에게 50달러를 100만 달러쯤으로 보이게 하는 굉장한 기술을 전수받았다. 저금통은 투명한 유리병이나 보관함으로 준비하고, 수고비는 동전이 아니라 지폐로 준다. 저금통에 지폐를 넣을 때는 돈이 빨리 모이는 것처럼 보이도록 해야 한다. 지폐를 그대로 펼쳐서 쌓으면 납작해서 양이 적어 보일 테니 약간 말아서 뭉쳐 넣어보자. 그러면 지폐 뭉치가 훨씬 많아 보이고 그럴싸해 보인다. 더군다나 투명한 저금통이어서 돈 뭉치가 잘 보인다. 아이들은 시각 정보를 통해 배우기 때문에 돈이 늘어나는 모습을 보면서 크게 자극을 받는다.

돈이 넘쳐서 저금통 밖으로 쏟아져 나오는 광경을 아이가 상상해보도록 유도하는 것도 좋다. 그런 상상을 하면서 아이들은 자신이 벌어들인 돈에 열광한다. 그 돈을 보며 기뻐하기 마련인데, 그건 너무나 당연한 일이다. 제 손으로 번 돈이니 말이다.

쓰기 위해 번다

서너 살, 혹은 다섯 살배기 자녀에게는 몇 가지 집안일을 하면 그 대가로 수고비를 받는다는 것만 가르쳐도 충분하다. 이것만으로도 부모는 재정적으로 엄청나게 유리한 출발점을 선사한 셈이다. 이 나이 또래 아이들은 대부분 저축이나 소비를 위해 예산을 따로 책정하는 돈 관리 개념은 이해하지 못한다(곧 저축도 하고 예산도 짜는 단계에 이를 테니 걱정하지 말라). 그래서 이 연령대 아이들에게는 자신들이 벌어들인 돈을 조금 들고 쇼핑을 하도록 해주는 게 가장 좋은 보상이다. 쇼핑을 할 때는 물론 부모가 함께 가겠지만, 계산대 앞에서는 물건값을 아이가 계산하게 해준다. 직접 번 지폐 몇 장을 계산원에게 건네며 아이들이 얼마나 뿌듯해 하는지 부모는 모를 것이다. 서너 살 꼬마가 가게에 들어가 직접 장난감을 고르고, 자기가 번 돈으로 물건값을 치를 때 그 아이 내면에서는 놀라운 변화가 일어난다.

나이에 맞게 조정하라(만 6~13세)

아이들이 나이를 먹는 만큼 그 능력이나 성숙도를 반영해 집안일의 종류를 늘리거나 난이도를 높이고, 수고비도 늘려야 한다. 돌이켜보면 나 역시 학년이 올라갈수록 여느 아이들처럼 하고 싶은 일도 많아지고 사고 싶은 물건도 늘었다. 어머니와 아버지는 우리를 먹이고 입히지만, 우리 삼 남매가 바라는 사소한 것들까지 부모님이 돈을 대줄 거라는 환상은 품은 적이 없다. 다시 말해 우리의 바람과 필요가 늘어날수록 우리가 해야 할 집안일도 늘어났다는 뜻이다.

집안일 목록을 만들고 완료 표시를 하게 하라

우리는 자라는 내내 집안일을 거들고 수고비를 받았다. 내 기억으로는 집안일 목록에 다섯 가지 일이 적혀 있었고, 일거리마다 1달러씩 받았다. 그렇다고 해서 허리가 끊어질 만큼 고된 노동을 해야 했다는 건 아니다. 침구 정돈이나 쓰레기통 비우기, 개에게 먹이 주기 등의 자잘한 일거리를 말한다.

우리 집에서는 냉장고 옆에 집안일 목록을 붙여놓고 누가 무슨 일을 했고 얼마나 벌었는지 기록했다. 먼저 어머니가 목록에 우리 이름을 적고 각자에게 할당한 다섯 가지 일거리를 써놓았다. 그러면 우리는 맡은 일거리를 마치는 대로 그 옆에 완료 표시를 했다.

그렇다면 나는 밥을 먹고 나서 식기를 개수대에 갖다놓을 때마다 1달러를 벌었을까? 절대 아니다! 나이가 어려도 한 식구로서 마땅히 해야만 하는 집안일들이 있다. 램지 일가의 아이들은 식사 준비와 관련한 일들은 돈을 받지 않고 했다. 식탁을 차리는 일, 식사가 끝나고 그릇을 개수대에 갖다놓거나 씻은 그릇을 마른 수건으로 닦는 일 등은 수고비를 받지 않았다. 식구라면 주방 청소 정도는 아무 대가 없이 해야 하지 않겠는가.

일을 해야 돈이 생긴다는 사실을 가르치는 건 좋은 일이다. 그렇지만 아이가 집에서 하는 모든 일에 수고비를 받아야 한다고 생각하게끔 키우고 싶지는 않을 것이다. 매사에 돈이 동기가 될 수는 없다. 삶의 한 부분으로서 마땅히 해야 하는 일도 있는 법이다.

부모가 몇 가지 집안일을 지정해서 각각 수고비를 책정하라. 얼마를 줄지는 부모가 결정할 일이다. 말했다시피, 우리 부모님은 다섯 가지 집안일을 지정해 각각 1달러를 수고비로 지급했다. 우리 삼 남매에게는 이 정도가 안성맞춤이었다. 자녀들에게 어떤 종류의 집안일을 시킬지 또 수고비를 얼마로 책정해야 효과가 좋을지는 부모가 판단할 문제다.

레이첼이나 내가 강연을 하면서 수고비 방식을 제안할 때마다 이의를 제기하고 나서는 부모들이 꼭 있다. 아이들이 한 식구로서 집안일을 거들어야 마땅하고 그 보상을 기대해서는 안 된다는 주장이다. 맞는 말이다. 하지만 몇몇 집안일에서 돈거래를 하지 않으면 노동, 소비, 저축, 기부의 원칙을 가르칠 좋은 기회를 모두 놓치는 셈이다. 내 아이들도 몇 가지 집안일을 거들고 수고비를 받았지만, 나머지 집안일은 한 식구로서 보상 없이 해야 했다. 설거지를 돕는 것은 어머니나 아버지를 사랑하는 자녀들이 당연히 무상으로 제공해야 하는 노동이다. 무상으로 하는 집안일을 통해 부모는 지역사회의 선량한 시민이 되는 법을 자녀에게 가르치고, 이웃을 돕는 일에 나설 줄 아는 어른으로 자라도록 도와야 한다.

나는 어렸을 때 이웃 간에 정이 돈독한 마을에서 자랐다. 내슈빌 근교에 새로 형성된 마을이었는데, 대다수 주민이 농장을 떠나 교외에 정착한 1세대였다. 농장에서 잔뼈가 굵은 사람들이어서 주민들에게 육체노동은 일상이었다. 우리 동네 사람들은 이웃이 큰일을 치르면 너도나도 일손을 거들었다. 물론 보상을 바라고 일을 돕는 사람은 아무도 없었고, 그저 당연한 일인 듯 그렇게 했다.

우리 옆집에 살던 존 아저씨는 내가 만나본 사람 중에 친절하기로 둘째가라면 서러울 정도였다. 워낙 친절하고 정이 많아서 도움이 필요한 사람을 보면 그냥 지나치는 법이 없었다. 그는 기계 다루는 재주가 있어서 이것저것 고치고 제작하는 일을 즐겼고, 차고에서 자동차를 전면 개조해서 다른 차로 만드는 취미가 있었다. 또 손에 걸리면 무슨 기계든 렌치로 돌리고 용접하길 좋아했다. 취미가 그러하니 온갖 부품과 잡동사니를 수집해 뒤뜰에 쌓아놓았는데, 그 양이 엄청났다. 그 시절을 돌이켜보면 특히 생각나는 일이 있다. 어느 날부턴가 동네 모든 아이와 어른들이 존 아저씨의 뒤뜰을 청소하기 시작한 일이다.

어른들은 존과 함께 몇 시간이고 철물 더미들을 옮기고 정리하면서, 쓰레기장에 버릴 것들은 트럭에 옮겨 실었다. 그러는 동안 아이들은 뒤뜰의 잔디를 깎고 다듬었다. 우리는 다들 존 아저씨를 좋아했기 때문에 기꺼이 그를 도왔고, 청소하는 일도 무척 재미있었다. 그 일은 며칠간 이어졌는데, 해 질 무렵이면 우리는 모두 존 아저씨의 트럭에 올라타 아이스크림을 먹으러 동네 주유소 상점으로 출발했다. 반나절 노동의 대가로 우리가 받은 보상은 아이스크림 한 개였다. 그렇지만 내가 받은 진짜 보상은 따로 있다. 마흔다섯 해가 더 지났지만 그때 배웠던 교훈은 지금도 나를 지탱하고 있다. 나는 그때 땀 흘려 일하는 법을 배웠고, 다른 사람들과 함께 일하는 법을 배웠다. 남을 돕기 좋아하는 이웃의 친절에 그리 어렵지 않은 청소로 보답하는 법도 물론 배웠다. 이웃집 청소 도와주고 트럭 타고 가서 아이스크림 먹은 얘기가 뭐 그리 대수냐고 생각할지도 모른다. 그 말이 맞을 수도 있다. 하지만 그때 어른 아이 할 것 없이 동네 사람들이 왁자지껄하게 모여 존 아저씨를 도운 날들은 지금의 나를 형성하는 데 한몫 톡톡히 했다.

보모 되기 대작전

열두 살 무렵부터는 집안일을 한 대가로 매주 수고비를 받았다. 그때 나는 일을 더 많이 하고 싶어 했다. 내 친구 몇몇은 아이들을 돌보는 보모 일을 하고 있었다. 지금쯤이면 내 성격이 어떨지 짐작이 가겠지만, 뭐든 건성으로 하는 법이 없다. 나는 다른 사람의 아이를 돌보는 일도 제대로 하고자 마음먹었다.

나는 새로운 모험을 떠나기 전에 나를 소개하는 방법과 고객에게 제공할 서비스에 초점을 맞춰 계획을 세웠다. 보모 일을 맡기려고 내게 관심을 보이는 부모가 있으면, 그들을 찾아가 내 기술과 경험, 추천서, 보모 비용 요율을 정리한 서류철을 펼쳐놓고 나를 소개했다. 솔직히 전문가의 면모가 이토록 물씬 풍기는데 나를 고용하지 않을 부모가 어디 있겠는가. 나중에 고객이 나를 고용하겠다고 일정을 조정하자고 하면, 나는 미리 작성한 업무 양식을 하나 꺼내 아이의 부모에게 완성하도록 부탁했다. 거기에는 그들이 집을 비울 예정인 시간, 그들에게 닿을 수 있는 연락처와 방법, 비상시 연락할 전화번호와 사람들 명단, 내게 지시할 특별 지침이나 필요 사항을 기록하는 항목이 있었다. 데이브 램지의 딸 아니랄까 봐 사업 솜씨가 남달랐던 셈이다.

소개서와 업무 양식을 작성해 서류철을 만드는 데 투자한 시간은 길지 않았지만, 이 서류철로 해서 발생한 차이는 엄청났다. 아버지는 이렇게 사소한 차이가 나를 돋보이게 하고, 시장성을 높이는 거라고 늘 내게 가르쳤다. 사실 열두 살 나이에 '시장성'이라는 말이 무슨 뜻인지 알 리가 없지만, 친구들보다 보모 자리를 더 쉽게 얻으리라는 건 틀림없었다.

추천 일거리(만 6~13세)

만 여섯 살에서 열세 살짜리 자녀를 둔 부모는 아이에게 맡길 집안일을 한 단계 높일 필요가 있다. 여섯 살 무렵부터는 일거리를 추가하고, 아이들이 일을 끝낼 때까지 곁에서 감독하는 횟수를 줄여도 좋다. 아이들이 할 만한 집안일 목록을 부모가 작성해 날마다 확인할 수 있도록 냉장고 옆에 붙여두면 좋다. 아이들이 일을 완수하고 나면 입에 침이 마르도록 칭찬하고 해당 항목에 확인 표시를 하라. 이 나이 또래에 적합한 집안일은 다음과 같다.

- 침구 정돈하기
- 애완동물 먹이 주기
- 비질하기 혹은 청소기 돌리기
- 세탁물 정리정돈하기
- 설거지하기
- 식물에 물 주기
- 창문 닦기
- 세차하기
- 마당 청소하기
- 욕실 청소하기

좀 더 나이가 들면 이제 집 밖에서 돈을 벌 방법을 궁리해보도록 격려해야 한다. 아이들이 아이디어를 짜낼 때 부모가 옆에서 조언을 해도 좋다. 다음과 같은 일거리를 추천한다.

- 보모 일 하기
- 다른 집 개 산책시키기
- 다른 집 마당 청소하기

만약 아이에게 사업가 기질이 있어 적극적으로 새로운 사업을 벌일 때는 자기소개서나 광고 전단을 작성할 때 옆에서 격려하며 돕는 게 좋다.

주급으로 지급하라

이 연령대에는 수고비를 바로 주지 않고 일주일 단위로 지급해도 좋다. 돈과 노동의 상관관계는 이미 깨쳤을 터이니 일을 끝낸 즉시 돈을 건네지 않아도 괜찮다. 일주일 내내 일하고 일주일에 한 번만 보상받는 방식을 도입하면 보상 지연과 관련해 통제력과 인내심을 키울 수 있다. 실제 세상 돌아가는 이치도 그렇지 않은가.

우리 집에서는 매주 일요일을 '임금 지급일'로 정했다. 일요일 저녁이 되면, 아버지는 냉장고에 붙여둔 집안일 목록을 떼어 일을 모두 완수했는지 확인한 다음 우리가 일한 대로 수고비를 지급했다. 가령, 내가 다섯 가지 일 중에 세 가지만 마쳤으면? 5달러가 아닌 3달러만 받았다. 부모님은 우리가 하지 않은 일에 수고비를 주는 법이 없었다. 세상 돌아가는 이치가 그렇듯이 우리 집에서도 똑같은 원리가 적용됐다. 주급으로 지급하는 방식을 도입하고 아버지는 정석대로 약속을 지켰다. 일요일 밤이면 항상 손에 1달러짜리 지폐 15장을 손에 쥐고 초롱초롱한 눈으로 바라보는 세 아이에게 수고비를 지급했다. 하지만 일요일 저녁에 수고비를 못 받는 날도 있었다. 우리가 수고비를 달라고 했을 때 아버지가 "깜빡 잊고 은행에 들러 1달러 지폐를 챙기지 못했구나. 다음 주에 함께 정산하자"고 대답한 날이 있었다는 얘기다. 어쩌다 한 번씩 일어나는 일이었지만, 데이브 램지 집안에서도 그런 일이 있긴 있었다. 그러니 부모들이여, 자신에게 그 정도 아량은 베풀어도 좋다. 물론 지급일을 한 번도 어기지 않고 일관성을 보일수록 효과가 더 좋긴 하지만, 지급일을 놓쳤다고 해서 머리를 쥐어뜯으면서 자신을 탓할 필요는 없다는 얘기다. 이 사소한 실수 때문에 아이들이 심하게 낙담하는 일은 없을 테니까.

샤론과 나는 아이들에게 집안일을 할당하고 수고비를 주면서 저축과 기부, 소비 개념을 가르쳤다. 그때를 돌이켜보면 샤론과 내가 철저하지 못했는데도 우리 아이들이 내 바람대로 돈 관리 개념을 제대로 익혔다는 사실이 참 놀랍다. 우리는 "일하지 않으면 돈도 없다"고 누차 강조했지만 그 원칙을 철저히 밀고 나가지는 못했다. 가령, 한 아이가 일을 망치거나 물건을 깼어도 우리는 아량을 베풀어 돈을 지급하기도 했다. 일단 돈과 노동의 상관관계를 이해시키는 데 목적이 있다고 판단해서였다. 주급 방식을 도입하고 나서는, 통계를 내보면 대략 25퍼센트 정도는 까먹거나 지급일을 놓쳐서 일요일 당일에 지급을 못 했다. 그래도 다행히 아이들은 우리가 가르친 개념을 제대로 습득했다.

너무 피곤한 나머지 혹은 휴가 중이라서 아니면 다른 일에 신경 쓰느라 지급일을 놓칠 때가 있을 텐데, 그러면 그다음 주에 꼼꼼하게 계산해 지급하면 된다. 같은 부모로서 하는 말이지만, 여기서 핵심은 관용이다. 상황에 따라 아이들이 잘못한 일에 관용을 베풀어야 할 때가 있다. 또 자신에게도 관용을 베풀어야 할 때가 있다. 일일이 숙제를 검사하지 않아도(그렇다고 숙제를 아예 검사하지 않는다는 말은 하지 말라!) 아이들은 더 좋은 점수를 받기도 하고 무사히 코스를 마칠 것이다. 왜냐하면 일단 아이가 노동의 가치를 배우고 또 부모가 그 원칙대로 살아가는 모습을 보이면, 아이도 제 할 일을 하기 때문이다. 원래 의도에서 이탈하지 않는 게 중요하다. 핵심은 부모로서 아이를 통제하는 것이 아니라 아이들에게 좋은 자질을 가르치고 안내한다는 점이다.

소비, 저축, 기부 봉투 만들기

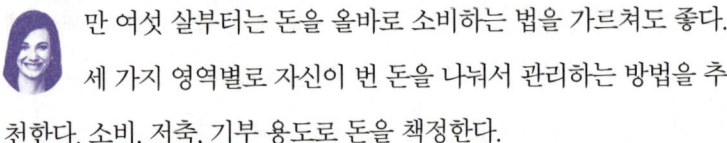

만 여섯 살부터는 돈을 올바로 소비하는 법을 가르쳐도 좋다. 세 가지 영역별로 자신이 번 돈을 나눠서 관리하는 방법을 추천한다. 소비, 저축, 기부 용도로 돈을 책정한다.

봉투 겉면에 각각 소비, 저축, 기부라고 적어 아이들에게 봉투 세 개를 지급하라. 글씨는 크고 두껍게 써야 좋다. 아니면 아이들이 원하는 대로 봉투를 직접 꾸미게 해도 좋다. 일주일에 한 번씩 수고비를 지급할 때, 부모는 각 봉투 위에 1달러 지폐를 펼쳐서 올려놓는다. 생일이나 축하받을 일이 있어서 다른 어른들에게 받은 용돈을 관리할 때도 봉투 방식을 이용하면 좋다.

일요일 저녁에 우리 집에서는 이런 식으로 했다. 가령, 내가 5달러를 벌었으면 제일 먼저 기부 봉투에 1달러를 넣고(우리 집에서는 항상 기부를 제일 우선시했다), 저축 봉투에 2달러를 넣고, 소비 봉투에 2달러를 넣었다. 가장 단순한 형태의 예산집행 양식이라서 여섯 살배기도 그 개념을 익힐 수 있다.

소비 봉투는 아이 때 내가 가장 좋아한 봉투였다. 왜 아니겠는가. 여기에 든 돈은 내가 마음대로 쓸 수 있었으니 말이다. 소비 봉투는

'쓰는 재미'를 익히는 데 목적이 있었다.

저축 봉투도 멀리 보면 결국 소비 봉투인 셈이다. 한참 어린 나이에 대학 입학이나 주택 구입을 목적으로 돈을 저축하지는 않으니까. 부모님은 몇 주 혹은 몇 달씩 걸려야 마련할 수 있는 장난감 등을 저축 목표로 세우라고 조언했다. 저축한 돈이 목표치에 이르면, 우리는 자랑스럽게 저축 봉투를 들고 가게에 가서 장난감을 이것저것 사 가지고 돌아왔다. 이렇게 하면 미래의 더 큰 보상을 위해 기다리는 법과 인내심 그리고 목표를 설정하는 법을 배울 수 있다. 사실 어른이 되어서도 이 세 가지를 하지 못해 쩔쩔매는 이들이 얼마나 많은가!

우리 집에서는 기부 봉투가 가장 중요했고 그래서 수고비를 받으면 기부 봉투에 제일 먼저 넣었다. 내가 여섯 살이 되면서부터는 부모님이 더는 헌금용으로 '두 분의 돈'을 주지 않았다. 그래서 나는 기부 봉투에서 '내 돈'을 꺼내 헌금주머니에 넣었다. 자기 돈으로 나누는 생활을 실천해봐야 비로소 기부를 대하는 아이의 인식이 똑바로 선다. 이 주제는 나중에 더 다룰 생각이다.

먼저 세상에 내보내라(만 14세부터 대학에 가기까지)

램지 일가의 우리 삼 남매는 열네 살 이후부터는 일요일 밤마다 수고비를 지급받던 일을 졸업하고, 예금 계좌를 만들었다. 어머니와 아버지는 여가 활동, 의류, 기타 필요한 항목에 우리 앞으로 책정한 금액을 매달 우리 개인 계좌로 입금했다. 램지 일가의 십대 청소년이라면 부모님이 주신 돈보다 더 많이 쓰고 싶을 때 돈을 어떻게 마련해야 하는지 잘 안다. 일을 해야 했다. 데니스 언니와 나는 주로 보모로 일했고 대니얼은 이런저런 아르바이트를 했다. 또 여름방학에는 우리 모두 아버지 사무실에서 일했다. 학교 다니랴 친구들 만나랴 운동하랴 셋 다 바빴지만, 그렇다고 일을 쉬지는 않았다.

열네 살에 첫 사업을 하다

내가 열네 살 무렵 아버지는 언니와 나를 앉혀두고 우리한테 자기 사업을 해야 한다고 선포했다. 그 말에 언니와 나는 아버지를 멍하니 바라봤다. 아버지가 진심으로 하는 말일까, 생각했다. 그도 그럴 것이, 그때 언니는 열여섯 살이었고 나는 겨우 열네 살이었다. "아빠, 말도 안 돼요! 도대체 저희가 왜 사업을 해야 하는데요?" 내가 말했다. 우리 아버지를 조금이라도 아는 사람이라면, 아버지가 그 아이디어에 심취해서 손익계산서며 상품 관리며 기업가가 되는 법에 관해 열변을 토하는 모습이 눈에 훤히 보일 것이다. 실제로 그랬다.

아버지가 농담을 하는 게 아니라는 사실을 깨닫고 언니와 나는 어떻게 사업을 시작할지 머리를 굴리기 시작했다. 그러다가 완벽한 사업거리가 떠올랐다. 당시 아버지 회사는 확장 일로에 있어서 직원이 150명이 넘었다. 정신없이 일하는 사람들이 가장 좋아하는 게 뭔지 아는가? 음식이다! 감자칩이나 초콜릿 캔디, 땅콩, 시리얼 바 등의 간식거리 말이다. 거기에 청량음료와 생수까지 준비하면 완벽하다. 데니스 언니와 나는 소 뒷걸음질하다 쥐 잡는 격으로 노다지를 발굴했다!

아버지가 늘 하는 말씀이 있었다. "계획을 하지 않는 사람은 실패를 계획하는 사람이다." 말인즉, 우리가 무턱대고 아버지 회사로 가서 간식거리를 팔겠다고 해서 아버지가 그걸 허락할 리는 없다는 뜻이다. 이 일로 사업을 하려면 진짜 사업처럼 경영해야만 했다. 이는 사업계획서를 빈틈없이 작성해서 소유주(아버지)에게서 건물에 출입하는 것을 허락받아야 했다는 말이다. 농담이 아니다. 간식거리를 판매할 장소, 초도 물품비 마련 방법(너그럽게도 이것만큼은 아버지가 지원해주기로 했다), 상품 가격 책정, 재고 관리 방법, 주간별 추정 손익계산서, 심지어 경쟁시장 분석까지 자세히 명시해야 했다. 그렇다. 우리 사업에는 경쟁 업체가 있었다! 건물 각 층에는 자판기가 있었고, 따라서 고객을 유치하려면 자판기보다 가격을 낮게 책정해야만 했다.

당시 데니스 언니에게 자동차가 있어서 우리 두 사람은 매주 동네 할인매장에 가서 감자칩, 초콜릿 캔디, 청량음료 박스 등을 잔뜩 실은 쇼핑카트를 밀고 사람들로 북적대는 매장 진열대 사이를 헤집고 다녔다. 카트에 실은 물건이 언니와 내 몸무게를 합친 것보다 더 무거웠기 때문에 밀고 다니는 것도 버거웠다. 모든 물품을 차량에 옮겨 싣고 회사까지 운송했고, 손수레를 빌려 와 차에서 물건을 내렸다. 그런 다음 건물 곳곳에 있는 휴게실을 돌아다니며 상품을 진열하고, 상품이 떨어지면 다시 채워 넣었다. 이쯤 되면 내 말이 농담이 아닌가 생각할 사람도 있겠지만 여기에는 한 치의 거짓도 없다.

언니와 내가 학교에 다녔기 때문에 주중에는 가게를 지킬 사람이 아무도 없었다. 사람들 양심에 맡기는 수밖에 없었다. 우리는 진열된 상품 곁에 가격표를 붙였고, 돈을 넣을 수거함을 배치했다. 과자와 음료는 매주 보충했다. 아버지 회사 직원들에게는 한 가지 규칙이 있었다. 돈을 낼 수 없으면 먹지 말라! 직원들은 그 원칙을 제대로 지켰다…고 생각했다. 연속 몇 주간에 걸쳐 정산할 때마다 돈이 모자라기 전까지는.

우리는 즉시 브랜드 전략을 수정했다. 우리는 '당신의 양심 과자'로 물품을 광고했다. 만약 어떤 사람이 돈을 내지 않고 물건을 가져가려면 그는 '양심'을 훔쳐야 했다.

몇 년간 언니와 나는 꽤 짭짤하게 동전벌이를 했다. 이 사업을 하면서 처음으로 목돈을 들여 자동 동전 분류기를 구입하기도 했다. 그전까지 언니와 나는 일일이 동전을 세서 포장했는데 일이 만만치 않아 그 놀라운 기계를 샀다. 그 기계는 우리가 '양심 과자' 사업을 하는 동안 목돈을 투자한 유일한 설비이자 최고의 물품이었다. 우리는 매주 동전 더미를 들고 은행을 찾았으며, 총소득에서 사업비용을 제한 손익계산서도 매주 작성했다. 언니가 청구한 자동차 기름값을 제하고도 제법 벌이가 쏠쏠했다.

과자 가게 사업은 지극히 단순했지만 실제로 적잖은 돈을 벌었다. 하지만 돈보다 더 중요한 것은 십대 소녀 두 명이 사업을 경영하고, 고객에게 서비스를 제공하며 이익을 내는 방법을 배웠다는 점이다. 아버지가 우리에게 사업을 제안했던 이유도 바로 이것이었다고 확신한다.

추천 일거리(만 14세부터 대학에 가기까지)
청소년기에 들어서면서 나는 돈과 노동의 상관관계를 체득했고, 부모님에게 용돈을 달라고 손을 벌린 일이 한 번도 없었다. 부모님은 생필품은 물론 우리에게 좋은 선물도 많이 해주었지만, 내가 하고 싶은 것들을 모두 지원해주리라고 생각한 적은 한 번도 없다. 그렇다고 우리가 돈에 살고 돈에 죽는 용병처럼 집안 곳곳을 돌아다니며 허드렛일을 처리하며 살았다고 오해하진 마시라. 어머니와 아버지는 노동과 관련해서 늘 균형감각을 잃지 않았다. 기본적으로 노동의 가치를 강조하면서도 예상치 못한 선물로 우리를 깜짝 놀라게 한 적도 많았다. 부모님의 가르침 덕분에 나는 돈은 거저 받는 것이 아니라 일해서 버는 것임을 배웠다. 어른이 된 지금 돌이켜보면, 이 원칙이야말로 인생을 바꿀 만한 강력한 가르침이었다.

십대 아이라면 대가 없이 집안일을 거들 줄도 알아야 한다. 그 나이쯤 되면 예전처럼 집안일 목록을 냉장고에 붙여두고 일을 마쳤는지 확인하고 수고비를 지급하는 형식은 졸업해도 좋다. 물론 아이가 한 일에 수고비를 줄지 말지는 부모가 판단할 일이다. 그렇지만 이 또래 아이에게는 그것보다 집 밖에서 일거리를 찾도록 격려해야 한다. 남의 집 잔디를 깎든가 쇼핑몰에서 점원 일을 하든가 진짜 세상에서 일하는 법을 배워야 할 때다.

집안일에서 나오는 소득은 십대에게 안전망 구실을 한다. 여기에는 장점도 있지만 단점도 있다. 일단 안전한 환경에서 노동과 돈의 개념을 배울 수 있어 좋다. 하지만 일과 관계되어 아이들이 만나는 '상사'가 어머니와 아버지뿐이라면 다른 사람 밑에서, 또 다른 사람들과 더불어 일하는 귀중한 경험은 어떻게 해보겠는가.

보모 일과 양심 과자 사업을 하면서 경험을 쌓은 나는 고등학교 2학년 때 새로운 일에 도전했다. 친한 친구 중 한 명이 쇼핑몰에서 일했는데 그 일이 재밌어 보였다. 그래서 나도 크리스마스 휴가 기간에 쇼핑몰에서 일했는데, 내가 받은 돈은 최저임금을 겨우 넘긴 수준이었다. 나흘 동안 꼬박 일하고 나서 처음으로 급료 수표를 받았을 때를 절대 잊을 수가 없다. 나는 충격에 휩싸였다! 열일곱 살 소녀가 쥐꼬리만한 수입을 애처롭게 쳐다보며 "말도 안 돼!" 하고 소리치는 모습을 상상해보라. 그렇게 오래 일하고 받은 돈이 어찌나 적던지 믿기지가 않았다. 최저임금에 대한 교훈을 뼛속 깊이 새긴 때였다. 차라리 보모 일을 열심히 했더라면 두 배는 더 벌었으리라는 생각이 들었다! 나는 크리스마스 시즌을 끝으로 그 일을 그만두었다.

나는 여러모로 아버지를 닮은 데가 많은데, 일에 관해서도 사업가 체질이라는 사실을 그때 알았다. 상점에서 일하기보다는 내 사업을 벌이는 쪽이 더 좋았다. 급여명세서 양식을 받아 작성하고 매년 세금을 신고하는 일도 이때 배웠고, 세금과 사회보장비 명목으로 정부가 내 소득에서 4분의 1이나 떼어간다는 뼈아픈 사실도 이때 경험했다. 십대 청소년들은 집 밖에서 일하면서 이런 값진 교훈을 얻는다. 당신도 부모라면 알겠지만 한 배에서 나와도 아이들 성격은 제각각이다. 나는 유통업계 일거리에 관심을 두지 않았지만, 남동생이나 언니는 둘 다 고교 시절과 대학 시절에 유통업계에서 일했다. 아이들이 다 똑같다고 생각하면 안 된다. 부모는 자녀들이 맘껏 상상력을 발휘해 스스로 즐길 수 있는 일을 찾도록 지원해야 한다.

땀 흘려 번 돈의 가치

나는 평생 이런저런 일을 하며 살았다. 때로는 손에 물 한 방울 묻히지 않게 하는 부모를 둔 내 친구들의 처지가 부럽기도 했다. 그런데 어른이 되고 나니 어릴 때 없었던 통찰력이 생겼다. 미국 전역을 돌아다니며 젊은이들에게 강연을 하고 얘기를 나눠보면, 그들이 노동의 가치를 가르친 부모 밑에서 자랐는지 아니면 자식들이 요구하는 대로 용돈을 주는 부모 밑에서 자랐는지 금세 구분이 간다. 십대 청소년들에게는 질문 몇 개만 던져도 자기가 세운 금전적 목표를 위해 열심히 일할 자세가 됐는지 아니면 두려워하는지 알 수 있다. 자라면서 노동하는 법을 배운 적이 없는 청소년과 젊은이들은 당시에는 특권을 누리는 기분이었으리라. 하지만 머지않아 그들 앞에 어떤 일이 닥칠지 내 눈에는 훤히 보였다. 진짜 세상이 그들을 정면으로 강타할 게 분명하다. 부모들은 이 점을 꼭 알아야 한다. 자녀가 노동의 가치를 배우지 못한 채 거친 세상으로 나가면 참혹한 실패를 마주하리라는 사실 말이다.

자녀에게 노동하는 법을 가르치지 않는 부모는 다정하고 너그러운 부모가 아니라 무책임한 부모다. 아이들에게 돈과 노동의 관계를 가르칠 책임은 부모에게 있다. 이는 학교의 책임도 아니고 교회의 책임도 아니다. 부모가 맡아서 할 일이다. 부모는 그 책임을 져야 한다. 당신의 자녀는 앞으로 어떤 인생을 걷게 될까? 자녀가 세상에 나가 일하고 부딪치면서 승리하는 법을 가르치는 부모도 있고 가르치지 않는 부모도 있다. 어쨌든 자녀들이 살아갈 인생의 방향은 부모의 선택에서 비롯된다. 부모는 아이들에게 가장 든든한 후원자이자 응원단장이다. 어려서부터 근면하고 성실하게 노동하는 법을 익히면 한 사람의 인생이 통째로 바뀌고, 그를 통해 세상이 바뀔 수도 있다. 이는 어디까지나 부모가 어째서 노동이 중요하고 또 어떻게 노동하는지 애써 가르친다는 것을 전제로 했을 때 얘기다.

제 3 장

| 소비 |

돈은 한번 쓰면 돌아오는 법이 없다

SMART MONEY SMART KIDS

"하지만 아빠! 제발, 제에에발요! 이번엔 딸 수 있다고요! 돈 좀 주세요!" 그날 오프리랜드 테마파크에 있던 사람들은 열렬하게 돈을 구걸하는 내 목소리를 다들 들었으리라. 어쩌면 누군가는 내 입을 막기 위해서라도 내 손에 몇 달러를 쥐여주고 싶었을지도 모른다. 하지만 실제로 내게 돈을 주는 사람은 없었다. 일찌감치 돈이 다 떨어져 무일푼이 된 나는 그날 예닐곱 시간을 하릴없이 걸어다녀야 했다. 휘황찬란한 놀이동산에서 할 수 있는 게 없다니 완전히 고문과도 같았다. 그렇게 된 것은 순전히 내 실수였다.

오프리랜드 테마파크에 소풍 가는 것은 내슈빌에서 자란 내가 가장 좋아하는 일 중 하나였다. 도심을 조금 벗어난 곳에 있는 이 환상적인 놀이공원에는 재미난 놀이기구와 게임 시설, 볼거리가 잔뜩 있었고 멋진 음악이 계속 흘러나왔다. 우리 가족은 연간이용권이 있어서 어렸을 때 자주 놀러 갔다.

이번 얘기는 여섯 살 때의 일이다. 말했듯이 나는 여섯 살에도 집에서 열심히 일했고, 집안일 목록에 적힌 항목대로 수고비를 받았으며, 소비·저축·기부 봉투에 각각 돈을 모았다. 부모님 원칙에 따르면, 각자 돈을 벌고 있으니만큼 놀이공원에서 추가로 하고 싶은 게 있으면 부모님께 '기대하지 말고' 자기 돈으로 내야 했다. 출발하기 전 아버지는 언니(당시 여덟 살)와 내게 각자의 소비 봉투를 주셨다. 아버지는 우리가 직접 일해서 번 돈이고, 소비하려고 책정해둔 돈이니 맘대로 써도 좋다고 했다.

데니스 언니는 한 번도 돈을 쓴 적이 없어서 소비 봉투가 두툼했다. 말도 안 된다고? 나도 그렇게 생각한다. 이번에도 언니는 잠시 생각하더니 이렇게 말했다. "그런데 있잖아, 난 이 돈을 다 쓸 생각이 없어. 절반만 가져가고 절반은 남겨둘 거야." 그리고는 정확히 절반만 세서 그 돈은 호주머니에 넣고 나머지 반은 도로 소비 봉투에 담았다. 그때 나는 속으로 생각했다. '언니는 바보야! 오늘 우리는 종일 오프리랜드에서 놀 거라고! 돈을 몽땅 다 챙겨서 최대한 재밌게 놀아야지. 왜 안 그러는데?' 이런 생각을 하면서 나는 내 봉투 안에 든 돈을 전부 꺼내 호주머니에 넣었다. 여섯 살 소녀는 호주머니에 한가득 돈을 넣고서 가장 좋아하는 놀이공원을 향해 출발했다. 하늘을 나는 듯 기뻤다.

여느 때처럼 아버지는 주차장에서 정문으로 걸어가는 동안 우리에게 짧게 당부했다. 우리 돈이니까 그 돈으로 무엇을 하든 스스로 결정하라는 말씀이었다. 각자 돈이 있으니 풍선 터뜨리기나 사격, 다

트게임 등을 추가로 하고 싶을 때는 우리 돈을 내고 해야 한다는 게 '램지 집안 규칙'이었다.

기억이 선명하진 않지만 우리 언니는 이 흥분되는 순간에도 아버지 말씀을 유념해서 들었다. 언니는 아버지 말씀을 하나도 놓치지 않고 수첩에 받아 적고, 고개를 연신 끄덕이며 이렇게 말했을 것이다. "네, 네. 그게 좋겠어요, 아빠. 알겠어요. 제 걱정은 마세요. 제 돈은 아주 신중하게 쓸 테니까요. 이 돈은 마지막까지 아껴둘 생각이에요. 이따 돌아가는 길에 제가 저녁을 쏠 수도 있을 거예요."

나는 어땠냐고? 나야 한시라도 빨리 돈을 쓰고 싶어 부리나케 정문을 통과했다. 그리고 입구에 들어서서 세 발짝도 옮기기 전에 근처에 있는 첫 번째 놀이에 마음을 뺏기고 말았다. 나는 후다닥 달려가서 탁자 위에 돈을 올려놓고 내 차례를 기다렸다. 하지만 게임에 져서 돈을 잃었다. 그래서 한 번 더 돈을 올려놓고 다시 도전했다. 한 번 더. 한 번 더. 한 번 더. 결국 끔찍한 순간이 다가왔다. 호주머니에 손을 넣어보았지만 부드러운 안감밖에 만져지지 않았고, 내 꿈은 산산조각이 나버렸다. 첫 번째 놀이기구에 그만 돈을 모두 날려버린 것이다! 그것도 고작 5분 만에!

어머니와 아버지에게 달려가서 돈 좀 달라고 애걸복걸했던 일이 지금도 기억난다. "이번엔 딸 수 있다고요! 제가 방법을 알아냈어요!" 그날의 경험 덕분인지 몰라도 나는 도박에 손을 대지 않는다. 도박에 빠지면 순식간에 망할 수 있다는 걸 철저하게 배운 셈이다. 어쨌든 부모님은 돈을 주지 않았다. 나는 언니에게 달려가 "언니! 돈 좀 줘! 제발!" 하고 애걸했다. 언니는 나를 정신 나간 사람처럼 바라보왔다. 이쯤 되니 서러워서 나는 눈물을 뚝뚝 흘리며 어머니에게 다시 달려가 매달렸다. "제발, 엄마! 나중에 갚을게요!" 그렇다. 나는 부모님께 돈을 대출해달라고 부탁했다. 하지만 그 제안을 아버지가 어떻게 받아들였을지는 빤하지 않은가!

아버지는 나를 가만히 내려다보고는 20여 년이 넘도록 잊지 못할 말을 했다. "레이첼, 돈은 한번 쓰면 돌아오는 법이 없단다. 네가 돈을 썼으면 그 돈은 다시 생기지 않아. 돈이 다 떨어졌으면 오늘은 그냥 손가락이나 빨아야겠구나." 그랬다. 이후 여섯 시간 동안 나는 무료 시설만 이용했고, 언니가 신중하게 어떤 놀이를 할지 고르는 모습을 비참한 심정으로 지켜봐야 했다. 내가 꽤 오랜 시간 세상 다 끝난 사람처럼 서럽게 징징대는 통에 부모님도 짜증이 이만저만이 아니었을 것이다. 하지만 두 분은 꿈쩍도 하지 않았다. 그날 남은 일정 내내 나는 충동에 못 이겨 돈을 허비한 대가를 치러야 했다. 여섯 살 나이에 그 교훈을 깨친 것은 부모님이 내게 준 놀라운 선물이었다.

잘못 내린 결정 때문에 자녀가 고통당하는 모습을 부모가 옆에서 말없이 지켜보려면 굳은 의지와 용기가 필요하다. 어떤 부모에게나 자식은 귀엽고 예쁘기 마련이므로, 자식이 막무가내로 떼를 쓰고 사정하면 여간해서는 버티기가 쉽지 않다. 대개는 '아직 어리잖아' 하고 자기 자신을 설득한 뒤 응석을 받아주기 마련이다. 물론 샤론과 나도 아이가 크게 잘못한 것을 알고도 곤경에서 구해준 적이 수없이 많다. 하지만 그보다는 사태를 통제하면서 자신이 저지른 실수의 대가를 아이들이 치르도록 그대로 지켜본 적도 많다. 이럴 때 우리는 고통의 강도를 가늠하면서 아이들이 뼈저리게 교훈을 새기되 그 고통이 커서 돌이킬 수 없는 상처를 남기지 않도록 주의했다. 아이들이 행여 잘못된 판단을 내리고 고생할까 봐 그 주위를 맴돌며 보호하는 헬리콥터 부모도 나쁘지만, 아이들이 실수하지 않도록 매사에 혹독하게 대가를 치르게 하는 부모도 그에 못지않게 나쁘다. 샤론과 나는 중도를 지키려고 노력했다.

레이첼은 우리 아이들 중에서 가장 감수성이 예민한 편이라 어떤 상황을 드라마의 한 장면처럼 극단적으로 받아들일 때가 자주 있었다. 오프리랜드에서 있었던 일도 딸아이 말이 맞긴 하지만, 우리가 보기에는 별일 아니었다. 그 아이가 돈을 일찍 다 써버린 것뿐이다. 뿌루퉁한 얼굴을 했다가 귀여움을 떨었다가, 아무리 칭얼대고 우리를 설득한들 다 쓴 돈이 어디서 나오겠는가. 딸아이는 빈털터리가 되었다. 미리 경고하는 말을 들었는데도 소비를 절제하지 못해 일찌감치 무일푼이 된 거다. 내가 만나는 이들 중에는 마흔네 살이나 되도록 이 간단한 교훈을 깨치지 못한 사람도 있다.

아빠의 지갑은 화수분이 아니다

돈은 유한하다. 무한히 공급되지 않는다. 요즘에는 이 사실을 잊고 지내는 사람들이 참 많다. 하기야 주택자금 대출, 자동차 할부, 학자금 대출에 신용카드까지 '누구나' '아무 때고' '무엇이든' 구매할 수 있다고 믿는 세상이 왔으니 돈에 한계가 있다는 사실을 망각하기도 참 쉬울 것이다. 놀이공원을 찾은 여섯 살 꼬마건 자동차 판매 대리점을 찾은 쉰여섯 살 어른이건 돈이 '동난다'는 사실, 그것도 자주 동난다는 사실을 인정하지 않으면 돈 문제에서 절대 승리하지 못한다.

어른들이 이 현실에 익숙해지도록 돕기 위해 아버지는 봉투를 이용해 예산 짜는 방식을 가르친다. 방법은 복잡하지 않다. 한 달 동안 특정 품목에 얼마나 지출할지 책정하고, 월급을 받으면 용도별로 그 금액을 봉투에 담는 게 전부다. 가령 당신이 식료품에 500달러를 책정했으면 500달러를 봉투에 담고 겉봉에 '식료품'이라고 적는다. 식료품을 구입할 때는 그 돈만 쓸 수 있고, 그 밖에 다른 돈으로 식료품을 살 수 없다. 봉투의 돈이 다 떨어지면 어떻게 하는가? 식료품을 더는 살 수 없다. 어머니와 아버지가 오프리랜드에서 내게 가르쳤던 것과 똑같지 않은가?

그런 까닭에 나 역시 부모들이 어린 자녀들에게 봉투를 이용해 소비하는 법을 가르치라고 권했다. 돈에는 한계가 있다는 사실을 어려서부터 가르치면 성인이 되어 온갖 빚에 허덕일 가능성이 그만큼 줄어든다.

개미도 좋고 베짱이도 좋다

부모들에게 충격을 안겨줄 소식을 하나 전한다. 아이들은 독특한 생명체다. 아이들은 특이해서 때로 부모가 전혀 이해할 수 없는 행동을 한다. 부모는 이 작은 생명체가 자라면서 개성이 발현되는 놀라운 과정을 지켜본다. 아이들이 돈을 거래하는 모습도 그중 하나다. 이를 통해 부모는 그 아이가 소비형으로 타고났는지 아니면 저축형으로 타고났는지 금방 알아볼 수 있다. 지금 내 말을 듣고 생각해보다가 자기 아이가 소비형임을 깨달은 부모가 있을지도 모른다. 어쩌면 그 사실을 깨닫고 한탄하는 사람도 있을지 모르겠다. "맙소사! 내가 소비형 아이를 두었다니! 이 아이는 아무것도 모으지 못하고 남은 평생 내 집에 얹혀살겠구나! 아유, 어쩌면 좋아!"

잠깐, 호들갑은 그만 떨고 심호흡을 하시라. 소비형 아이라고 해서 나쁠 것은 하나도 없다. 내가 장담한다. 나는 꽤 책임감 있는 성인이라고 널리 인정받고 있는데, 나도 확실히 소비형 아이로 태어났기 때문에 잘 안다.

나는 호주머니에 1달러가 있으면, 가게에 들어가 껌 한 개라도 사야 직성이 풀리는 아이였다. 대형 마트에 들어가면 어떻게든 장난감 하나는 꼭 사 들고 나왔다. 내 말을 믿으시라. 소비 봉투에 돈이 생기기만 하면 나는 기어코 그 돈을 쓰고야 말았다. 그것도 잽싸게. 나는 돈 쓰는 일이 늘 즐거웠다. 이제 나는 어른이다. 내가 소비형 인간이라는 말은 충동적이고 무책임한 사람이라는 말이 아니다. 다만 나 자신의 성향을 인지하고 있으므로 책임감 있는 소비자가 되는 법을 배웠다는 말이다. 책임감 있는 소비형도 분명히 존재한다!

저축형 아이라고 해서 좋을 것도 없고, 소비형 아이라고 해서 나쁠 것도 없다는 사실을 명심하기 바란다. 이 책은 소비형 아이를 저축형 아이로 바꾸는 방법을 다루는 책이 아니다. 부모가 아이의 고유한 개성을 파악하고, 그 아이에게 어떤 특성이 있든 간에 돈 문제에 현명하게 대처하는 법을 가르치는 게 이 책의 목표다. 만약 아이가 소비형 아이라면 현명한 소비자가 되는 법을 가르쳐야 한다(이 아이도 돈을 저축하는 법을 배울 수 있다). 만약 아이가 저축형 아이라면 현명한 저축가가 되는 법을 가르쳐야 한다(이 아이도 돈을 소비하는 법을 배울 수 있다).

양쪽 다 장단점이 있다는 사실을 인정하면 된다. 소비형 인간은 돈을 틀어쥐고 있는 체질이 아니라서 인심 좋은 사람일 가능성이 크다. 하지만 돈을 충동적으로 쓰기 때문에 열심히 일해서 번 돈을 탕진할 수 있다. 반면, 저축형 인간은 인내심이 많고 책임감이 강한 체질이다. 하지만 쏨쏨이가 박해서 남을 위해서도, 자기를 위해서도 푼돈조차 쓰기를 아까워할 가능성이 높다. 단점이 발현되면 둘 다 잘못된 인생을 사는 거다. 요컨대, 당신의 자녀가 소비형이건 저축형이건 괜찮다. 어느 한쪽이 더 나을 것도 없고 더 나쁠 것도 없다. 하지만 돈과 관련해서 아이의 성향이 어느 쪽인지 파악해 그 아이가 현명하게 판단하는 법과 적절한 소비 습관을 기르도록 이끄는 것은 부모가 해야 할 일이다.

우리는 모두 타고난 장단점이 있고, 이는 돈 쓰는 문제에도 똑같이 적용된다. 부모는 아이의 타고난 성향을 파악해 장점이 잘 발휘되도록 도와야 한다. 하지만 아무리 좋은 장점도 지나치면 독이 된다는 사실을 잊으면 안 된다. 저축형 인간이 좋다 한들, 모으는 재미에 빠져서 돈 한 푼 쓸 줄 모르고 남에게 베푸는 일에 옹색하다면 무슨 소용이 있는가. 소비형 인간이 좋다 한들, 쓰는 재미에 빠져서 빚더미에 올라 결국 아무것도 베풀 수 없는 처지에 놓인다면 무슨 소용이 있는가 말이다. 또 기부형 인간이 좋다 한들, 나누는 재미에 빠져서 문제가 생겼을 때 쓸 비상금도 없고, 자기한테 돈 쓰는 재미를 모른다면 이 역시 좋을 게 없다. 그러므로 돈을 쓰는 성향을 살펴서 자녀의 장점을 파악한 다음 그들이 균형을 유지하도록 부모가 도와야 한다.

우리는 모두 타고난 단점이 있다. 단점은 어렸을 때 포착해야 교정하기도 쉽다. 하지만 거듭 강조하건대, 부모는 이때 '각 자녀'의 고유한 개성을 해치거나 무시하면 안 된다. 만약 부모가 저축형 인간이고 자녀가 소비형으로 타고났으면, 부모 성향이 옳고 아이 성향이 그릇되었다는 인상을 심지 않도록 각별히 주의해야 한다. 소비형 인간인 내가 애써 저축하는 습관을 기르고자 노력한 까닭은 저축형 인간이 되고 싶어서가 아니었다. 열심히 저축해서 더 많이 베풀고 더 많이 쓰고 싶었을 뿐이다. 아이들에게 억지로 칫솔질을 시키듯이 아이들의 부족한 부분을 채워주는 게 부모의 역할이지만, 그 과정에서 부모가 아이를 강압적으로 바꾸려고 하면 아이에게 지속적으로 심리적 충격을 줄 수 있다.

현명하게 돈 쓰는 법

여섯 살 소녀 레이첼이 오프리랜드에 놀러 가서 현명하게 돈을 쓰지 못한 것은 분명한 사실이다. 나는 그때 부모님에게 돈은 유한하다는 사실을 배웠지만, 그 후로도 오랫동안 같은 실수를 반복하며 교훈을 되새겨야 했다. 도깨비 방망이 두드리듯 하루아침에 현명하고 능력 있는 소비형 아이로 변신할 수는 없으니까. 다만, 저축의 미덕을 지나치게 강조한 나머지 돈을 소비하는 게 잘못이라는 인상을 주는 것도 좋지 않다. 소비는 잘못된 행동이 아니다! 아버지는 늘 이렇게 말했다. "돈은 재밌는 거란다. 네 주머니가 두둑하다면 말이야." 자신에게 그 물건을 구입할 여력이 있는 한 좋은 물건을 사는 행위 자체는 아무 문제가 되지 않는다는 점을 이해하도록 도와야 한다. 현명하게 돈을 쓸 줄 아는 아이로 훈육하는 데 필요한 몇 가지 지침을 소개하겠다. 이 지침은 자녀가 소비형이건 저축형이건, 여섯 살이건 열여섯 살이건 똑같이 적용된다.

부모가 본보기가 되라

아이들은 부모를 주시한다. 아이들에게 현명하게 소비하는 법을 가르칠 때는 부모가 먼저 현명하게 소비하는 모습을 보이는 게 가장 중요하다. 아이들은 말로 배울 때보다 눈으로 보고 배울 때가 더 많다는 게 내 믿음이다. 부모가 하는 '행동'이 부모가 하는 '말'보다 훨씬 중요하다. 비싼 물건을 살 때는 신중하게 계획해야 한다고 아이들에게 가르치고선 정작 부모는 갑자기 뛰어 나가 신형 텔레비전을 사 들고 온다면 어떻겠는가. 아이는 말과 행동이 다른 부모를 보게 된다.

　감정적으로 돈을 쓰는 문제에 대해서도 마찬가지다. 아버지와 나는 그릇된 이유로 물건을 사는 바람에 곤경에 처한 수많은 어른들을 만나 상담을 한다. 사람들은 자동차나 지갑, 텔레비전, 신발을 새로 구입하면 정서적 결핍을 채울 수 있다고 생각하는 모양이다. 솔직히 여자들이여, 우리도 익히 알고 있는 문제 아닌가! 여성들의 소비 습관을 다룬 《여성경제학Sheconomics》이라는 책에서는 한 설문 결과를 소개했다. 기분을 달래려고 '마구 쇼핑을 한다'고 답변한 여성이 10명 중 8명꼴이었다는 것이다. 그러면 이들은 원하는 효과를 얻었을까? 크게 효과는 없었던 것으로 나타났다. 똑같은 조사 대상의 3분의 1에 해당하는 여성이 최근 쇼핑한 일을 두고 죄책감이나 수치심을 느낀다고 답했다.

아이들이 이를 지켜보고 있다고 생각해보자. 설문 결과가 더욱 심각하게 느껴지지 않는가? 엄마가 스트레스를 받거나 슬프거나 우울할 때마다 홈쇼핑 채널이나 쇼핑몰을 찾으면, 아이들은 어떤 메시지를 읽을까? 울적한 기분을 달래고 행복해지려면 밖에 나가 쇼핑을 해야 한다는 메시지를 더 크고 확실하게 읽을 뿐이다. 그리고 나면 부모가 돈에 대해 '무슨 말'을 하건 먹혀들 리가 없다.

요즘 방종하게 생활하는 현대인 중에 '쇼핑 요법'입네 하면서 기분 전환이 필요하니 쇼핑을 해야겠다는 부모들이 있다. 그것도 아이들 앞에서 철없이 웃으며 당당하게 선언한다. 꼬마애가 그렇게 말하면 재미있다고 귀엽게 볼지 모르지만, 부모가 아이들 앞에서 그리 행동하는 것은 참으로 미숙한 짓이다. 이런 부모가 아이들에게 전하는 메시지는 끔찍하기 짝이 없다. 마음이 슬프거나 문제가 있을 때마다 '물건'을 사고 나면 기분이 한결 나아질 거라고 가르치는 게 아니고 뭐겠는가. 그런데 쇼핑을 하고 나면 정말로 기분이 좋아지는가? 앞에서 레이첼이 예로 들었듯이 효과가 없는 것으로 밝혀지지 않았는가. 더욱이 3분의 1은 죄책감을 느낀다고까지 답했고 말이다. 쇼핑이 스트레스 해소법으로 굳어졌다면 그 사람은 물질만능주의의 노예라고 봐도 무방하다. 만약 아이의 마음과 영혼 깊숙이 그런 처방전이 각인되면, 그 아이는 어른이 되어 수십 년간 빚에 허덕이며 살 수도 있다.

부모가 돈을 대하고 관리하는 모습은 그 자녀에게 고스란히 대물림된다. 그 옛날 어머니나 아버지에게 들었던 말을 자기 자식에게 되풀이하는 사람들이 얼마나 많은가. 자식은 부모를 닮기 마련이다. 그러므로 아이들이 돈 문제에서 승리하기를 간절히 바란다면 부모가 먼저 돈 문제에서 승리해야 한다. 아이들은 부모처럼 소비하고, 저축하고, 베풀고, 예산을 짤 것이며 자기 부모처럼 미래의 배우자와 돈 문제로 싸울 게 분명하다. 심지어 사람은 표정까지도 자기 식구 중 누군가와 비슷해진다. 지금 이 책을 읽는 당신은 누구를 닮았는가?

부모들은 죄책감을 덜고 싶어서 아이들을 위해 물건을 사들이기도 한다. 아이가 바라는 만큼 곁에 있어주지 못해 죄책감을 느끼는 부모들은 아이에게 선물을 많이 사다 주며 이를 벌충하려고 한다. 나는 수많은 십대 아이가 '두 번의 크리스마스'에 관해 하는 얘기를 들었다. 예를 들어 이혼한 엄마나 아빠는 서로 경쟁하듯 선물 공세를 펼치기도 한다. 그러면 아이들은 괴이한 주도권 싸움에 휘말리게 되는데, 이 싸움에서는 모두가 패자일 뿐이다.

이혼 후 디즈니랜드 아빠 증후군에 빠지는 사람도 많다. 이혼 후 면접교섭권을 가진 부모가 아이들이 원하는 것이라면 뭐든 사주는 바람에 상식을 지키려고 노력하는 양육 부모가 괴물처럼 보이는 현상을 말한다. 원칙을 지켜가며 성숙하게 부모 역할을 하고 있는 양육 부모 쪽에서 보면 참으로 기운 빠지는 처사다. 가족상담사들은 전남편이나 전부인과 자녀 양육 방식에 대해 서로 의견이 다를지라도 자녀들 앞에서는 절대 상대방을 깎아내리거나 험담하지 말아야 한다고 입을 모은다. 이전 배우자에 대해서는 긍정적인 얘기만 하는 게 좋다. 이런 상황에 처한 한부모 가정에서는 아이들과 함께 있을 때 원칙을 다시 상기시키는 게 좋다. 돈 관리 원칙은 앞으로도 지켜야 하고, 그렇게 하는 이유는 '너희를 몹시 아끼고 너희의 미래를 염려하기 때문'이라고 설명하라.

이 지구상에 있는 돈을 모조리 쓴다 해도 돈으로는 죄책감을 씻을 수 없다. 자녀의 사랑을 돈으로 사려고 하는 부모는 자기 생각만 하는 이기적인 부모다. 자기는 기분이 좋아질지 몰라도 세상 이치에 대해 자녀에게 혼란스러운 정보를 주기 때문이다.

때때로 부모들은 아이가 가여워서 돈을 소비하기도 한다. 딸이 축구 경기에서 지거나, 학교 연극에 출연하지 못하거나, 밴드에서 잘리면 부모로서 딸을 위로하고 싶은 게 당연하다. 이럴 때 선물을 사주며 아이의 아픔이나 실망감을 감싸려고 하는 부모가 있다. 부모들이여 이 책을 읽으면서 당신은 어떻게 행동하는지 점검하기 바란다. 나중에 자족하는 법을 다룰 때 더 자세히 논의하겠지만,

지금은 한 가지만 명심하자. 돈을 소비하는 방법으로는 만족감이나 성취감을 얻을 수 없다. 부모에게는 돈이 마음의 상처를 치유하는 마법이 아니라는 사실을 자녀에게 가르칠 책임이 있다.

실패하는 법을 가르쳐라

수많은 어른이 엄청난 실수를 저지르고 값비싼 대가를 치르는 까닭은 어렸을 때 작은 실수를 저지르고 값싼 대가를 치를 일이 없었기 때문이라고 나는 굳게 믿고 있다. 지혜와 강인함은 실패를 경험하지 않고서는 기를 수가 없다. 그런데도 많은 부모가 실패의 쓰라린 고통을 자녀가 겪지 않게 하려고 무진 애를 쓰며 보호한다. 우리 어머니와 아버지는 이런 상황에 훌륭하게 대처했다. 오프리랜드에서 내가 5분 만에 모든 돈을 탕진했던 날이 좋은 예다. 부모님은 게임을 더 하려는 내게 이렇게 말하지 않았다. "레이첼, 거기에 돈을 쓰는 것은 정말 바보 같은 짓이야. 완전 돈 낭비야." 자녀의 삶을 하나부터 열까지 통제하는 부모라면 아예 그런 놀이는 하지도 못하게 말렸으리라. 우리 부모님은 그런 데 돈을 쓰는 나를 말리지는 않았지만, 그렇다고 부모님의 지갑을 열어서 내가 계속 그 게임을 하도록 내버려두지도 않았다. 내가 돈을 날려버릴 게 뻔했기 때문이다. 두 분은 어느 한쪽에 치우치지 않았다. 내게 실수할 기회를 주고 그 교훈을 스스로 깨닫도록 지켜보았다.

 자녀에게 어려서 실수할 기회를 주지 않는다면, 훗날 돈 문제와 관련해서 비싼 수업료를 내야만 한다. 그들도 살면서 실수를 할 테고, 때로는 한참 잘못된 결정을 내리기도 할 것이다. 실수 자체가 문제는 아니다. 사람은 누구나 실수하며 배운다. 그러니까 실수 여부가 중요한 게 아니고 그 크기가 문제다. 현명하게 소비하고 절제하는 법을 배우기도 전에 치러야 할 대가가 얼마나 혹독할 것인가 하는 문제다. 따라서 부모는 실수의 대가가 크지 않을 때 자녀에게 일찌감치 실수할 기회를 허용해야 한다. 열세 살 아이가 비디오게임 사려고 어리석은 결정을 내리고 그 대가를 아무리 크게 치른들, 스물세 살에 자동차를 사면서 어리석은 결정을 내리고 치르는 대가보다야 혹독하겠는가.

돈의 기회비용을 가르쳐라

'기회비용'이라는 말만 들어도 넌더리난다는 사람들도 있겠지만, 사실은 참 흥미로운 경제 용어다. 쉽게 설명하자면 이렇다. 만약 X를 구입하는 데 가진 돈을 다 쓰면 Y를 사는 데 더는 돈을 쓸 수가 없다는 것. 눈높이에 맞게 설명하면 아이들도 어렵지 않게 이해할 수 있으니 아이들이 흥미를 보이는 사례를 이용하는 게 좋다. 예를 들면 이런 식이다. "네가 오늘 이 비디오게임을 구입하는 데 돈을 다 쓰면 다음 달에 나올 신작 게임 살 돈은 사라지는 거야." 하지만 '오늘' 당장 느낄 짜릿함과 '미래에' 누릴 행복의 가치를 저울질하는 일이 아이에게 쉽지 않을지도 모른다. 핵심이 되는 질문은 다음과 같다. "다음 달 신작 게임이 나왔을 때에도 오늘 내린 결정에 아무 불만이 없고 행복하겠니?"

기다리는 자에게 복이 있나니

잘못된 구매 결정을 피하는 최선의 방법은 그냥 하룻밤 기다리는 것이다. 나이가 많건 적건 이 방법은 효과적이다. 값비싼 물건을 구입하기 전에 하룻밤 기다리고 나면 사고 싶은 마음이 싹 사라지기도 한다. 부모님을 비롯해 우리 집에서도 이 원칙을 따른다. 아버지는 소비형 인간이다. 그래서 일찌감치 어머니와 아버지는 300달러 이상에 대해서는 소비하기 전에 서로 미리 알리고 하룻밤 이상 기다리며 구매를 고민하자는 데 합의했다. 우리 아버지도 이튿날 아침이 되자 사고 싶던 물건이 갑자기 별거 아닌 듯 느껴져 마음이 바뀐 경우가 얼마나 많은지 모른다.

어머니가 구매 결정을 하룻밤 미루는 이 비법을 내게 일러준 날이 생각난다. 나는 열세 살이었고, 어머니와 함께 쇼핑을 하는 중이었다. 나는 마음에 드는 셔츠가 있어서 살까 말까 망설이며 주변을 맴돌고 있었다. 셔츠를 가만히 쳐다보고, 들어도 보고, 거울 앞에서 대보기도 하고, 그러다가 다시 제자리에 걸어놓았다. 한동안 고민하다가 결국 나는 그 셔츠를 사기로 했다(물론 내가 애써 번 돈으로 말이다). 이 모든 과정을 지켜보던 어머니는 구매를 보류하고 하룻밤 더 기다리면서 생각해보라고 강권하다시피 했다. 나는 이렇게 대답했던 것 같다. "하지만 이 셔츠가 진짜로 마음에 들어요. 그냥 가면 다른 사람이 사 갈지도 모르잖아요!"

어머니는 이런 일에 현명하게 대처할 줄 아는 분이다. 결국 나를 설득해서 그날 셔츠를 사지 않게 했다. 물론 나는 그 셔츠를 내일까지 꼭 보관해두라고 판매원에게 세 차례나 신신당부한 후에야 발걸음을 옮겼다. 그래서 어찌 됐냐고? 집에 도착할 즈음 그 셔츠를 사고 싶은 마음은 벌써 사라지고 없었고, 이튿날에는 까맣게 잊고 말았다. 그 셔츠를 꼭 맡아놓겠다고 내게 다짐한 그 판매원을 나는 다시 찾지 않았다. 그 셔츠는 계산대 주변 어딘가에 내 이름을 붙인 채 아직 나를 기다리고 있을지도 모른다.

시간을 빨리 감아 대학교 3학년 시절로 올라가 보자. 이때도 비슷한 일이 있었다. 하지만 어머니는 300킬로미터나 떨어진 곳에 있었고, 이번에는 나 혼자였다. 가게에 들어가 카디건을 하나 보았는데 마음에 쏙 들었다. 그런데 가격이 120달러나 되므로 가볍게 결정할 사안이 아니었다. 나는 어머니에게 배운 대로 하룻밤 기다리기로 했다. 이튿날 다시 생각해도 그 옷이 진짜 사고 싶었다. 나는 다시 돌아가 카디건을 샀고, 옷이 참 마음에 들어서 5년간 즐겨 입었다. 그 카디건은 확실히 돈을 쓴 보람이 있었다.

하룻밤 기다리면 충동적인 소비 욕구를 잠재운다는 사실을 자녀들에게 보여주자. 이 원칙을 따르면 물건을 사지 않고 그 자리를 떠날 수 있고, 일단 가게에서 벗어나면 안개가 걷히듯 머릿속이 정리될 때가 많다. 이튿날 잠에서 깨었을 때도 쓸모 있는 물건이라고 느끼면 (물론 경제적 여유가 있어야 하지만) 그때는 쓸모 있는 물건이라고 생각해도 좋다. 가서 구매하고 마음껏 즐기라!

흥정의 기술

여섯 번째로 맞은 생일 아침에 눈을 떴을 때 내 머릿속엔 한 가지 생각뿐이었다. '드디어 오늘은 그 애를 손에 넣을 수 있겠지? 부모님이 그 애를 찾았을까?' 나중에 생일 선물들을 개봉하는데 슬슬 불안감이 엄습하기 시작했다. 그 애가 나올 기미는 보이지 않고, 남은 선물 상자는 하나뿐이었다. '이 상자에 들어 있을까?' 마지막 남은 선물 상자의 포장을 뜯어낼 때 내 가슴이 콩닥콩닥 뛰었다. 그 애는 거기에 있었다. 전국의 여섯 살 소녀들을 설레게 한 그 애의 이름은 '아메리칸걸'이었다. 그 인형을 부모님이 구해온 것이다. 나도 마침내 아메리칸걸 인형을 손에 넣었다! 이보다 더 기쁜 일이 있을까? 그런데, 있었다. 그럴 일이 눈에 보였다.

새 인형이 들어 있는 상자에는 내가 상상도 못 한 물건이 들어 있었다. 아메리칸걸 카탈로그였다. 그 작은 잡지를 보며 나는 신세계에 눈을 떴고, 반드시 소유하고 말겠다는 결의를 다졌다. 거기에는 다양한 인형과 그 인형들에게 어울리는 각양각색의 의상과 액세서리, 심지어 가구도 있었다! 나는 흥분을 감추지 못하고 외치기 시작했다. "엄마! 아빠! 이 인형들은 가구도 있는 거 아세요? 저도 가구가 있어야겠어요. 제 인형이 앉을 데가 필요해요!" 부모님은 웃음을 터뜨리며 내 생일을 축하해주었고, 아메리칸걸을 갖고 재밌게 놀라고 했다.

몇 시간 뒤에 아버지가 내게 오더니 좋은 생각이 있다고 했다. 우리는 차를 타고 동네 벼룩시장으로 갔다. 아버지가 말했다. "레이첼, 여기 좀 둘러보자꾸나. 네 인형에게 어울리는 가구가 눈에 띄거든 내게 말하려무나." 아버지와 벼룩시장을 한동안 둘러보는데, 흰색 고리버들로 만든 근사한 인형 가구가 눈에 띄었다. 나는 신이 나서 아버지에게 그 물건을 가리켰다. 그러자 아버지는 이렇게 말했다. "좋아.

이제 아빠가 저기로 가서 물건 파는 아저씨하고 얘기를 나눌 거야. 우리는 저 아저씨가 부르는 값보다 더 싸게 살 거란다. 이런 걸 흥정이라고 하지. 알았니?"

우리는 물건이 있는 곳으로 갔고 아버지는 그 주인아저씨와 대화를 나누기 시작했다. 아버지는 평소대로 차분하게 얘기를 했다. 나는 그 의자가 마음에 들어서 사고 싶어 죽을 지경인데, 아버지는 우리가 그 물건을 사지 않아도 좋다는 듯 태연하게 행동했다. 나는 아버지와 주인아저씨가 몇 분간 주거니 받거니 대화를 하다가 악수를 하는 모습을 지켜보았다. 거래가 끝났다! 아버지는 내게 다가와 몸을 숙여 귓속말을 했다. "저 아저씨가 50달러를 요구했지만, 우리는 35달러에 샀단다. 꽤 좋은 거래야, 그치?" 나는 속으로 생각했다. '와, 우리 아빠 최고다!' 그때 나는 흥정과 협상의 위력이 얼마나 대단한지 배웠다.

세계 어디에서나 식품에서 의복, 주택에 이르기까지 거의 모든 매매에서 구매자와 판매자가 가격을 두고 협상을 벌인다. 하지만 사람들은 보통 앞뒤 가리지 않고 가게에 들어가 가격표에 적힌 가격을 그대로 치르는 경향이 있다. 흥정할 생각조차 하지 않는다. 물론 자동차처럼 덩치가 큰 물건을 살 때는 흥정도 하지만, 그게 아닌 다음에는 '가격 정찰제'라는 개념을 군말 없이 받아들인다. 어떤 거래든 대개는 가격 흥정의 여지가 있다. 꼭 거창한 기술은 아니라도 자녀에게 협상의 위력을 보여줄 방법들을 찾아보기 바란다. 나는 여섯 살 때 아버지한테서 협상의 위력을 배웠다. 나는 소비형 인간이지만, 물건 가격이 적절한지 살피지도 않고 혹은 흥정을 하지도 않고 물건을 구매했던 적은 한 번도 없다.

아이에게 협상하는 법을 보이면 갈등 상황에 직면했을 때 어떻게 처신해야 하는지를 가르칠 수 있다. 가격을 흥정하는 일은 일종의 갈등 상황이다. 상생 개념을 가르치고 거기에 따라 가격을 흥정하고 대화하는 법을 가르치면, 아이는 상대를 존중하면서 최선의 거래를 이끌어내는 법을 배운다.

또 물건을 사기 전에 정보를 많이 수집해 현명하게 구매하는 법을 아이에게 가르쳐야 한다. 구매할 상품에 대한 정보를 수집하는 일은 섣부른 구매나 충동구매를 막는 지름길이다. 성인은 물론 어린아이들도 정보를 수집하다 보면 거래를 서둘지 않게 되며, 구매 과정을 더 고민함으로써 지혜를 발휘하게 된다.

소비형 인간과 저축형 인간

지금쯤은 자신이 소비형 인간이라고 해서 나쁠 게 없다는 사실을 이해했으리라고 생각한다. 성격과 마찬가지로 소비 성향도 타고난 개성의 일부다. 따라서 뜯어고칠 일이 아니고 올바른 방향으로 인도하고 훈육해야 한다. 나에 대해서만 해도 '데이브 램지 씨의 딸'이라면 마땅히 이러저러해야 한다는 사람들의 기대치가 있었을 것이다. 하지만 우리 부모님은 그런 기준에 맞춰 나를 고치려 하지 않았다. 현명한 소비형 인간으로 자랄 수 있게 기회를 준 부모님께 고마울 따름이다. 저축형 인간으로 타고난 양 살아야 했다면 엄청난 스트레스를 받았을 것이다! 돈을 저축하기 싫어한다는 말이 아니다. 나도 '엄청' 저축한다. 다음 장에서 우리는 소비의 이면에 해당하는 저축에 관해 살펴보고, 저축형으로 타고난 아이들을 어떻게 양육해야 하는지 논의하기로 하자.

제 4 장

저축
필요한 물건은 내가 모은 돈으로 산다

열네 살에서 열여섯 살까지, 나는 이 두 해 동안 오로지 하나의 생각에 매달려 살았다. 내 안에 자리한 단 하나의 욕망에 온 신경을 집중했다. 이 한 가지 목표 때문에 주말 저녁에 친구들과 놀러 나가는 일도 기꺼이 포기했으며, 보모 일과 돈이 되는 잡일을 도맡아 하면서 수없이 많은 시간을 보냈다. 꼭 이루고 싶은 꿈이 있었기에 옷이나 음반을 사고 극장에 가는 일에 돈을 허비할 수가 없었다. 그 꿈이란 바로 노란색 닛산 엑스테라를 손에 넣는 것이었다.

쇼핑몰 일을 그만두고 보모 일을 할 때 어머니가 차로 나를 일하는 집까지 태워다줄 때마다, 또 여름방학에 남들처럼 수영장에 가는 대신 '양심 과자' 사업장인 아버지 회사로 데니스 언니와 물건을 실어 나를 때마다 나는 꿈꿨다. 운전석에 앉아 창문을 내리고 음악을 크게 틀어놓은 채 신나게 차를 모는 열여섯 살의 나를. 내 자동차를 갖고 싶었다. 닛산 엑스테라는 내게 그냥 자동차가 아니라 자유였다. 열여섯 살 이후의 내 삶을 꿈꿀 때마다 모든 장면에는 뒷마당에 주차한 노란색 엑스테라가 있었다. 부모님은 애초에 우리 삼 남매에게 자동차를 사줄 의향이 없다고 확실하게 선을 그은 터였다. 그러니 만 열여섯 살에, 아니 나이가 몇 살이든 간에, 우리 집에서 자동차를 갖고 싶다면 열심히 일해서 저축하는 수밖에 없었다. 소비형 인간인 나는 닛산 엑스트라를 꿈꾸면서부터 본격적으로 저축 수업에 들어갔다.

아이 명의의 통장이 있는가

제3장에서는 소비에 관해 집중적으로 살펴봤다. 돈 쓰는 경험은 자녀에게 경제 교육을 할 때 출발점으로 삼으면 좋다. 돈과 노동의 상관관계를 자녀에게 가장 효과적으로 각인시키는 방법은 자기가 일해서 번 돈으로 물건을 구매할 기회를 제공하는 것이다. 하지만 소비하는 법만 배우고 거기서 멈춘다면 심각한 문제에 봉착한다. 네 살배기는 일해서 번 돈으로 인형만 사면서 지내도 그만이지만, 어른은 그렇게 살 수 없다. 돈 문제에서 승리하는 젊은이로 육성하고 싶다면 자녀에게 저축하는 법을 가르쳐야 한다.

행동을 보면 그 사람을 알 수 있다

미국은 소비대국이라는 말을 들을 정도로 가계저축률이 낮은 편이다. 최대 규모를 자랑하는 민간 신용 상담기관인 전미신용상담재단의 조사 결과를 보면 미국인들의 64퍼센트가 급할 때 비상금

1,000달러를 현금으로 마련할 능력이 없다고 한다. 이를 실생활에 적용해 다시 풀어보면, 비상시에 돈을 빌리지 않고서는 주택자금 대출금을 한 달 치도 낼 수 없는 사람, 아니면 식구들 먹을 한 달 치 식료품값도 못 내는 이들이 많다는 뜻이다. 뱅크레이트닷컴Bankrate.com에서 실시한 또 다른 연구 결과를 보면 미국인 4명 중 1명은 '한 푼도' 저축을 하지 않는다. 재앙을 안고 사는 거나 다름없다. 그렇다면 수백만 미국인은 어째서 이런 방식으로 살아가고 있을까?

여러 연구·조사 결과로 쉽게 예상할 수 있듯이, 돈 문제에서 실패하는 가장 큰 이유는 어려서부터 몸에 밴 돈에 대한 습관 때문이다. CNN은 일리노이 대학교에서 수행한 한 연구 결과를 보도했다. 연구원들은 뛰어난 재무 관리 능력을 보여준 학생들에게서 놀라운 공통점을 발견했다. 보고서에 따르면 "거의 모든 학생이 어려서부터 부모님의 영향으로 저축하는 습관을 들였다고 대답했으며, 이는 저축 습관이 지식이 아니라 경험에서 형성되는 것임을 의미한다." 이 결과는 우리 아버지가 20년 넘게 주장한 바를 뒷받침한다. 개인의 재무 관리 능력을 결정짓는 8할은 '행동'이고, 나머지 2할이 '지식'이라는 것 말이다.

재정적으로 실패한 사람뿐 아니라 성공한 사람들까지 수십 년간 상담하다 보니 어떤 사람이 부를 축적할지 가늠할 수 있는 지표를 알게 됐다. 장담컨대, 가장 중요한 지표는 그 사람의 행동이다. 어떤 사람이 돈 문제에서 승리할지 알고 싶다면 그 사람의 행동과 그 행동의 뿌리가 되는 성격을 살펴보면 된다. 부를 축적하고 이를 지켜내는 데 중요한 열쇠는 사람들과 어울려 일할 수 있는 능력, 거짓 없는 자세 그리고 매사에 어른답게 처신하는 성숙함이다. 뛰어난 재능 덕분에 부자가 되기도 하지만 경솔하게 함부로 행동하는 사람은 대개 어느 순간 파멸을 맞는다.

부모는 아이에게 올바르게 소비하고, 저축하고, 기부하는 법을 가르쳐야 한다. 이 원칙이 몸에 밸 때까지 반복해서 가르치면 습관이 되고 습관은 성격이 된다. 부모는 이로써 아이가 훗날 성공할 기반을 견고하게 다져주는 셈이다. 아이가 돈을 저축하면, 이는 단순히 셈하기 능력이 좋아졌다는 뜻이 아니라 그만큼 성숙했음을 보여주는 지표로서 의미가 큰 사건이다. 아이가 자기가 저축한 돈으로 물건을 구매하면, 이는 단순한 금전거래가 아니다. 부모의 원조 없이 의젓하게 거래를 할 만큼 성숙해지고, 자신감이 향상했음을 증명하는 사건이다. 아이들에게 바람직한 행동과 습관을 길러주는 부모야말로 인생에서 승리하는 법을 제대로 가르치는 부모다.

나이가 많건 적건 저축을 어렵게 느끼는 것은 똑같다. 그러므로 저축해야 하는 이유와 저축하는 방법을 자녀에게 가능한 한 일찍 가르치면 유리한 고지를 선점할 수 있다. 부모는 또 아이들에게 저축을 맛볼 기회를 제공해야 한다. 지식을 주입하는 것만으로는 행동을 바꾸지 못한다. 사람은 어떤 일을 직접 체험하거나 경험할 때 가장 많이 배운다. 별다른 이유가 아니라 저축을 한 번도 안 해봐서, 부모님이 저축하는 모습을 한 번도 본 적이 없어서 저축을 하지 못한다는 청소년과 젊은이들이 점점 늘고 있다. 저축을 중요하게 가르치지 않는 가정이 많다는 뜻이다.

저축하는 법을 배우기에 가장 좋은 시기는 아동기다. 부모의 보호를 받기 때문에 어느 때보다 재정적으로 안전한 상태에 있다. 따라서 이럴 때 아이들에게 저축하는 맛이 어떤 건지 경험할 수 있도록 기회를 제공해야 한다.

저축과 참을성을 함께 배운다

아이들은 원래 참을성이 없다. 그래, 나도 이 말이 어떤 뜻인지 잘 안다. 부모들이 질겁하는 순간 중에 하나가 레스토랑에 들어갔는데 안내원에게 "대기 시간 45분입니다" 하는 말을 들었을 때다. 다섯 살 아이에게 45분은 영원과도 같은 시간이다! 아이들은 물론 부모에게도 기다리는 시간이 힘들겠지만, 이 시간은 매우 중요하다. 그 시간에 아이들은 좋은 것을 누리기 위해 기다리는 법을 배우기 때문이다. 갈수록 성급해지는 현대 사회에서 더욱 중요한 덕목이 바로 참을성이기도 하다.

현대인은 당장의 만족을 추구하며 산다. 어떤 일에도 좀체 기다리려고 하질 않는다. 첨단 기술 역시 원하는 걸 당장 손에 넣을 수 있도록 부추긴다. 오늘의 날씨를 확인하고, 저녁 식사를 예약하고, 신발을 주문하고, 친구에게 사진을 전송하는 이 모든 일을 출근하는 동안에 처리할 수 있다. 물건 구매는 또 어떤가? 대중문화와 마케팅, 광고와 간편결제 방식이 서로 완벽하게 공조해 의미 없는 속도 경쟁을 하면서 당장의 만족을 추구하게끔 우리를 몰아간다. 수중에 현금이 있든 없든 원하기만 하면 어느 때고 아무 물건이나 소유할 수 있다.

그러나 그렇게 하지 않는 방법이 있다. 물건을 사기 위해 돈을 모으고 그 돈으로 값을 치르는 방법이다. 이렇게 하면 구매 결정을 내릴 때 훨씬 신중해지기 마련이고, 즐거움을 유보하는 법을 배우게 된다. 이 같은 구매 방식에 길들면, 무엇이든 원한다고 아무 때나 가질 수 없다는 사실을 절감하게 된다. 지금도 늦지 않았지만, 어려서 이 교훈을 배운다면 더더욱 좋은 일이다. 어린 자녀의 관점에서 보자면, 자기 마음에 드는 어떤 장난감을 구매하려면 '몇 주 동안이나' 저축해야 한다는 사실을 배우는 게 저축이다. 나이를 좀 더 먹었을 땐 자동차를 구매하려면 몇 달 동안이나 저축해야 한다는 사실을 배울 테고, 나아가 집을 사려면 몇 년 동안이나 저축해야 한다는 사실을 알게 된다.

값나가는 물건은 돈을 차근차근 모은 후에 사는 법을 가르치자. 또 부모도 그렇게 하자. 그런 모습을 아이들이 옆에서 보면 저축 목표를 세우고, 그 목표를 달성하기까지 인내하는 법을 배울 수 있다. 또 구매를 미루고 물건을 사기 전에 저축을 하도록 원칙을 세우면 충동구매를 줄이고 더 현명하게 소비하는 법을 배울 수 있다. 나 역시 꿈에 그리던 자동차를 얻기 위해 열네 살 때 배워야 했던 교훈이다. 요즘 우리 주변에는 선의를 권리로 착각하는 아이들이 많은데, 그런 끔찍한 사고방식을 지닌 아이로 키우고 싶지 않다면 무엇보다 돈을 저축하는 이유와 방법을 가르치는 게 중요하다. 어려서부터 저축하는 법을 가르치기만 해도 자기가 '당연히 받을 줄'로 기대하고 부모에게 당당하게 손을 내밀지는 않게 된다.

아이들이 부모의 행동을 지켜본다는 사실을 잊지 마시라. 부모가 근면하게 일하고, 목돈 들어갈 일이 있으면 목표를 세우고, 저축하고, 현금으로 물건을 구매하면 아이들도 십중팔구 부모가 한 대로 따라 한다. 반면, 일단 신용카드로 물건부터 산 다음에 여러 개월 대금을 내는 일로 부모가 스트레스받는 모습을 보면, 아이들도 돈은 그런 식으로 써야 하는 줄로 알게 된다. 이런 아이들은 나이가 들수록 비싼 수업료를 내고 대가를 치러야 한다. 저축하는 법을 가르치고, 열심히 저축하는 부모를 목격할 기회를 제공하는 것이야말로 부모가 자식에게 물려줄 수 있는 최고의 유산이다.

소비를 위한 저축(만 6~13세)

우리가 저축해야 하는 이유는 세 가지라고 아버지는 늘 강조했다. 첫째가 비상자금 마련이고 둘째는 소비이며 셋째는 재산 증식이다. 나는 이 의견에 전적으로 동의한다. 그런데 아이들을 대상으로 저축을 가르칠 때는 이 순서를 조금 바꿔야 한다. 이미 말했듯이, 아이들에게 돈 개념을 가르치기 가장 좋은 순간은 아이들이 물건을 구매할 때다. 이는 저축 개념을 가르칠 때도 마찬가지다.

저축하는 법 배우기

만 여섯 살 아이부터는 저축이라는 개념을 제대로 이해할 수 있다. 앞서 살폈듯이 여섯 살 미만의 아이들도 큼직한 투명 플라스틱 저금통에 돈을 모으지만, 사실은 모두 소비용이었다. 여섯 살 이상부터는 소비 봉투, 저축 봉투, 기부 봉투에 나눠서 돈을 모으도록 가르치자.

봉투 시스템을 적용할 때는 이제 더는 아기가 아니고 그만큼 컸다는 사실을 강조해야 한다. 아이들이 대단한 일을 하는 것처럼 느끼게 해야 한다! 그리고 집안일 목록의 일거리도 늘려 돈 벌 기회를 더 많이 제공해야 한다. 수고비는 전과 똑같은데 그 돈을 봉투 세 개에 나눠 담기 시작하면 아이들의 의욕을 떨어뜨릴 수 있다.

우리 집에서는 어머니와 아버지가 각 봉투 위에 돈을 나눠서 올려놓았다. 처음에 나는 집안일을 하고 매주 5달러를 벌었고, 거기서 2달러를 저축 봉투에 담았다. 그러니까 수고비의 약 40퍼센트를 저축하도록 지침으로 정한 셈이다. 이 정도면 적당한 수준이지만, 각자 집안 사정에 맞게 비율을 조정하면 된다. 여기서 얘기하는 저축은 노후자금처럼 먼 미래를 내다보고 하는 저축이 아니다. 여섯 살부터 열세 살까지 어린이에게 저축 봉투는 결국 조금 멀리 보면 비싼 물건을 살 수 있는 소비 봉투나 마찬가지다. 아이들은 저축 봉투에 돈을 모아 제힘으로 장난감을 사는 방법을 익힌다. 따라서 한번 들어가면 빠져나오지 못하는 블랙홀처럼 저축 봉투를 부정적으로 인식하지 않도록 부모가 주의해야 한다!

저축 목표 정하기

구매 목표를 정하고, 그 목표를 달성하기 위해 오랜 시간 일하고, 마침내 그 물건을 손에 거머쥔 순간 누구나 짜릿함을 맛본다. 아이들이 돈을 열심히 저축해 자기들이 원하는 것을 구매했을 때 느끼는 짜릿함은 이보다 훨씬 더 강렬하다. 스스로 번 돈을 들고 가게에 들어가 직접 원하는 물건을 계산할 때 아이는 엄청난 성취감을 느낀다. '내가 방금 무슨 일을 해냈는지 봤어?' 그 순간 아이는 환한 빛과 함께 등장하는 자기 안의 또 다른 자신을 만난다. 곁에서 어머니와 아버지가 칭찬까지 해주면 아이가 느끼는 성취감과 기쁨은 곱절로 커진다.

자녀에게 장난감이나 영화 또는 비디오게임 등 갖고 싶은 물건을 정해 저축 목표로 선정하도록 돕고, 합리적이고 구매 가능한 가격대라면 그것을 갖기 위해 저축을 하도록 격려하라. 아이들은 시각적인 정보에 민감하니까 아이가 사고 싶어 하는 물건의 사진을 인쇄하여 냉장고 옆에 집안일 목록과 나란히 붙여놓자. 부모는 아이가 저축하는 모습을 지켜보며 목표에 얼마나 접근했는지 이따금 물어보면서 응원하는 게 좋다. 부모가 아이를 기특하게 여기고 있음을 보여주면 아이가 목표를 잃지 않고 더욱 기운을 내서 매주 저축 봉투에 돈을 모을 수 있다.

아이가 목표를 이루면, 아이와 함께 가게에 가서 물건을 구매하는 일을 축하해주자. 때로는 부모가 깜짝 선물을 추가하는 것도 좋다. 예를 들어, 아들이 돈을 저축해 비디오게임을 샀을 때 부모가 새 컨트롤러를 선물하면 어떨까? 혹 아이가 갖고 싶어 하는 물건이 혼자 저축하기에 힘에 부치는 비싼 물건이면, 부모가 모자라는 금액을 보태주는 방안을 제안해도 좋다. 하지만 매번 이런 방법으로 아이를 격려하고 축하해주면 오히려 역효과가 난다.

최근 한 친구에게 여섯 살배기 소년 드루에 관한 이야기를 들었다. 드루는 엄청난 거금을 저축 목표로 정해 그 금액을 전략적으로 모았다. 그것도 거뜬하게! 어느 날 드루는 부모님이 쇼핑하는 동안 애플 매장에 가서 거기 전시된 아이패드 미니를 가지고 놀았다. 그리고 아이패드를 사기로 그 자리에서 결심했다. 진지하게 자기 결심을 말하는 아이를 보고 부모는 그게 얼마나 어려운 목표인지, 또 아이패드를 구입하려면 얼마나 오래 저축해야 하는지 설명했다. 드루가 마음을 단단히 먹었음을 확인한 부모는 이번 일을 계기로 삼아 목돈을 저축하는 방법을 가르치면 좋겠다고 생각했다. 그래서 드루가 아이패드를 사려고 저축한 금액만큼 돈을 보태주겠노라고 얘기했다. 어쨌든 아이패드 가격의 절반은 드루가 모아야 했다. 드루는 겨우 여섯 살이라 집안일을 하고 수고비를 받아 봤자 푼돈에 지나지 않았다. 드루는 돈을 벌 새로운 방법을 찾아내기 위해 머리를 굴렸다. 드루는 자기 생일이 돌아오자 모든 가족과 친척에게 선물 대신 현금만 받겠다고 말했다. 그 말은 장난감이나 게임기를 비롯해 선물은 일절 사양한다는 뜻이다. 여섯 살배기 아이가 생일에 장난감을 하나도 받지 않기가 어디 쉬운 일인가. 하지만 드루는 자기가 세운 목표에 몰두했다.

하루는 드루의 부모가 인근 매장에 갔다가 할인행사를 하고 있는 아이패드 미니를 목격했다. 집에 돌아와서 금액을 확인하니 목표액에서 아직 70달러가 부족한 상태였다. 그렇지만 보태주기로 한 돈을 합치니 그 매장에서 아이패드를 살 수 있었다! 드루가 얼마나 뿌듯했을까. 웬만한 어른도 돈이 없어 선뜻 구매하지 못하는 물건을 여섯 살배기가 제 돈으로 구매한 것이다. 그것도 부지런히 일하고 꾹 참고 저축한 돈으로 말이다. 물론 부모의 격려도 한몫 단단히 했지만.

똑똑한 소비생활

자녀에게 현명하게 소비하고, 저축하는 법을 가르쳐야 하는 이유는 무엇인가? 다른 중요한 이유도 있겠지만 무엇보다도 살아가는 데 이 두 가지가 꼭 필요한 기술이기 때문이다. 실제 거래가 발생하는 순간보다는 현명한 소비 습관을 들이기까지의 과정과 거기서 깨닫는 교훈이 더 중요하다. 자녀를 똑똑한 소비자로 키우려면 물건을 구매할 때 아이들에게 구원의 손길을 내밀어야 할 때가 언제인지, 또 아이들이 실망해도 빈손으로 가게를 나와야 할 때가 언제인지 잘 판단해야 한다. 제품이나 서비스의 품질을 따지는 법, 흥정하는 법, 관련 정보를 수집하는 법에 관해 부모는 길잡이가 돼야 한다. 장난감 품질이 형편없어서 이틀도 못 가 망가질 수 있다고 경고하는데도 아이가 고집을 부린다면, 때로 그냥 지켜볼 필요가 있다. 그리고 예상대로 얼마 못 가 장난감이 망가지면 그때는 결과를 탓하지 말고, 아이를 따뜻하게 안아주면서 구매 당시의 가르침을 상기시키는 게 좋다. 그러면 아이는 나중에 물건을 살 때는 부모의 조언을 따라도 좋겠다는 믿음을 가진다. 물론, 부모가 적극 개입해서 자녀가 잘못된 결정을 내리지 못하게 막아야 할 때도 있다.

아이가 번 돈이라고 해서 아이가 내린 결정을 무조건 존중해서는 안 된다. 아이를 어떻게 양육할지는 전적으로 부모의 책임이다. "그건 제 돈이니까 뭐든 제 맘대로 살 거예요"라고 말하는 것은 우리 집안에서는 용납되지 않았다. 어떤 경우에도 부모가 허락하지 않은 물건을 구매하거나 부모가 금지한 활동에 돈을 쓰도록 해서는 안 된다. 제 손으로 돈을 벌었다고 해서 아이들이 아무렇게나 돈을 쓰도록 내버려두는 사람은 부모가 아니라 동물원 관리인이다. 만약 십대 자녀가 마약을 사려 한다면 부모로서 당연히 막아야 하지 않겠는가. 마약은 걱정할 일이 없다고? 그렇다면 다행이다. 하지만 마약 문제로 끝이 아니다. 옷차림, 문신, 피어싱, 불량스러운 친구들과의 여행, 휴대폰 사용료 등에서도 재정적 관점보다는 부모 입장에서 자녀에게 맞는 허용 기준을 세워야 한다. 실패를 경험하도록 함으로써 경제 교육 관점에서 좋은 계기로 삼는 것도 좋지만, 그렇다고 부모 역할까지 포기해서는 안 된다. 집안을 이끌어가는 사람은 부모다.

오래전 일이다. 우리 딸아이 중 하나가 한정판 바비 인형을 사겠다며 돈을 모았다. 인형이 출시되어 그 아이의 저금통에 든 돈을 챙겨 들고 매장에 갔다. 그런데 한정판 인형을 사기에는 돈이 한참 모자랐다. 딸아이의 실망한 얼굴을 가만 보고 있자니 아빠로서 마음이 참 아팠지만, 그 인형을 살 수 있도록 돈을 보태주지는 않았다. 옷장에 바비 인형이 한가득 있었는데도 딸아이는 한정판 바비 인형을 무척 갖고 싶어 했다. 나는 아이에게 상품 가격은 25달러인데 5달러밖에 없으니 살 수 없다고 설명했다. 그러고 나서 저렴한 인형을 사든지 아니면 그냥 집으로 돌아가서 돈을 더 모은 뒤에 다시 와서 사든지 둘 중 하나를 선택하라고 했다. 아참, 나를 몰인정한 아빠라고 욕하기 전에 말해둘 게 있다. 딸아이는 이 품목에 대해 우리랑 미리 상의하지도 않았고 지출 계획을 세워 수개월간 돈을 꾸준히 모으지도 않았다는 사실이다. 우리 애들이 가게에 갔다 빈손으로 돌아오는 일은 다반사였고 이날도 그런 평범한 하루 중 하나였다. 오랫동안 저축해서 목표 금액에 근접했으면 흔쾌히 돈을 보탰을지 몰라도 이번에는 아니었다. 딸아이가 예산을 편성하지 않은 결과를 실감하도록 내가 개입하지 않는 게 좋겠다고 판단했다. 우리는 한정판 바비 인형 대신 파티복을 입은 '저렴한 바비 인형'을 들고 집에 돌아왔다.

원칙을 지키느냐 은혜를 베푸느냐, 그것이 문제로다

물건을 구매하는 아이에게 돈이 부족할 때 부모들이 매번 개입해 아이를 구원해서는 안 된다는 원칙에 전적으로 동의한다. 다만 바라건대 부디 이 원칙을 칼같이 적용하지는 마시라. 얼마 전 어머니들을 대상으로 강연을 마쳤을 때 한 여성이 앞으로 다가와 말했다. "레이첼 씨, 우리 가족은 당신과 데이브 씨가 가르친 대로 전부 실천하는 중입니다. 열 살배기 우리 아들이 현재 봉투 시스템으로 돈을 관리하는데, 플레이스테이션을 사려고 300달러나 저축했답니다." 나는 대단한 이야기를 들었다고 생각했다. 열 살배기 아이가 300달러나 저축했다니 도무지 믿기지가 않았다! 그녀와 가볍게 포옹을 나누고 아드님이랑 놀라운 일을 해냈다고 축하의 말을 건넬 참이었다.

그런데 얘기가 끝난 게 아니었다. "헌데 아이가 세금이 붙는 걸 깜빡했지 뭐예요. 가게에 갔는데 판매원이 값을 계산하고 보니 세금이 붙어서 아이가 가진 돈보다 금액이 더 많이 나오잖아요. 그래서 물건을 사지 않고 그냥 가게를 나왔답니다." 그녀가 자신을 대견스레 여기는 게 느껴졌다. 그녀는 꿋꿋이 원칙을 지켜낸 자신의 노력을 내가 칭찬해주기를 바랐다. 미안하지만, 그건 칭찬 받을 처사가 아니었다. 나는 놀라서 입이 다물어지지 않았다. 속으로 이렇게 외쳤다. '뭐라고요? 겨우 열 살짜리가 일해서 300달러나 저축했잖아요! 그 세금은 당연히 부모가 냈어야죠! 지금 농담하시나요?'

아이의 그 같은 노력이야말로 부모가 마땅히 보상하며 격려해야 할 행동이다. 만일 당신 자녀가 어린 나이에 이만큼 큰돈을 저축했거나, 저축 목표를 크게 세우고 시간이 얼마나 오래 걸렸든 간에 실제로 그 목표액을 달성했다면 당신은 그 아이의 경험을 긍정적인 사건으로 만들어야 한다. 빈손으로 돌아가게 하여 그 아이의 노력이 물거품이 되게 해서는 안 될 일이다.

부모가 개입해서 도와줘야 할지 말지 갈림길에 있을 때 다음 원칙을 기억하라. 너무 규칙에 얽매이면 율법주의자가 되고, 너무 은혜를 베풀면 아이가 당연한 권리로 착각하게 된다. 아이들의 근면한 태도는 격려하고 보상하되, 돈이 부족할 때면 늘 부모가 도와주리라고 기대하게 만들어서는 안 된다. 특히 여섯 살에서 열세 살 사이의 아이들을 대할 때 부모는 이 둘 사이에서 균형을 유지해야 한다.

소비를 위한 저축(만 14세부터 대학에 가기까지)

십대들의 저축 목표는 어린이들하고는 질적으로 다르다. 물론 여전히 장난감을 구매하는 십대도 있지만 전자기기나 예쁜 가방 같은 물건에 더 관심을 보인다. 게다가 십대들은 생활비 규모가 성인들과 별반 차이가 나지 않는다. 친구들과 어울려 밖으로 돌아다니고, 데이트를 하고, 휴대폰 사용료도 내야 하는 등 이래저래 씀씀이가 커진다.

아이가 나이를 먹으면 나이만 먹는 게 아니다. 돈이 들어갈 일도 많아진다. 아이가 성장함에 따라 저축하는 법을 가르치는 일에 부모가 더 신경 쓰고 시간을 내야 한다는 뜻이다.

십대 자녀에게 맞는 일거리에 관해서는 앞에서 다뤘다. 돈이 어디서 나오는지는 살폈으니 이제 그 돈을 어디에 쓰는지 살펴보자. 오늘날 미국의 대다수 십대는 목돈이 들어가는 두 가지 상황에 직면한다. 자동차 구입과 대학 입학이다. 빚을 지지 않고 대학에 다니는 방법은 할 말이 많아서 나중에 한 장을 할애해 설명할 생각이다. 여기서는 십대 자녀가 생애 첫 자동차를 구입하는 방법에 관해 얘기해보자.

401 데이브 플랜

어머니와 아버지는 우리의 열여섯 번째 생일에 빨간 리본으로 장식한 신형 차가 우리 집 차고 진입로에 세워져 있는 일은 절대 없을 거라고 우리가 어렸을 때부터 못을 박았다. 그 대신 두 분은 우리가 운전 면허증을 따면 자동차 구입비를 최대 절반까지 지원해주겠노라고 했다. 우리가 얼마를 저축하든지 저축한 금액만큼 보태주기로 했다. 아버지는 이 원칙을 미국인들이 흔히 가입하는 401K 퇴직연금에서 따와 '401 데이브 플랜'이라고 불렀다. 우리가 차를 사는 문제는 전적으로 우리가 얼마나 많이 저축하느냐에 달려 있었다.

데니스 언니가 열여섯 살이 되던 해, 우리 세 사람은 어머니와 아버지가 어떻게 하나 숨을 죽이고 지켜봤다. 두 분은 한번 말한 것은 꼭 지키는 분들이었지만 우리는 희망의 끈을 놓지 않았다. 그래도 막상 때가 오면 차량 구입비 전액을 언니에게 건네며, 그간 힘들게 번 돈은 그대로 간직해도 좋다고 함으로써 우리를 깜짝 놀라게 하리라. 나는 아버지가 말하는 모습을 상상했다. "데니스, 참 잘했다! 이렇게 많이 저축하다니 대견하구나. 이제 비밀 하나 말해줄까? 우리는 처음부터 너한테 차를 사줄 계획이었단다. 생일 축하한다!"

그때 나는 열네 살이었고, 저축한 돈이 있긴 했지만 차량을 구입하기에는 한참 모자랐다. 멋진 자전거라면 몰라도 자동차는 어림도 없었다. 게다가 솔직히 말해, 그 큰돈을 저축하기는 불가능해 보였다. 에이, 농담이 틀림없어. 열여섯 살짜리가 최소 2,000달러나 4,000달러 혹은 6,000달러를 진짜로 모을 수 있다고 생각하는 사람이 어디 있어? 아무리 생각해봐도 자동차 구입을 계기로 삼아 '데이브 램지식 돈 관리'를 가르치려는 의도일 뿐, 곧이곧대로 원칙을 고수할 리가 없다는 확신이 들었다.

언니가 열여섯 살이 되고 나서 운전 면허를 따자 부모님은 언니가 저축한 돈을 확인했다. 총 4,500달러였다. 어머니와 아버지는 몹시 장한 일을 해냈다며 언니를 칭찬했고, 차를 구입하라며 그 금액만큼 돈을 보태줬다. 우리에게 말했던 대로 더도 덜도 아니고 딱 언니가 모은 만큼 말이다. 깜짝 선물은 없었다. 반짝이는 자동차 열쇠를 품은 작은 선물 상자가 언니 생일 케이크 옆에 놓여 있으리라고 상상했지만, 그런 일은 일어나지 않았다. 부모님은 약속을 지켰다. 결국, 언니는 총 9,000달러를 들고 자동차를 구매해야 했다.

그 사건은 대니얼과 내게 분명한 메시지를 전달했다. 401 데이브 플랜은 시늉이 아니라 진짜였고, 우리가 어떤 차를 갖느냐는 전적으로 우리가 얼마나 열심히 일하고 저축하느냐에 달렸다는 것 말이다.

일에 치인다고 죽지는 않는다

거짓말을 하고 싶지는 않다. 언니가 산 차는 진짜로 볼품이 하나도 없었다. 물론 상태가 좋아서 언니랑 '양심 과자' 사업을 할 때 물건 보충할 일이 있으면 매번 그 차를 타고 다니긴 했다. 하지만 나는 절대로 그런 차를 갖고 싶지 않았다. 한마디로 나는 언니 차보다 좋은 차를 갖고 싶었다. 근사한 노란색 엑스테라를 향한 꿈이 열네 살 소녀의 마음속에서 자라기 시작했다. 문제는 돈인데, 아무리 봐도 그 돈을 저축하는 일은 무리였다. 언니가 열여섯 살 되던 해에 내가 열네 살이었으니까 돈 모을 시간이라고 해봐야 고작 두 해 남짓이었다. 그만한 돈을 모을 턱이 없었다!

나는 머리를 쥐어짜서 한 가지 계획을 세웠다. 부모님이 내게 자동차 구입비를 마련하도록 시키는 일이 어째서 '말도 안 되는' 일인지 설득하기로 한 것이다. 말이 안 되는 이유를 설명하기 위해 파워포인트로 프레젠테이션을 준비했다. 모든 게 완벽하게 준비되자 나는 두 분을 거실로 모셨다. 그리고 내가 자동찻값의 절반을 저축해야 할 경우 일어날 수 있는 온갖 나쁜 일을 조목조목 열거했다. 일례로, 아르바이트를 하느라 많은 시간을 써야 한다면 학업 성적이 떨어질 수 있다고 심각하게 얘기했다. 학생인 나는 공부에 집중해야 한다. 아르바이트 때문에 학교 성적이 쭉쭉 떨어지면 고등학교를 졸업하지 못하게 될지도 모른다. 그러면 대학에도 진학하지 못할 테고, 평생 패스트푸드점에서 일하는 신세로 전락할 것이다! 이 마지막 주장에 힘을 주기 위해 나는 몇몇 장면에 버거킹과 타코벨, 맥도날드 로고들을 집어넣었다.

그런 뒤 더욱 심각한 어조로 프레젠테이션을 이어갔다. 그 큰돈을 저축해야 한다는 부담감 때문에 내가 극심한 스트레스를 받을 수 있다고 강조했다. 이는 자칫 내 건강을 위협할 수도 있다. '내 건강' 말이다! 그렇게 열심히 일하다 보면 잠을 제대로 못 잘 게 뻔하고, 몸이 축나기 십상이다. 그러면 면역체계가 약해질 테고, 이는 내 목숨을 위협할 수도 있다! 엄숙하게 마무리하기 위해 나는 눈물을 흘렸다. "어떻게 저를, 행복하고 건강해야 하는 어린 딸을, 그런 위험 속에 그냥 놔두실 수 있어요? 저는 아빠 딸이고 엄마 딸이잖아요!" 계획대로라면 이 대목에서 두 분의 눈물샘이 터져야 했다.

잠깐, 내가 지금 눈물샘이라고 했나? 어림 반푼어치도 없는 소리다. 내가 터뜨린 것은 두 분의 눈물샘이 아니라 웃음보였다. 그게 내가 얻은 유일한 반응이었다. 어머니와 아버지는 서로 얼굴을 마주 보더니 배꼽을 잡고 웃으며 자리에서 일어났다. 내가 야심 차게 준비한 프레젠테이션은 실패했고, 밖으로 나가던 아버지는 나를 내려다보며 한마디 했다. "꽤나 머리를 썼구나, 레이첼. 하지만 부지런히 일하는 게 좋을 거야." 그래서 어떻게 했느냐고? 그 말씀대로 부지런히 일했다.

그렇다. 연극이 통하지 않을 때는 부지런히 일하는 수밖에 없다!

두 배의 원리

나는 두 해 동안 저축에 매진했다. 내내 소비형 인간으로 살던 나는 처음으로 내가 어디에 돈을 쓰는지 동전 한 푼까지 점검하기 시작했다. 내가 저축한 만큼 부모님이 돈을 보태주기로 했으니 내가 돈을 벌든 돈을 쓰든 그 돈은 두 배 차이를 낳았다. 가령, 내가 보모 일로 번 50달러를 옷을 사는 데 썼다면, 내 차를 사는 데 쓸 수 있는 100달러가 날아간 셈이다. 또 내가 하룻밤에 30달러짜리 보모 일을 거절하면, 내 차를 사는 데 쓸 수 있는 60달러를 거절하는 셈이다. 이렇게 계산하고 보니 저축이야 두말할 것 없고 소비도 줄여야 했다.

두 해를 꼬박 허리띠 졸라매면서 저축한 끝에 마침내 그날이 왔다. 열여섯 번째 생일 아침, 내 수중에는 총 8,000달러가 있었다. 아버지가 돈을 보태서가 아니라 순전히 내가 모은 것만 그 금액이었다. 이 말은 내가 자동차에 1만 6,000달러를 쓸 수 있었다는 소리다. 열여섯 살 아이가 모은 것치고는 거금이었다. 사실, 나는 세상을 다 가진 기분이었다. 이제 엑스테라는 내 거나 마찬가지다.

목표 수정

마침내 자동차를 사기로 한 날이 밝았다. 나는 자동차 판매장에 들어서며 생각했다. '어려울 거 하나도 없어. 내가 원하는 게 뭔지 정확히 알고, 재고가 있는 것도 확인했고, 돈도 있으니까. 오래 걸리지도 않을 거야. 내 차를 몰고 여기를 나가면 돼!' 하지만 엑스테라를 시운전하며 도로를 달려보니 그동안의 기대감과 흥분이 썰물처럼 빠져나갔다. 차가 마음에 들지 않았다. 차를 몰고 달리는데, 기분이 영 별로였다. 아무래도 찜찜했다. '뭐야 대체? 왜 이렇게 됐지?' 좋은 쪽으로 생각해보려고 해도 그럴 수가 없었다. 내가 꿈에 그리던 환상적인 엑스테라가 아니었다. 마음에 드는 차를 처음부터 다시 골라야 했다.

　이 일로 나는 아버지와 뜻밖의 공부를 할 기회를 얻었다. 자기에게 딱 맞는 차를 고르는 문제는 생각처럼 간단치가 않았다. 아버지는 내게 말했다. "레이첼, 이럴 때 인내하는 법을 배우는 거다. 너도 살다 보면, 간절히 바라던 것들이 실제로 보면 기대에 전혀 못 미칠 때가 많다는 걸 알게 될 거야. 살면서 목돈을 쓸 일이 많은데, 자동차는 그중에서도 가장 덩치가 큰 품목 중에 하나야. 그러니 잠시 한 걸음 물러서서 한숨 돌리고, 찬찬히 생각해보자. 네가 정말로 원하는 게 뭔지 말이야. 엑스테라가 마음에 들지 않는다고 당장 뭔가를 충동적으로 결정해서는 안 돼. 사람들은 급하게 섣부른 결정을 내리고 그 때문에 몇 년씩 고생한단다. 너한테는 그런 일이 생기지 않았으면 좋겠구나. 네가 얼마나 열심히 일해서 모은 돈인데, 그렇지?"

　돌이켜보면, 그날 자동차 판매장에서 배운 교훈은 자동차를 사려고 열심히 일하고 저축한 시간 못지않게 귀중했다. 1만 6,000달러를 들고 아버지와 나는 처음부터 다시 차를 탐색하기 시작했다. 가격을 협상하면서 나는 현금의 위력을 경험했다. 계약금을 조금 내고 5년간 할부로 자동차를 구입하는 조건으로는 자동차 판매상과 얼굴을 맞대고 협상할 때 유리한 고지를 차지하기 힘들다. 하지만 자동차를 앞에 두고 판매상 코앞에서 현금 1만 6,000달러를 흔들어 보이면 어떨까? 그러면 훨씬 싼 가격으로 자동차를 살 수 있다.

내 손으로 장만한 첫 차

결국 나는 멋진 검은색 BMW323을 얻었다. 물론 중고차였지만 상태가 매우 좋았다. 나는 그 차를 여러 해 동안 탔고 또 무척 아꼈다. 오랫동안 힘들게 일하고 저축해서 얻은 차였기에 거저 얻은 차를 몰고 다니는 내 친구들과는 차에 대한 의식 자체가 달랐다. 단지 내가 소유했다는 이유가 아니라 내 손으로 힘들게 얻었기 때문에 '내 차'라는 의식이 더 강했다. 덕분에 나한테 이런 면이 있었나 싶을 정도로 애지중지하며 그 차를 관리했다.

이것 말고도 두 해 동안 저축하면서 배운 점이 참 많다. 특히 열두서너 살 아이라도 얼마든지 저축 목표를 크게 세울 수 있고, 또 달성할 수 있다는 사실을 깨달았다. 열네 살 때만 해도 그 많은 돈을 저축하는 게 왜 불가능한지 부모님께 조목조목 열거한 나였다. 내가 그 일을 해낼 줄은 몰랐다. 하지만 다행히 부모님은 내가 해낼 거라고 생각했다. 내가 마음만 먹으면 목표를 달성할 수 있다는 것을 두 분은 절대 의심하지 않았다. 내 능력에 대한 두 분의 확신이 그때는 나를 절망하게 했지만 지금에 와서는 말할 수 없이 감사하다.

일이 힘들어도 사람은 끄떡없다는 사실 또한 배웠다. 물론 고등학생도 예외가 아니다. 자동차 살 돈을 모으려고 열심히 일하면서도 좋은 성적을 받는 데 아무 문제가 없었고, 학교 생활도 즐길 만큼 즐겼다. 나는 시간을 관리하기 위해 머리를 짜냈고, 하고 싶은 일과 해야 하는 일도 차질 없이 해냈다.

현금의 위력과 현명한 의사결정의 중요성, 그리고 큰 목표를 이루기 위해 참고 절제하는 법을 비롯해 이때 배운 것들은 지금의 나를 형성하는 데 지대한 영향을 미쳤다. 그러고 보면 나는 401 데이브 플랜에 크게 빚진 사람이다.

열심히 일하고 저축해서 자동차 구입비를 마련하고, 또 현명하게 차량을 구매한 세 아이가 우리 부부는 무척 자랑스럽다. 경제적으로야 아이들이 열여섯 번째 생일을 맞는 날 중고차가 아니라 신형 차를 선물로 줄 수도 있었지만, 부모가 여유가 있다고 해서 고가의 선물을 턱턱 안기면 마땅히 받을 줄로 여기는 특권의식을 영속시킬 뿐이다.

자녀가 자동차를 구입할 때 돈을 보탤 형편이 안 되는 부모도 있다. 또 돈을 보태줄 수는 있어도 우리 부부처럼 아이들이 저축한 금액만큼 보태지 못하는 부모도 있다. 이 경우에는 자동차 구입비를 벌 수 있는 일거리를 찾아주는 방법이 있다. 우리 아버지는 부동산업을 했기 때문에 열다섯 살이던 나에게 페인트칠과 집수리 등의 일거리를 얻어줄 수 있었다. 그 덕분에 첫 차를 구입하기에 충분한 돈을 벌었다.

장기간 저축해서 뭔가를 구매할 일이 있을 때 아이는 여러 가지를 배울 수 있다. 첫째, 레이첼은 얄팍한 수법으로는 차를 구매할 수 없다는 사실을 배웠다. 눈물을 동반한 연기를 선보였지만, 돈으로 교환할 수는 없었다. 둘째, 근면의 가치를 통감했다. 셋째, 정신적으로 한층 성숙해졌다. 충동적 감정을 다스리지 않고서는 장기간 저축하기가 힘들기 때문이다. 즐거움을 유예하는 능력은 성숙함을 보여주는 지표다. 어른들은 미리 계획하고 그 계획을 따를 수 있지만, 아이들은 기분 내키는 대로 하기 마련이다. 한마디로, 레이첼은 자동차 구입비를 저축하며 부쩍 철이 들었다. 넷째, 목표를 세우는 법을 배웠다. 다섯째, 물건을 사기 전에 정보를 수집하는 법을 배웠다. 노란색 엑스테라 시운전을 마치고 나서의 일이다. 엑스테라를 갖고 싶어서 그토록 힘들게 일하며 기다렸지만, 그 차량을 구매하지 않기로 한 레이첼은 이제 꼬마 숙녀가 아니라 어엿한 어른이었다. 레이첼은 어깨를 펴고 당당하게 일어나 더 나은 차량을 찾아 나섰다. 샤론과 내가 레이첼에게 그냥 차를 사주었다면 절대 일어나지 않았을 일들이다.

하나 더 말해둘 게 있다. 당신이 우리 부부처럼 자동차 구입비를 보태줄 요량이라면 얼마나 보태줄 생각인지 한도액을 설정하기 바란다. 다음 장에서 내 아들이 401 데이브 플랜을 기가 막히게 이용한 얘기를 들으면 이게 왜 중요한지 알게 될 것이다.

비상사태에 대비한 저축과 재산 증식

성인과 십대 청소년이 저축해야 하는 이유는 앞서 말했듯이 세 가지다. 소비, 비상금, 재산 증식. 소비를 위한 저축에 관해서는 비교적 수월하게 가르칠 수 있지만, 나머지 두 가지 주제는 다루기가 좀 까다롭다. 십대 자녀에게 비상금을 저축하는 데 재미를 붙이게 하는 일은 만만치 않은 작업이다.

비상사태란 무엇을 말하는가?

자녀가 고등학생이라면 일단 500달러의 비상금을 저축하도록 원칙을 세우는 게 좋다. 물론 질병이나 부상, 큰 사고 등의 '진짜' 비상사태는 부모가 대비하는 게 맞다. 그렇지만 십대들의 삶에도 그 나름의 비상사태가 발생하기 때문에 그들도 스스로 이런 사태에 대비해야 한다. 일례로 휴대폰이 망가지는 일은 부모가 보기에는 비상사태에 포함되지 않을지 몰라도, 십대 아이에게 문자를 보낼 수 없는 상황이란 세상의 종말이나 마찬가지다. 물론 부모가 휴대폰을 새것으로 바꿔줄 수도 있고 또 그렇게 한다고 큰일이 나는 것은 아니다. 그러나 아들이 1년도 안 되어 또 고장 난 휴대폰을 들고 찾아온다면, 그것도 사고를 친 게 벌써 세 번째라면 그 아이도 책임을 질 필요가 있다. 자기 돈을 들여 휴대폰을 사도록 만든다면 더 조심해서 사용할 테고, 튼튼한 케이스도 장만할 것이다.

고등학교 시절에 자동차 타이어가 펑크 난 적이 있다. 그때 내가 저축한 돈으로 타이어를 고쳐야 했는데, 그때 어떤 기분이었는지 생생하게 기억한다. 내 돈으로 물건을 몇 번 고쳐보니 돈과 내 물건에 대한 의식이 바뀌었다. 단순히 소유의식만 생긴 게 아니라 책임감이 더해졌다. 관리비용을 책임지는 일이 많아질수록 내 물건을 더 소중히 다루게 됐다. 물론 비상사태가 자주 발생하지는 않았다. 비상금 통장을 깨야 했던 횟수를 꼽는 데 다섯 손가락이면 충분하니까. 하지만 비상금 용도로 은행에 따로 목돈을 저축해놓으면 자신감과 독립심이 생긴다. 무슨 일이 생겨도 내가 그 사태를 감당할 수 있으리라는 안정감이 생긴다. 요즘에는 이런 기분을 모르고 사는 성인들도 참 많지만, 부모님 덕분에 나는 십대 시절에 그 기분이 어떤 건지 알 수 있었다.

부모는 자녀가 유능한 성인으로 자라도록 훈육해야 한다. 그리고 성인이라면 비상사태에 자기 힘으로 대비할 줄 알아야 한다. 고등학생 자녀를 둔 부모는 아이가 500달러 정도의 비상금을 저축하도록 만들고, 더러 비상사태가 발생하면 당황하지 말고 그 돈으로 문제를 해결하도록 가르치는 게 좋다.

저축하는 부모

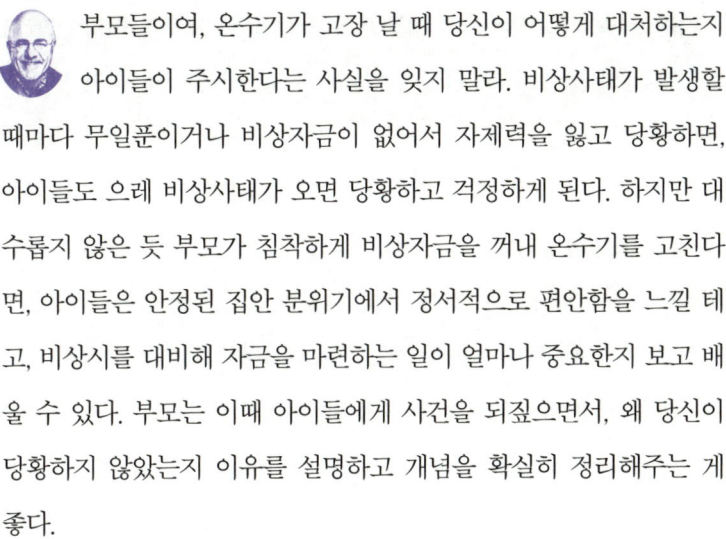
부모들이여, 온수기가 고장 날 때 당신이 어떻게 대처하는지 아이들이 주시한다는 사실을 잊지 말라. 비상사태가 발생할 때마다 무일푼이거나 비상자금이 없어서 자제력을 잃고 당황하면, 아이들도 으레 비상사태가 오면 당황하고 걱정하게 된다. 하지만 대수롭지 않은 듯 부모가 침착하게 비상자금을 꺼내 온수기를 고친다면, 아이들은 안정된 집안 분위기에서 정서적으로 편안함을 느낄 테고, 비상시를 대비해 자금을 마련하는 일이 얼마나 중요한지 보고 배울 수 있다. 부모는 이때 아이들에게 사건을 되짚으면서, 왜 당신이 당황하지 않았는지 이유를 설명하고 개념을 확실히 정리해주는 게 좋다.

내 주변에는 어려울 때를 대비해 항상 비상금을 마련해놓는 조부모의 지혜와 경험을 보고 배운 이들이 많다. 재정평화학교에서 만난 한 여성은 문제가 생길 때면 할머니께서 '며느리도 모르는 비상금'을 꺼내 사건을 해결했다는 얘기를 들려주었다. 아이들은 이렇게 어른들을 보고 배우며 자란다.

부를 쌓는 방법을 배우기에 너무 어린 나이란 없다

내가 자랄 때 부모님은 무엇보다도 기본에 충실하도록 이끌었다. 나는 비상금을 마련했고, 빚을 한 번도 지지 않았고, 자동차를 현금으로 장만했고, 대학 학자금도 스스로 마련했다. 만약 자녀가 이 기본기를 충실하게 익히고 있으면, 그 아이는 칭찬받아 마땅하다! 그렇다면 좀 더 욕심을 부려 금융투자를 어떻게 하고 재산을 어떻게 늘리는지 가르쳐도 좋다. 겁낼 거 없다. 아이가 당장 실천에 옮기지는 못해도 일찌감치 기초를 닦아놓으면, 나중에 대학을 졸업하고 직장에 들어가 첫 월급을 받았을 때 그 돈을 사용하는 방식이 달라질 수 있다.

내가 처음 아버지에게 뮤추얼펀드가 어떻게 운용되는지 물었을 때 나는 고등학생이었다. 솔직히 처음에는 무슨 말인지 몰랐지만, 몇 번 더 얘기를 하다 보니 감이 잡혔다. 아버지는 그때 복리가 뭔지 또 투자를 일찍 시작하는 게 왜 중요한지도 설명해주었다. 직업상 많은 젊은이를 만나 상담하지만, 투자 방법에 관해 하나도 모르는 젊은이들이 그토록 많다는 사실이 내게는 충격적이었다. 직업전선에 뛰어들어 제 손으로 돈을 벌면서도, 조기 투자의 중요성을 알지 못해 아까운 시간을 흘려보내고 있었다. 투자하는 법에 관해 무지하고 보고 배운 게 없어서, 진즉 복리상품에 투자했으면 손에 넣었을지도 모를 수십만 달러를 놓치고 있었다.

당신은 이 기회를 놓치지 않길 바란다! 이 지식을 중고등학생 자녀에게 알려줌으로써 오늘부터라도 그들이 백만장자를 향해 첫발을 내딛게 할 수 있다. 그 순간 부모는 지금까지와는 차원이 다른 대물림의 역사를 쓰게 된다.

천재를 키운다면 모를까, 아동기 자녀에게 뮤추얼펀드나 복리를 가르치는 것은 어불성설이다. 그렇지만 자녀 명의로 가입한 학자금 금융상품 목록을 자랄 때 한 번씩 보여주고, 아이가 열두 살쯤 되면 금융상품 계약서를 꺼내서 그 상품이 장차 얼마나 수익이 날지 간단하게 계산을 시켜보는 정도는 괜찮다.

샤론과 나는 아이들이 자라는 동안 이따금 대학 학자금 금융상품 계약서를 함께 보면서 대화 주제로 삼았다. 이렇게 하면 두 가지 이점이 있다. 첫째, 대학 입학을 기정사실로 받아들이는 분위기가 형성되고, 아이들이 더 나은 삶을 살 수 있도록 부모가 저축하고 있음을 알게 된다. 둘째, 아이들이 경제 용어를 빨리 익힐 기회가 된다. 그러다가 아이가 고등학교에 입학하자 나는 시간을 내서 뮤추얼펀드가 뭔지 그것이 어떻게 작동하는지 설명했다. 솔직히, 세부적인 내용까지 이해하리라고 기대하지는 않았다. 예상대로 아이들은 이해하지 못하는 내용이 태반이었지만, 그래도 골자는 알아들었다. 요컨대, 대학 입학이나 금융투자를 삶의 일부로 자연스럽게 받아들였다. 그렇게 자란 우리 아이들은 성인이 되어서도 투자하는 일을 당연하게 여기고 실천하고 있으며, 실제로 투자를 하면서 어렸을 때 배운 세부 내용을 스스로 복습하는 중이다.

저축하는 삶

저축하는 이유와 그 방법을 배우는 것은 돈을 지배하고 다스리는 삶을 사는 데 꼭 필요한 과정이다. 자녀에게 성공하는 삶을 보장하고 싶다면, 저축하는 법을 가르치는 것보다 더 좋은 방법은 없을 듯하다. 물론 만만치 않고 때로 지루한 작업이다. 하지만 저축하는 법, 만족을 유예하는 법, 목표와 우선순위를 정하는 법, 비싼 품목을 빚지지 않고 현금으로 구입하는 법, 비상사태에 대비하는 법, 장기적인 투자를 준비하는 법은 앞으로 독립할 젊은이라면 반드시 알아야 할 기술이다. 자녀의 연령대가 어떻게 되건, 부모의 경제력이 어떻게 되건 세상의 모든 부모는 오늘 당장에라도 이 기술을 자녀에게 가르칠 수 있다.

제 5 장

| 기부 |

돈은
소유하는 게 아니라
관리하는 것

SMART MONEY SMART KIDS

내가 기억하는 한, 우리 부모님은 내가 아주 어릴 때부터 눈에 보이는 확실한 목표를 정하고 행동하도록 가르쳤다. 두 분은 내가 열심히 노력하기만 하면 어떤 목표를 세우든 달성할 수 있다는 믿음을 심어주었다. 젊었을 때 나는 현금이든 땅이든 '물질'을 모으는 일에 힘을 쏟았다. 혹자는 그런 태도를 가리켜 물질주의라고 부른다. 굳이 따지면 틀린 말도 아니지만, 물질주의를 추구했다기보다 그저 보통 이상의 물질을 소유하고 싶었다고 말할 수 있겠다. 같은 말을 반복하는 것인지도 모르지만, 돈을 버는 것은 내가 안락한 생활을 영위하기 위해서였다. 왜냐하면 결국 나를 위해 쓰일 돈이기 때문이다.

돈을 벌어 축적하는 데만 목적을 두는 사람은 결국 방종에 이른다. 나 역시 나만 아는 놈이었다. 그러다 이십대 후반에 종교를 가짐으로써 내 삶은 180도 달라졌다. 기독교에서 말하는 '청지기 정신stewardship'이 무엇인지 처음으로 이해하기 시작했다.

청지기 정신이라는 말은 기독교에서 나온 용어가 아니라 킹 제임스King James 판본의 성경이 나오던 무렵에 쓰인 고대 영어 단어다. 봉건 시대에 청지기, 즉 '스튜어드'란 지역 영주의 장원과 그 사무를 총괄하고 관리하는 사람을 가리켰다. 스튜어드는 멋진 주택과 아름다운 의복과 산해진미를 누렸지만, 그의 소유는 아니었다. 그는 영주의 재산을 관리하면서 온갖 편익을 누렸는데 그 재물에 대한 소유권을 주장하지는 않았다. 저 중세의 스튜어드처럼, 우리 역시 다른 누군가의 돈을 관리할 뿐이라는 사실을 깨달을 때 삶의 목적이 바뀐다.

이를테면, 내 주머니에 있는 돈을 기부하기보다는 남의 주머니에 있는 돈을 기부하기가 더 쉬운 법이다. 샤론과 나는 아이들에게 경제 교육을 하면서 돈이 그들 소유가 아니라는 사실을 명심하고 또 명심하도록 가르쳤다. 기독교 가정으로서 우리는 만물을 소유하는 이는 하나님이고, 우리는 그분을 대신해 관리하는 직무를 맡았다고 믿는다. 우리가 주인이 아니라면, 베푸는 일이 더 쉽다.

얼마 전 우리 회사 이름으로 한 모금방송에 1만 달러를 기부했다. 당신이 자란 곳은 어떨지 몰라도 내가 자란 곳에서는 저 금액이면 엄청난 돈이다. 나는 총무에게 1만 달러 수표를 써달라고 요구했고, 그녀는 망설임 없이 써주었다. 내 돈을 기부하는 일은 그녀로서는 식은 죽 먹기였을 것이다. 물론 나는 그녀만큼 쉽지는 않았지만 그래도 그리 어렵지는 않았다. 그 돈이 자기 돈이 아님을 그녀가 알고 있듯이, 나도 그 돈이 내 것이 아님을 알기 때문이다. 그 돈은 신의 소유였고, 나는 청지기로서 주인이 시키는 일을 할 뿐이다.

당신의 자녀가 좋은 세상과 밝은 미래를 꿈꾸는 사람이 되길 바라는가? 돈을 벌어 이기적으로 자기 배나 채우지 않고 사회적 책임을 지는 사람으로 자라길 바라는가? 또 결핍에 찌든 가난한 영혼이 아니라 풍족한 영혼으로 살아가기를 바라는가? 그렇다면 부모는 자녀에게 돈을 소유하지 않도록 가르쳐야 한다. 다시 말해 돈을 관리하는 사람, 곧 청지기로 살도록 가르쳐야 한다.

이기주의 치료법

아버지가 기부하는 삶을 실천하기가 몹시 힘들었다고 얘기할 때마다 나는 왠지 웃음이 난다. 내가 엄마 배 속에 있을 때는 어땠는지 몰라도 내가 기억하는 한 기부는 우리 집에서 가장 중요하게 여기는 덕목이었다. 그런 아버지가 이십대에 베풀 줄 모르는 청년이었다니 상상하기가 어렵다. 지금까지 내가 지켜본 아버지와 어머니는 유별나게 나눔을 실천하는 분들이었다. 기부를 요청하는 교회나 자선단체에 빠짐없이 돈을 기부했다는 말이 아니다. 또 두 분이 항상 바르게 기부했다는 말도 아니다. 두 분은 나눔의 중요성을 깨닫고 실천하면서 실수도 많이 범했다. 태어난 이후로 줄곧 나눔의 원칙을 실천하고 있는 나 역시 실수를 많이 했고, 지금도 마찬가지다! 우리 집은 물론이고 매사에 나눔의 원칙을 실수 없이 지키는 가정은 없다.

부모님은 우리 삼 남매가 남에게 베풀 줄 아는 삶을 살도록 주춧돌을 튼튼하게 놓은 분들이다. 그 점에서 두 분은 흠이 없었다. 내가 살면서 이기적으로 군 적이 없다는 말이 아니다. 말했잖은가? 나는 재미를 사랑하는 타고난 소비형 인간이라고. 하지만 주춧돌이 튼실하기 때문에 이기적인 욕망에 이끌려 흔들리다가도 다시 출발점으로 돌아가 기부를 실천할 수 있다. 참 안타깝지만 나눔의 메시지가 요즘 세태와는 대척점에 있어서 쉽게 받아들이지 못하는 젊은이도 많다.

나밖에 모르는 세대

전국 각지를 다니며 강연하다 보면 사랑스럽고, 근면하고, 책임감 있는 아이들을 많이 만난다. 하지만 자기중심적인 아이들도 많이 만난다. 나는 직업상 이른바 '나밖에 모르는 세대Generation Me'의 속성을 연구한 논문들을 자주 접한다. 국제 학술지 〈성격과 사회심리학 저널 Journal of Personality and Social Psychology〉에 실린 논문에는 다음과 같은 내용이 있었다. "밀레니엄 세대(1980년대 초에서 2000년대 초 사이에 태어난 사람들)는 베이비붐 세대(1940년대 중반에서 1960년대 중반 사이에 태어난 사람들)에 비해 자선단체에 기부할 가능성이 낮고, 타인을 돕거나 사회에 이바지하는 직업을 택할 가능성도 낮으며, 기아에 허덕이는 인류에게 더 많은 식량이 공급될 수 있도록 식생활 방식을 바꾸기로 합의할 가능성도 낮다. 밀레니엄 세대는 베이비붐 세대에 비해 사회봉사단체에서 일하거나 사회복지사가 되고 싶어 할 가능성도 낮고, 소외계층에 공감할 가능성도 낮다." 이는 비극적인 일이다. 궁핍한 사람이나 가치 있는 일을 위해 자기 것을 나누지 않으리라는 점에서도 비극이지만, 그들이 평생 나눔의 위력을 경험하지 못하리라는 점에서도 그렇다.

이기심은 사람들의 발전을 방해하고 앞길을 가로막는 장애물이다. 이기적인 성향 때문에 사람들과 벌써 갈등을 겪는 아이들이 많다. 또 이기적인 아이들은 지금은 괜찮아 보여도 언젠가는 어려움에 맞닥뜨릴 것이다. 밀레니엄 세대가 이기적인 성향을 보이는 이유는 자기 자신만 아는 문화 속에서 성장하기 때문이다. '나 어때 보여? 내 기분이 어떨 것 같아? 나한테 무슨 선물을 할까? 뭘 하면 내가 즐거울까? 나를 불편하게 만드는 게 뭐지? 내가 더 편하게 살려면 뭘 해야 하지?' 모든 젊은이가 이기적이고 탐욕스럽다고 말하는 건 아니지만, 솔직히 이웃과 나누는 삶을 소홀하게 여기는 것은 사실이다.

하지만 나눔을 중요하게 생각하고 실천하는 부모 밑에서 성장하면 '자기'만 소중히 바라보던 시선이 달라진다. '다른 사람들'을 바라보는 시선이 달라지기 때문이다. 다른 사람들이 소중해지고, 남을 위해 봉사하는 일이 중요한 일이 된다. 이기심을 치료하는 해독제는 이론이 아니라 행동이다. 나눔을 실천하는 시간이 곧 이기심을 해독하는 시간이다.

이기적인 사람들에게선 고약한 냄새가 난다

어떤 사람을 만나고 나서 깨끗하게 몸을 씻고 싶은 기분이 든 적이 있는가? 이기적인 사람한테서는 더럽고 고약한 냄새가 난다. 이기적인 사람들은 거래만 맺을 뿐 관계를 맺을 줄 모른다. 그들은 뭔가를 주고받는 일도 자신들에게 이득이 될 때에만 한다.

이기적인 사람들은 영혼에서 악취가 난다. 그런 냄새가 나는 데는 이유가 있다. 절대 나눌 줄을 모르기 때문이다. 나눔이 없는 사람들은 꽉 막힌 사람들이어서 그들을 통해 아무것도 흘러나오지 않는다. 꽉 막힌 것들은 썩기 마련이다. 고인 연못에 녹조가 발생하는 것과 같은 이치다. 나누지 않는 사람은 이미 죽은 생명이고, 그의 영혼을 통해서는 아무 생명력도 나오지 않는다.

기부하는 부모여야 자녀도 배운다

누차 말했듯이, 아이들은 부모의 행동을 주시한다. 이 말은 부모가 일하는 모습, 부모가 소비하는 모습, 부모가 저축하는 모습은 물론이고 부모가 기부하는 모습에도 해당한다. 부모가 누군가에게 자기 것을 나눠주는 모습을 한 번도 본 적이 없다면, 자녀들이 나누는 삶을 배울 리 만무하다. 아이들한테 기부하는 삶을 살라고 '말로만' 타이르고 기부하는 삶이 어떤 건지 '보여주지' 않는 경우는 더 나쁘다. 기부, 소비, 저축에 관해 부모가 무슨 말을 하든 그 메시지는 땅에 떨어질 게 뻔하다. 부모의 언행이 일치하지 않기 때문이다.

말보다는 행동을 보고 배운다

아이들은 말보다는 행동을 보고 배운다. 부모의 훈계보다는 실천이 자녀들에게 더 강력한 영향력을 행사한다. 말이 힘을 발휘할 때도 있지만 행동이 훨씬 더 효과가 크다. 그런 만큼 부모의 말과 행동이 일관될 때 아이들은 가장 큰 영향을 받는다. 부모의 말과 행동이 일치할 때 부모의 가르침이 힘을 발휘하고 자녀들에게 올바른 가치관을 심어줄 수 있다.

　우리 가족한테 교회가 중요하다고 말했듯이, 부모님은 내가 태어나고 지금까지 한 번도 빠짐없이 교회에 십일조(교회에 소득의 10퍼센트를 내는 것)를 냈다. 부모님은 기부의 원칙을 말로만 가르친 게 아니라, 매주 교회에서 몸소 실천하는 모습으로 보여주었다. 일요일마다 아버지와 어머니는 교인들이 빨간 헌금주머니를 들고 곁을 지나갈 때마다 헌금을 집어넣었다. 어른이 된 지금도 그 모습은 하나하나 또렷하게 기억난다. 우리 집이 재정적으로 아무리 힘들어도 또 아버지가 받은 급료가 많든 적든, 아버지와 어머니는 매주 그 헌금주머니에 돈을 넣었다. 부모님이 꼬박꼬박 기부하는 모습을 보고 자랐기에 나중에 부모님이 우리에게 기부 봉투에 돈을 저축해야 한다고 설명할 때도 당연하게 받아들였다. 우리가 얼마를 벌든 그 일부를 기부하는 것이 중요한 가치임을 깨달았고, 우리는 어릴 때부터 자연스레 기부를 접했다.

　아예 기부를 하지 않는 부모는 말할 것도 없지만, 기부를 하면서도 그 모습을 자녀들에게 보여줄 기회를 만들지 않아서 자녀에게 좋은 가르침을 줄 기회를 놓치는 경우도 많다. 가령, 온라인 뱅킹을 이용하면 마우스 클릭 몇 번으로 간단하게 기부를 할 수 있다. 나도 기부할 때 온라인을 애용한다. 온라인을 이용하면 빠르고 편리하니까. 하지만 당신이 부모라면 온라인 뱅킹으로 기부할 경우 자녀에게 기부의 중요함을 가르칠 좋은 기회를 놓치게 된다. 나처럼 온라인 뱅킹을 애용하는 사람들은 일주일에 한 번은 옛날 방식으로 직접 기부하길 권한다. 개인수표를 써서 기부하는 모습을 아이들에게 보여주고, 당신이 기부하는 이유를 설명하는 게 좋다. 자선단체나 비영리단체에 기부한다면 아이들에게 그 단체에 대해 얘기하고, 기부금이 어떻게 쓰이는지 설명하자. 기부금이 그 돈을 받는 사람들에게 어떻게 도움이 되는지 아이들이 머리로 또 마음으로 이해할 수 있게 도와야 한다.

남동생의 1만 달러

401 데이브 플랜을 시행할 때 자녀의 나이가 어릴수록 그 아이가 훗날 내놓을 결과물에 깜짝 놀랄 일이 생길지도 모른다. 여섯 살 아이가 저축과 기부를 배우고 실천한다고 해봐야 어디까지나 깜찍한 수준이고 부모로서는 발판을 하나 놓은 것에 불과하다 할 것이다. 그렇지만 그 발판 위에 아이들이 무엇을 쌓아올릴지는 아무도 모른다. 아이가 성장할수록 돈을 벌 수 있는 일거리도 늘고 벌어들이는 소득도 증가하기 때문이다. 굳이 다른 사례를 찾을 필요도 없이 내 동생 대니얼이 열여섯 살 때 한 일을 보면 쉽게 알 수 있다.

이미 말했듯이 언니와 동생과 나는 아버지가 401 데이브 플랜을 선언한 날부터 자동차를 사기 위해 부지런히 저축했다. 401 데이브 플랜은 기본적으로 우리가 저축한 돈만큼 부모님이 돈을 보태준다는 내용이었다. 우리 세 사람은 같은 날 그 내용을 전달받았으니까 가장 어린 대니얼이 당연히 가장 유리했다. 그리고 나중에 언니가 저축한 돈만큼 부모님이 돈을 보태주는 모습을 지켜보던 때 동생은 열 살이었다. 동생은 6년간 자동차 구입비를 모을 수 있었다는 얘기다. 동생은 닥치는 대로 일을 했다. 여름방학에는 아버지 회사에서도 일했고, 어떤 해에는 5층짜리 건물 두 채의 계단통을 전부 페인트칠하기도 했다. 6년 후에 동생은 자동차 구입비로 무려 1만 2,000달러를 모았다. 부모님이 돈을 보태기 전에 모은 금액이 그렇다!

대니얼이 열여섯 살이 되기 전날 밤에 아버지는 동생을 불러 앉혔다. "아버지는 네가 몹시 자랑스럽구나. 정말 장하다. 약속한 대로 정확히 네가 저축한 금액만큼 보태주마. 하지만 부모로서 열여섯 살 아이가 2만 4,000달러짜리 자동차를 구매하는 일은 허락할 수가 없구나. 그건 안 될 일이다." 어차피 동생은 1만 4,000달러짜리 지프를 점찍어두었던 터라 그건 문제가 아니었다. 동생은 은행에 1만 달러를 고스란히 남겨놓을 수 있었다.

같은 해에 대니얼은 페루로 선교 여행을 떠났고, 거기서 봉사하면서 그 지역과 봉사활동에 대한 각별한 애정을 키워서 돌아왔다. 여행에서 돌아온 동생은 그 여행이 자기 인생에서 참으로 뜻깊은 시간이었다고 얘기했다. 그 일이 있은 후 오래지 않아 페루에 큰 지진이 일어났다. 동생이 봉사했던 마을에서 그리 멀지 않은 곳이었다. 이 소식을 들은 동생은 마음이 무거워서 뭐라도 해야겠다고 생각했다. 동생은 아버지에게 자기가 차를 사고 남은 돈을 페루의 지진 피해 복구 성금으로 기부하고 싶다고 말했다. 이게 무슨 말인지 아는가? 열여섯 살짜리가 땀 흘려 번 1만 달러를 지구촌의 어느 마을을 위해 내놓겠다는 것이다! 누가 그런 일을 하겠는가?

그 말에는 아버지도 적잖이 당황했다. "대니얼, 정말로 그렇게 하고 싶으냐? 내 말은, 넌 곧 대학에 들어갈 테고 앞으로 하고 싶은 게 많을 텐데 그 돈을 기부해도 괜찮겠니?"

동생의 대답은 아버지를 더욱 놀라게 했다. "예, 아버지. 어쨌든 그 돈은 제 것이 아니잖아요. 하나님 돈이죠. 아버지가 그렇게 가르치셨잖아요?" 열여섯 살 대니얼은 한 번도 만난 적 없는 마을 주민들을 돕기 위해 1만 달러를 기부했다. 그리고 동생이 그렇게 행동한 이유는 우리 부모님이 평생 동생에게 보여준 삶을 본받았기 때문이다. 놀라운 것은 대니얼이 그 돈을 기부하면서 전혀 어려워하지 않았다는 사실이다. 어려운 처지에 놓인 사람들을 보았고, 그들을 도울 돈이 자기 손에 있었기에 그 돈을 기부한 것뿐이다. 동생은 아주 어린 꼬마였을 때부터 나눔의 가치를 배웠기에 이후 열여섯 살이 되어 은행에 진짜 돈을 저축해두었을 때 기부할 기회와 욕망을 극대화할 수 있었다. 그 같은 일은 아이가 기부를 중요하게 여기는 가정에서 성장할 때 일어날 수 있다.

시간 기부, 재능 기부

사람들이 기부에 대해 자주 혼동하는 게 있다. 아버지가 앞서 말했듯이 나눔은 청지기 정신에 뿌리를 둔다. 우리는 신이 주신 '모든 것'을 선하게 관리할 책임이 있으며, 돈은 그중에 하나일 뿐이다. 이 사실을 망각하면, '자기'의 다른 것들은 하나도 세상에 내놓지 않은 채 내내 안락한 생활을 누리면서 가진 돈의 일부만 나누고 할 일을 다 했다고 착각하기 쉽다. 그래서 나는 사람들에게 재산뿐 아니라 시간과 재능을 기부하는 개념에 관해서도 가르친다. 돈을 기부함은 물론 우리가 지닌 모든 자원, 특히 우리의 시간과 재능을 대가 없이 기부할 줄 알아야 한다.

온실 밖으로 내보내기

안락함과 편의를 제공하는 문명의 이기가 넘쳐나는 세상이니만큼 아이들이 온실 속에서만 자라기 쉽다. 이렇게 자란 아이들은 따뜻하고 보송보송한 침대에 몸을 누이고, 하루 세 끼 배불리 먹는 일을 당연하게 받아들인다. 이제는 집을 나서기 전에 여기저기 흩어져 있던 아이팟과 휴대폰, 노트북을 챙겨 가방에 넣는 일이 일상이 되었고, 차고에 있는 차량 중에 하나를 골라 타고 학교에 가는 일조차 축복이 아니라 성가신 일쯤으로 여긴다. 놀라운 문명의 이기에 둘러싸여 별생각 없이 지내다 보면 온실 밖의 세상이 어떤 곳인지 모르고 지낼 수도 있다.

 어머니와 아버지는 기회가 있을 때마다 우리를 온실 밖으로 내보냈다. 아버지의 사업이 날로 번창하고 풍요로워질수록, 두 분은 우리가 그 축복을 당연하게 여기지 않도록 더욱 경계했다. 세상 많은 사람이 흔히 겪는 아픔이나 고달픈 삶과 동떨어져 부유하고 안락한 가정에서 자라는 아이들이 장차 어떤 위험에 처하게 될지 부모님은 잘 알았다. 우리 삼 남매를 돈을 다룰 줄만 알고 이웃과 나눌 생각은 할 줄 모르는 철부지로 키우지 않으려고 부모님은 애를 썼다. 그래서 우리가 안전한 집에서 벗어나 '진짜 세상'을 체험하도록 수시로 우리 등을 떠밀었고, 늘 흥미로운 방법으로 우리의 시간과 재능을 기부할 기회를 만들어주었다.

뜻밖의 즐거움을 알게 된 날

열네 살 때 나는 토요일이면 친구들과 쇼핑몰에 자주 갔다. 어머니가 쇼핑몰 입구에 나랑 친구 두세 명을 내려주면 몇 시간이고 쇼핑몰을 돌아다녔다. 솔직히 지금 생각하면, 매주 돈을 쓸 만큼 주머니가 넉넉하지도 않았는데 종일 친구들과 뭘 했는지 모르겠다. 어쨌든 쇼핑몰 가는 게 당시에는 큰 즐거움 중 하나였다. 나는 친구들이랑 웃고 떠들면서 쇼핑몰 안을 돌아다니고, 식당가에서 99센트짜리 타코를 사 먹었다.

어느 토요일 아침, 일찌감치 쇼핑몰에 갈 채비를 하는데 언니와 내게 어머니가 한 가지 제안을 했다. 그즈음 어머니와 아버지는 지역의 한 종교단체와 함께 학대를 받아 가출했거나 우울증이나 약물중독, 섭식장애 문제로 고생하는 소녀들을 주로 도왔다. 이 단체에서 중점적으로 하는 사업은 이들에게 몸과 마음의 상처를 치유할 안전한 장소를 제공하는 것이었다. 그날 아침 어머니는 이렇게 말했다. "오늘 너희 둘이 우리 봉사단체에서 돌보는 애들을 데리고 쇼핑 좀 다녀왔으면 좋겠다. 원장님께 전화해서 너희 또래 애들 중에 옷이 필요한 사람 두 명을 선정해두라고 말해놓을 테니, 너희가 그 애들과 함께 다녀오려무나."

지금이라면 그 말을 듣는 순간 무척 좋은 생각이라고 어머니께 맞장구쳤을 텐데, 그때는 그런 생각을 하지 못했다. 당시 우리 생각에는 그 제안이 생뚱맞았다. 내가 감히 상상하지도 못할 일을 겪은 아이들에게 무슨 말을 해야 한단 말인가. 종일 그 애들과 무슨 얘기를 할지 막막하기만 했다. 언니와 나는 우리가 그 일을 맡을 수 없는 이유를 몇 가지 댔다. 하지만 어머니는 생각을 바꾸지 않았다. 이런저런 불평을 잠자코 듣던 어머니는 일단 한번 해보라며 우리 등을 떠밀었다. 우리는 집을 나섰고, 현금이 두둑이 든 봉투를 어머니한테 건네받았다. 우리가 만날 아이들의 옷을 살 돈이었다. 내가 애초에 계획한 토요일과는 전혀 다른 토요일을 보낼 거라는 사실 외에 어떤 일이 일어날지 도무지 상상이 가지 않았다.

몇 시간 뒤에 언니와 나는 자선단체 건물 옆에 차를 세우고 두 소녀를 태웠다. 처음에는 어색하기 짝이 없었지만, 쇼핑몰에 도착할 즈음에는 오래된 친구처럼 거리낌 없이 웃고 떠들 정도가 됐다. 어려운 문제와 싸우는 아이들이었지만, 우리랑 별로 다를 바가 없다는 사실을 언니랑 나는 금방 알아차렸다. 우리는 새 친구들과 함께 쇼핑몰을 한바탕 휘젓고 다녔다. 그 아이들은 정말 좋은 친구들이었고, 쇼핑을 한다는 사실에 무척 신이 나 있었다! 언니와 나는 쇼핑몰에 오는 게 대수롭지 않은 일이었지만, 그중 한 아이는 쇼핑몰 구경은 고사하고 2년 동안 쇼핑을 해본 적이 없다고 말했다. 장장 2년 동안이나! 그때 열네 살이던 나는 너무나 깜짝 놀랐다.

그 친구들은 이런저런 옷을 골라 탈의실에서 입어보며 무척이나 즐거워했다. 나는 매장을 돌아다닐 때마다 친구들이 입어볼 만한 옷들을 한가득 골라 탈의실에 있는 친구들에게 들고 갔다. 옷을 고르고 식당가에서 근사한 점심을 먹고 나니 벌써 헤어질 시간이었다. 우리는 두 명의 새 친구와 함께 쇼핑백 10여 개를 들고 주차장으로 돌아왔다.

집에 가자 어머니가 문밖에서 언니랑 나를 맞으며 하루가 어땠는지 물었다. 한창 신이 나 있던 나는 쉴 새 없이 떠들었다. 우리가 얼마나 재밌는 시간을 보냈고 또 그 친구들이 얼마나 착한 친구들이고 우리에게 고마워했는지 자초지종을 미주알고주알 얘기했다. 그리고 쇼핑을 한 번도 해보지 못한 두 소녀와 내가 그토록 좋아하는 쇼핑을 하면서 시간을 나눌 수 있다는 게 정말 좋았다고 자랑했다. 그러자 어머니가 평생 잊지 못할 한 가지 질문을 던졌다. "레이첼, '지난주'에 네 친구들이랑 쇼핑할 때가 좋든, 아니면 '오늘' 이 두 아이랑 쇼핑하는 게 더 좋든?"

나는 1초도 망설이지 않고 대답했다. "엄마, 그야 오늘이죠! 진짜 재밌었어요!"

어머니는 미소를 지으며 말했다. "그래. 나누는 일도 참 즐겁지?"

그때도 그렇고, 지금도 나눔은 참 즐거운 일이다. 그날은 이후 내 삶에 크나큰 영향을 끼쳤다. 우리 어머니는 딸아이가 좋아하는 일과 어려움에 처한 두 소녀의 필요를 지혜롭게 결합해 나눔을 체험할 계기를 만들었다. 물론 어머니와 아버지가 기부 봉투에 현금을 두둑이 담아두었기 때문에 가능했던 일이라는 사실도 우리는 잊지 않았다. 그때 나는 아직 십대라서 큰돈을 기부할 수 없었지만, 부모님은 '두 분이 준비한 돈'으로 우리의 '시간과 재능'을 나눌 기회를 마련했다. 그날 궁핍한 처지에 있던 두 소녀는 참 고마운 손길을 만났으며, 나는 인생과 기부에 대한 생각이 완전히 바뀌었다. '나눔의 방법'과 '나눔의 이유'를 가르친 부모님 덕분에 일어난 일이다. 만사가 자기중심으로 돌아가는 세계에서 살던 우리가 세상에는 우리의 도움이 필요한 이웃들이 있음을 깨달은 사건이었다.

나눔을 체험할 기회를 마련하라

샤론과 나는 항상 일상 속에서 아들딸에게 돈에 대한 교훈을 주고자 노력했다. 가르침을 줄 계기가 자연스럽게 만들어지지 않으면 일부러 사건을 만들기도 했다. 일례로, 우리는 몇 년간 아이들과 함께 '엔젤 트리Angel Tree' 프로그램에 참여했다. 부모가 수감되어 있어 크리스마스를 부모 없이 지내야 하는 어린이들에게 선물을 보내는 프로그램이었다. 샤론과 나는 우리 천사들에게 줄 멋진 선물을 사기 위해 세 아이를 데리고 자주 상점을 찾았다. 하지만 우리가 의도했던 대로 일이 아름답게 흘러가지만은 않았다. 아이들은 되레 자기들 선물을 사달라고 칭얼대며 보채기도 했다. 그걸 보고 분통이 터져 이러다 이놈들을 때려눕히고 샤론과 내가 교도소에서 복역하는 건 아닌지 걱정스러울 때도 있었다.

또 한 해 동안 우리는 엔젤 트리 프로그램의 하나로 다른 가정에서 구입한 선물들을 배달하는 일을 자원한 적도 있다. 배달 임무를 수행할 때 우리는 세 아이도 데려갔다. 그리고 이 프로그램과 다른 사람들의 배려가 없었다면 암울하고 쓸쓸하게 크리스마스를 보냈을 그 아이들을 직접 목격할 기회를 제공했고, 우리 아이들은 잊을 수 없는 시간을 보냈다. 우리는 이 같은 시간을 '온실 바깥 체험'이라고 부른다. '다들 자기처럼 편하게 사는' 줄로 착각하던 아이들은 이 시간에 온실 바깥의 다른 세상을 실감한다. 우리가 주기적으로 아이들을 온실 밖으로 내보낸 이유는 아이들이 감사하는 마음을 기르는 데 도움이 되었기 때문이다.

우리는 또 아이들과 함께 '12일간의 크리스마스' 선물 나누기 운동에도 참여했다. 직장을 잃고 힘들지만 자존심 때문에 남에게 도움을 청하지 못하는 한 가정에 선물을 보내는 게 목적이었다. 우리 교회 청년 몇 명이 우리에게 운전을 부탁했고, 우리는 12일간 저녁마다 은밀하게 그 가정의 현관 앞에 선물과 생활필수품, 식량, 심지어 크리스마스트리까지 놓고 왔다. 내가 아는 한 그 실직 가정은 그 선물을 누가 주고 갔는지 전혀 모른다. 남몰래 찾아가 현관 앞에서 산타클로스처럼 선물을 주고 돌아오는 놀이에 우리 아이들은 무척이나 즐거워했다.

언짢은 경험도 있었다. 우리 교회에 도움을 청한 가정에 딸아이와 함께 식료품을 배달한 적이 있다. 우리는 상점과 교회 식료품 저장실에 찾아가 훌륭한 식재료가 되겠다 싶은 것들을 챙겼다. 그 집 현관에 들어가면서 우리 집 꼬맹이와 나는 어려운 처지에 있는 사람을 도와주게 되어 마음이 뿌듯했다. 하지만 주방에 들어가 준비한 식료품을 꺼냈을 때 그 여인은 화를 내며 자기는 이러저러한 감자칩과 사탕을 부탁했다고 목소리를 높였다. 전혀 예상치 못한 푸대접에 당황했지만, 우리는 이날 도움을 받는 사람한테서 우리가 원하는 반응을 얻는 게 기부가 아니라는 사실을 깨달았다. 어쨌든 기부는 기부하는 사람의 마음과 정신이 제일 중요하다. 상황이 뜻대로 풀리지 않더라도 기부하는 사람이 진심을 담았으면 그것으로 족하다.

나이에 맞는 기부활동

얼마 전에 공항에서 비행기를 기다리는 동안 한 남자와 잠깐 대화를 나눴다. 그는 내게 무슨 일을 하느냐고 물었고, 나는 학부모를 대상으로 자녀들의 경제 교육에 관해 강연하러 가는 중이라고 대답했다. 그는 흥미를 보이더니 자기도 아내와 함께 아이들에게 돈 관리하는 법을 가르치려고 애쓰고 있다고 했다. 그렇게 시작한 대화는 어느덧 나눔의 문제로 이어졌고, 그는 아이들이 친구 생일 파티에 갈 때마다 자기 돈으로 생일 선물을 사게끔 만들었다고 했다. 그 방법이 좋은지 나쁜지를 떠나서, 그가 아이들의 행동을 지켜보며 알아낸 사실은 무척 흥미로웠다.

그는 자기 아이들이 어렸을 때는 인심이 더 후했다고 말했다. 아이들은 나이가 어릴수록 자기가 쓸 장난감보다 친구에게 줄 장난감에 돈을 더 많이 썼다. 그러다 점점 자기에게 쓰는 금액이 커지고 친구를 위해 쓰는 금액은 줄어들었다. 그리고 어느 시점에 이르면 상황이 완전히 역전되어 친구 생일 선물에 돈을 쓰기보다는 자기가 쓸 좋은 물건을 구매하는 데 훨씬 관심을 보였다. 무척 흥미로운 관찰 결과였다. 이 사례를 보면 아이들은 나이가 어릴수록 기부에 대해 거리낌이 없고 더 즐겁게 받아들인다. 물론 한 가정의 사례를 모든 가정에 적용할 수는 없겠지만, 기부하는 문제와 관련해서는 나 역시 어린이들이 더 개방적이라고 생각한다. 조만간 세상의 가르침에 따라 자기 돈을 꽉 움켜쥐게 될 테지만, 아직은 그런 가르침에 노출되지 않았기 때문이 아닐까. 따라서 자녀가 아직 어릴 때 기부하고 공유하는 정신을 길러주고, 아이다운 마음을 잃지 않도록 부모로서 최선을 다해야 한다!

기부 봉투 활용하기(만 6~13세)

아동기 자녀에게 소비 봉투와 저축 봉투를 쓰게 하는 방법은 앞서 다뤘고, 이제 가장 중요한 기부 봉투에 대해 얘기할 차례다. 우리 삼 남매는 매주 5달러의 수고비를 받을 때마다 어머니와 아버지가 세운 방침에 따라 기부 봉투에 1달러씩 넣었다. 금액은 1달러여도 비율로 따지면 받은 돈의 20퍼센트에 달한다. 하지만 이 비율에 무슨 숨겨진 효력이 있는 것은 아니다. 그저 우리 집에서는 이 정도 비율이 효과가 있었다는 얘기고, 1달러짜리 지폐 다섯 장을 받아서 한 장을 기부 봉투에 넣는 방식이 계산하기도 간편했다. 기부할 금액이나 비율은 각자의 집안 사정에 맞추되 적어도 아이가 받은 돈의 10퍼센트는 되어야 한다고 생각한다. 소득의 10퍼센트를 기부하는 원칙은 어른들에게도 적합한 수준이므로 가능한 한 이른 나이에 그 원칙을 익히는 것도 좋다.

　나는 여섯 살 무렵부터 일요일에 교회에 갈 때 내 기부 봉투를 가져갔다. 빨간색 헌금주머니를 든 사람이 옆으로 지나갈 때 나는 내 돈을 꺼내 넣었다. 무척 뜻깊고 소중한 경험이었다. 요즘 부모들은 교회에 갈 때 헌금하라며 자녀에게 번번이 1달러를 쥐여준다. 그런 식이라면 그 아이는 '기부'를 한 게 아니라 그저 부모의 돈을 '배달'한 것에 지나지 않는다. 힘들게 노동하고 또 그 돈을 기부하기로 선택할 때 비로소 형성되는 정서적 가치가 있는데 부모의 돈을 그냥 배달하는 경우에는 그 효과가 미미하다.

내가 일해서 번 돈을 직접 헌금주머니에 넣게 한 부모님 덕분에 나는 참다운 기부를 배울 수 있었고, 나이가 들어 소득이 늘어나도 수월하게 기부의 원칙을 지킬 수 있었다. 존 록펠러는 이런 말을 했다. "주급 1달러 50센트를 처음 받고 십일조를 내지 않았다면 100만 달러를 벌었을 때도 십일조를 내지 못했을 것이다."

직장인이 되어서도 나는 십일조를 꼬박꼬박 내고 있다. 어렸을 때도 그렇고 지금도 그렇고 내가 번 돈이 다 내 것이라고는 생각하지 않는다. 거기에는 다른 사람들과 나누어야 할 몫이 있다. 이 가르침은 우리 부모가 내게 물려준 유산이다.

기부에 봉사활동까지(만 14세 이상)

자녀가 청소년기에 들어서 독립심이 커지면 돈뿐 아니라 시간과 재능을 기부하는 개념을 가르칠 때다. 아이들이 좋아하는 일이나 재능을 살려서 봉사할 기회를 찾는 게 좋다. 우리 집에서는 선교 여행에 참여하는 게 일종의 통과의례였는데, 우리 삼 남매는 모두 이를 통해 삶이 바뀔 만큼 특별한 경험을 했다.

앞서 말했듯이 우리가 온실 속에 안주할 때마다 부모님은 우리를 온실 밖으로 내보낼 방도를 찾았다. 미국 중산층 자녀들이 온실 바깥세상을 체험하기에 곤경에 처한 타국 사람들을 만나 봉사할 수 있는 선교 여행보다 더 좋은 수단이 있을까? 극심한 기아로 고통받는 이들을 비롯해 다른 나라 사람들은 어떻게 살아가는지, 다양한 타국의 문화와 환경을 접하면 청소년기 자녀의 세계관이 근본적으로 달라질 수 있다.

해외로 봉사활동을 떠난 십대들은 대부분 180도 달라져서 돌아온다. 말 그대로 아무것도 가진 게 없는, 심지어 생필품조차 없는 사람들이 그럼에도 삶의 기쁨을 잃지 않는 모습을 접하는 것은 말로는 다하지 못할 특별한 경험이다. 물론 기아와 빈곤에 처한 사람들을 찾아 꼭 해외로 나가야 하는 것은 아니다. 해외여행을 보내기에 예산이 빠듯한 경우도 있을 것이다. 이때도 걱정할 필요 없다. 국내에서도 아이와 함께 봉사할 기회는 얼마든지 있기 때문이다. 여기서 목표는 자신들의 가장 귀중한 자산인 시간을 기부할 수 있도록 아이들에게 기회를 제공하는 것이다.

평생 기부하는 습관

레이첼이 유치원에 다닐 때의 일이다. 교사가 학생들에게 만약 100달러가 생기면 무엇을 하고 싶은지 글을 쓰고 그림을 그려오라는 과제를 내주었다. 유치원 시절이라고 하면 아마도 다들 까마득하겠지만, 그 또래 아이에게는 100달러가 1,000만 달러처럼 보일 때다. 유치원 교사는 아이들이 가져온 그림과 글을 모두 복사해 한 권의 책으로 엮어 나눠줬다. 샤론과 나는 레이첼의 숙제를 검사하면서 그 책을 보게 되었다. 샤론과 나는 거실 바닥에 앉아 그 책을 읽으며 큰 소리로 웃었다. 아이들이 하고 싶은 일은 '다 큰 어른들'이랑 별반 차이가 없어 보였다. 스콧은 100달러가 생기면 만능으로 변신하는 자동차를 사겠다고 했다. 앨리슨은 훨씬 현실적이었다. 100달러가 생기면 작은 인형 집을 사겠다고 했다. 테러범의 싹수가 보이는 앤드루는 축구공과 총, 폭탄을 사겠다고 했다(우리 아이가 그 아이와 친구라서 다행이다). 리드는 컨버터블 차를 사겠다고 했고, 캐시는 영화 〈프리 윌리〉에 나오는 윌리 같은 고래와 고래가 놀 수 있는 수영장을 사겠다고 했다. 애나 캐스린은 고양이와 집을 사겠다고 했다(어쩌면 고양이는 살 수 있겠다). 레이첼은 수줍음과는 거리가 먼 아이였다. 그 아이는 늘 야단스럽고 별난 데가 있어서 뭐라고 했을지 슬슬 겁이 나기 시작했다.

마침내 샤론과 내가 레이첼의 그림을 펼쳤을 때 우리는 완전히 허를 찔린 기분이었다. 우리 두 사람은 눈시울이 붉어진 채 서로 마주 보았다. 레이첼은 이렇게 썼다. "나한테 100달러가 생기면 가난한 사람에게 주겠습니다." 자기 자식이 대견해서 눈물까지 흘렸다 하니 우리가 팔불출처럼 보일지도 모르겠다. 하지만 이 일이 있기 4년 전에 파산을 선고받고 밑바닥까지 떨어졌던 일을 생각하니 감회가 남달랐다. 이렇게 나눔의 가치를 이해한 딸아이를 보니 하나님의 도우심으로 우리 가족이 변화되었다는 사실이 실감 났다. 샤론과 나는 돈을 버는 재미뿐 아니라 그 돈을 기부하는 재미를 아는 사람으로 아이들을 양육할 수 있다는 자신감이 생겼다.

아이들이 자기 것을 나누거나 혹은 나누겠다고 다짐하는 모습만 봐도 부모는 그 아이가 내심 기특한 법이다. 하지만 어른도 매번 기부를 실천하기가 쉽지 않은데, 아이들이야 말해 무엇하겠는가. 그러므로 아이들이 이타적으로 행동하는 게 눈에 띄면 그때마다 부모가 칭찬하는 게 중요하다. 그리고 그들의 마음을 움직이는 하나님의 아름다운 섭리에 관해 설명해주자. 아이들이 기부를 제대로 실천하지 못하더라도 너그럽게 이해해야 한다. 모든 아이가 기부형으로 타고 나지는 않는다. 다행히 얼마든지 훈육을 통해 나누는 마음을 키울 수 있으니 절망할 필요는 없다.

제 6 장

| 예산 |

계획하지 않는 것은
실패를 계획하는 것

SMART SMART
MONEY KIDS

복도가 끝없이 이어졌다. 마침내 지점장이라는 명패가 붙어 있는 문 앞에 다다랐고, 나는 심호흡을 한 뒤 문을 두드렸다. 열다섯 살 나이에 은행 지점장과 개인 면담을 하는 순간이었다. 친분을 쌓는 만남이 아니었으니 유쾌한 시간이 되리라고는 기대할 수도 없었다.

전날 학교에서 돌아오니 주방 테이블 위에 은행에서 발송한 우편물이 놓여 있었다. 은행에서 정기적으로 보내는 거래내역서라고 보기에는 봉투가 너무 얄팍했고, 그 외에 다른 우편물을 받는 일은 드물었기에 호기심에 봉투를 열었다. 첫 줄을 읽자마자 심장 박동이 빨라지기 시작했다. 그날 나는 '초과 인출'이니 '잔액 부족'이니 하는 용어를 처음 배웠다. 은행은 내가 쓴 개인수표 세 장이 부도가 났음을 통보하려고 편지를 보냈다. 그렇다. '데이브 램지의 딸'이 쓴 수표

세 장이 부도가 났다. 이는 가장 뛰어난 치과의사를 아버지로 둔 아이의 치아가 몽땅 썩었다는 말이나 마찬가지였다.

얼마 있다가 우리 집 차고 문이 열리는 소리가 들렸다. 아버지가 돌아온 것이다. 아버지가 어떻게 반응할지 걱정스러웠다. 거실로 들어선 아버지가 내 얼굴을 보자마자 던진 첫마디는 "무슨 일 있니?"였다. 나는 감정을 숨기는 데 소질이 없다. 은행에서 보낸 편지를 아버지께 조심스레 내밀고 숨을 죽이며 기다렸다. '한바탕 난리가 나겠지' 하고 생각하면서.

하지만 그런 일은 일어나지 않았다. 아버지는 그 편지를 테이블에 내려놓으며 내 눈을 똑바로 바라봤다. 내가 아버지에게 뭘 기대했는지는 모르지만, 그때 아버지가 한 말은 분명 내가 기대한 말은 아니었다. 아버지는 표정 하나 바뀌지 않고 평소와 다름없는 목소리로 말했다. "좋아, 레이첼. 내일 아침에 일어나면 먼저 은행에 전화를 걸어 지점장님과 약속을 잡아라. 그러면 개인 면담을 하게 될 거야. 그분을 뵙거든 네가 거짓말한 것에 대해 용서를 빌어라. 네가 수표를 쓸 때는 잔액이 남았다고 은행에 말한 셈인데, 사실은 아니었지. 그러니까 거짓말을 한 거야."

나는 언제나 어른이 말씀하시면 공손하게 처신하는 십대 소녀였지만 그래도 아버지한테는 딸이라 그런지 때로는 감정대로 내뱉을 때가 있었다. 나는 한 손을 허리에 올리고 뻐딱하게 고개를 쳐들며 물었다. "진심이세요? 정말 그래야 하는 건 아니죠?"

"정말 그래야 하고말고. 레이첼, 절대 농담이 아니다." 아버지는 확고하게 다시 한 번 강조했다. 나는 아버지가 이 일에 개입하지 않을 것이며, 내가 혼자서 해결해야 한다는 사실을 알았다.

이튿날 아침, 은행에 전화를 걸어 9시에 지점장과 면담 약속을 잡았다. 아직 내 차가 없었기 때문에 어머니가 은행 입구에 나를 내려주었다. 은행 현관을 향해 걸어가는데 혼자서 은행에 들어왔던 적은 한 번도 없다는 생각이 문득 들었다. 어디로 가야 하는지 누구에게 물어봐야 하는지도 몰랐다. 나는 창구로 가서 거기 있는 직원에게 당신이 지점장이냐고 물었다. 그녀는 웃음을 참으며 친절히 말했다. "얘야, 난 아니야. 지점장 사무실은 복도를 따라 죽 걸어가면 오른편에 있단다." 그래서 나는 한없이 길게만 느껴지는 복도를 따라 걸었다.

지점장 사무실에 들어서자 지점장은 자신을 소개하며 내게 앉기를 권했다. 발이 바닥에 겨우 닿을 만큼 커다란 가죽 의자에 앉은 나는 긴장한 탓에 가만히 못 있고 자세를 자꾸 바꿨다. 지점장은 미소를 지으며 말했다. "본론에 들어가기 전에 한 가지 말해두고 싶은 게 있어요. 나는 아가씨 아버님의 굉장한 팬이랍니다. 라디오 방송으로 수백만 명에게 합리적으로 돈 관리하는 방법을 알려주고 계시잖아요? 아주 훌륭한 일을 하고 계신다고 생각해요."

이런.

"그건 그렇고. 면담을 신청한 이유는 뭔가요?" 그가 물었다.

나는 그를 바라보며 잔뜩 긴장한 목소리로 말했다. "저기…, 지점장님. 제가 여기 온 것은 지점장님께 거짓말한 것을 사과드리기 위해서예요."

"무슨 말인지?"

그에게 어제 받은 편지를 보여주었다. "저기, 저는… 음, 은행에 제 돈이 남아 있는 양 수표를 썼는데요, 사실은 돈이 남아 있지 않았고요, 제 수표 세 장이 부도 처리가 됐어요. 그래서 지점장님께 용서를 구하려고 왔어요."

지점장은 나를 한참 쳐다보더니 입을 열었다. "아버님께서 램지 양더러 이렇게 사과하라고 보내셨나요?"

가슴에 북받쳐 오르는 감정을 이기지 못한 나는 눈물을 뚝뚝 흘리며 내답했다. "네, 정말 지독하지 않아요?"

이때 받은 상처로 나는 10년도 넘게 정신건강의학과 치료를 받은 후에야 이 일을 웃으며 얘기할 수 있게 됐다. 물론 이건 농담이고, 진짜로 하고 싶은 말은 그 이후로 나는 단 한 장의 수표도 부도를 낸 적이 없다는 것이다. 게다가 그 지점장은 나를 가엾게 여겨 부도 수수료를 면제해주었다! 그날 아버지는 잊으려야 잊을 수 없는 교훈을 새겨주었다. 스물다섯이 아닌 열다섯에 그런 깨달음을 얻었다는 사실을 나는 무척 기쁘게 생각한다.

여러 연구 결과를 보면 은행은 전체 매출의 3분의 1가량을 각종 수수료에서 얻는다. 그러니까 은행은 사람들이 돈 관리를 제대로 안 할수록 이익을 얻는다는 뜻이다. 내가 지금 은행에 쓸데없이 돈을 갖다 바치는 사람이 되지 않은 데는 지점장과의 괴로운 면담을 통해 깨우친 바가 있었기 때문이다. 아버지가 내린 조치가 극단적이라고 생각하는 사람도 있겠지만, 내가 부주의하게 예산을 초과하고 개인수표 계좌를 부도낸 일은 그때가 처음이자 마지막이었다.

아동기 자녀의 예산 짜기

아이들과 예산을 어떻게 세우는지 설명하기에 앞서 부모들에게 당부할 기본 원칙이 하나 있다. 부모는 매달 가계 예산을 세워야 한다. 본인이 기꺼이 하지 않는 일을 아이들에게 가르칠 수는 없다. 아이들은 말보다는 행동을 보고 배운다고 앞서도 몇 번이나 강조했는데, 예산을 세우는 일도 마찬가지다. 우선 부모가 가계 예산을 세우고, 아이들에게 가르치는 원칙대로 자신도 실천해야 아이들이 그 모습을 보고 배운다. 예산을 짜본 적이 없거나, 솔직히 어떻게 예산을 짜는지 방법을 모르는 사람도 있을 것이다. 하지만 걱정하지 않아도 된다. 예산 세우는 법을 차근차근 따라 해볼 수 있는 무료 예산 양식은 물론 관련 도구나 책, 강좌 등이 매우 많다.

일상에서 교육 소재를 찾아라

14세 미만 아이들은 따로 예산안을 작성할 필요가 없다. 이 나이에는 봉투 시스템이 곧 예산안이다. 소비 봉투, 저축 봉투, 기부 봉투에 돈을 분배하는 법을 가르치고 있으니 이미 예산을 짜는 기본 틀은 가르친 셈이다. 이 내용을 따로 문서로 만들 필요는 없지만, 제4장에서 얘기했듯이 큰 틀의 저축 목표는 글로 명시하기를 권한다. 이렇게 하면 자기가 이루고 싶은 목표가 있을 때 그것을 글로 적는 습관을 붙이게 된다.

 아동기 자녀는 매달 스스로 예산을 수립할 나이는 아니지만, 예산을 세우는 활동에 참여하게 하는 방법은 많으니 창의적으로 생각할 필요가 있다. 최근 한 친구는 내게 토요일 아침마다 자녀와 함께 예산 세우기 수업을 하는 중이라고 말했다. 그녀는 남편과 공동으로 월간 예산을 세우는데, 집안에서 숫자와 기계에 가장 밝은 그녀가 토요일 아침마다 예산안에 따라 온라인 뱅킹으로 일을 처리한다. 그러니까 친구의 네 살배기 딸 애비는 토요일 아침마다 엄마가 식탁에 앉아 노트북과 계산기, 예산안 양식과 현금 봉투를 늘어놓고 일하는 모습을 구경하는 셈이다.

애비는 엄마가 무슨 일을 하는지 정확히 알고 있다. 애비는 놀이방으로 달려가 장난감 금전등록기를 들고 와서는 엄마의 컴퓨터 옆에 올려놓는다. 애비는 10분가량 엄마 곁에 앉아서 돈에 관해 질문을 던진다. 혹은 금전등록기에서 플라스틱 동전을 꺼내 엄마에게 건네면서 말한다. "예산에 이것도 넣어요." 엄마는 딸아이에게 매달 처리해야 하는 긴 목록을 보여준다.

친구는 네 살배기 아이에게 아동용 예산안 양식을 작성하게 하지는 않았지만, 예산을 수립하고 집행하는 시간을 딸아이와 의도적으로 함께했다. 애비가 어떻게 클지 눈에 보이지 않는가? 애비는 매달 예산을 짜고 예산대로 생활하는 모습을 지극히 건전하고 일상적인 일로 인식할 테고, 가령 토요일 아침에 일어났는데 부모가 가계 예산을 집행하지 않으면 그걸 오히려 이상하게 여길 것이다.

아이들도 참여하게 하자

 큰애는 으레 부모들의 실험 대상이 된다. 우리 부부도 장녀인 데니스가 청소년기에 이르기까지 크고 작은 시행착오를 거쳤다. 그 과정에서 교육 방법에서는 우리가 오히려 아이의 수준을 따라 잡지 못한다는 생각을 여러 번 했다.

어느 날 저녁, 나는 식탁에 앉아 그달 공과금들을 처리하느라 개인수표를 작성하고 있었다. 그때 데니스가 다람쥐같이 쪼르르 다가와서는 질문을 던졌다. 그 아이가 열 살이 조금 안 되었을 때다. "뭐 하세요, 아빠?" 솔직히 말하기 창피하지만, 한창 계산에 몰입해 있던 나는 아이가 말을 걸어오는 게 마냥 귀엽게 보이지는 않았다. 내 작업을 방해할 가능성이 농후한 철부지 아이로 보였다. 아이 얼굴을 보니 아버지가 하는 신기한 놀이에 흥미를 느끼는 게 분명했다. 문득, 이때다 싶었다. 이 기회에 아이에게 개인수표 작성하는 법을 가르치면 좋겠다는 생각이 든 거다. 내가 꼬마였을 때 잔디 깎는 일을 하고 개인수표 쓰는 법을 배운 기억이 나서 데니스에게도 한번 가르치는 게 좋겠다고 판단했다. 아이는 내 옆에 놓인 의자에 올라와 무릎을 꿇고 허리를 꼿꼿이 세운 자세로 내가 지시하는 대로 수표를 쓰기 시작했다.

그러다가 예기치 못한 일이 일어났다. 그 아이는 전기요금을 낼 수표에 238달러라고 쓰다가 갑자기 멈췄다. 아이는 무슨 생각이 떠오른 듯 나를 쳐다보더니, 전기요금이 왜 이렇게 많이 나오는 거냐며 놀라워했다. 그래서 나는 그 금액은 겨우 한 달 치라고 알려주었다. 그러자 아이는 "그래서 엄마가 우리가 밖에 놀러 나갈 때면 늘 방의 불을 끄라고 하신 거네요"라고 말했다.

이럴 수가! 데니스는 그날 개인수표 쓰는 법만 배운 게 아니라 그 금액이 어떤 의미를 지니는지도 이해했다. 나는 깜짝 놀랐다. 데니스는 그렇게 잠시 내 옆에서 경리 업무를 맡았다. 데니스의 관심은 금세 다른 데로 옮겨갔고, 그에 따라 아이도 자리를 떴지만 그때의 경험을 나는 절대 잊지 못한다. 그리고 전기회사 직원이 수표 봉투를 열었을 때 수취인란에 적힌 초등 3학년 아이의 글씨체를 보고 무슨 생각을 했을지도 자못 궁금하다.

예산을 세우는 부모에게 예산을 배운다

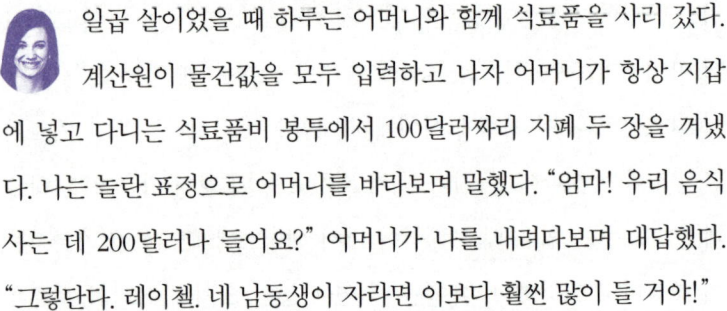

일곱 살이었을 때 하루는 어머니와 함께 식료품을 사러 갔다. 계산원이 물건값을 모두 입력하고 나자 어머니가 항상 지갑에 넣고 다니는 식료품비 봉투에서 100달러짜리 지폐 두 장을 꺼냈다. 나는 놀란 표정으로 어머니를 바라보며 말했다. "엄마! 우리 음식 사는 데 200달러나 들어요?" 어머니가 나를 내려다보며 대답했다. "그렇단다. 레이첼. 네 남동생이 자라면 이보다 훨씬 많이 들 거야!"

그때 일로 나는 어렸을 때도 돈을 벌고 예산을 세우고, 식료품 등에 돈을 소비하는 일 사이에 어떤 관계가 있는지 어렴풋이나마 이해하기 시작했다. 이런 점들을 일찍부터 배울 수 있었던 이유는 부모님이 예산에 맞춰 생활하는 모범을 보였기 때문이다. 더욱이 어머니는 예산을 어떻게 운용하는지 현장을 경험할 시간도 마련해주었다.

아이들은 집안에서 오가는 대화만 들어도 예산과 관련된 용어를 배울 수 있다. 나는 어렸을 때 "그건 예산에 없어!"라는 말을 얼마나 많이 들었는지 모른다. '예산'이라는 말이 심한 욕처럼 들릴 때도 더러 있었지만, 나는 한 가지 중요한 개념을 배웠다. 예산은 경계를 설정한다. 돈을 어떻게 쓸지 계획을 세울 때 각자에게 맞는 한계를 규정한다는 데 가장 큰 의미가 있다.

부모가 그 한계를 준수할 때 아이들은 강력한 주문 하나를 배운다. 하지만 요즘 우리 사회에서는 이 주문은 쓰지 못하도록 낙인을 찍는다. 아이들을 존중하는 차원에서 또는 아이들에게 편견을 형성할까 봐 두려워서 소신 있게 이 주문을 외치지 못하는 부모가 많다. 바로 "안 돼!"라는 주문이다. 그렇지만 이 주문은 아이들이 그 뜻을 이해하지 못할 때조차 힘을 발휘한다. 안 된다고 말하라. 아이들이 원하는 것뿐 아니라 부모 자신이 원하는 것에 대해서도 "안 돼!" 하고 외칠 수 있어야 한다. "우린 그걸 살 형편이 안 돼." "안 돼. 그건 예산에 들어 있지 않아." "안 돼. 오늘은 필요 없어." 어린아이들은 부모가 하는 그 말에 어떤 가치가 있는지 제대로 이해하지 못할 수도 있다. 그렇지만 재정적으로 넘어서는 안 되는 경계가 있음을 차차 배워나갈 것이다. 내 말을 믿어도 좋다.

청소년기 자녀의 예산 짜기

고등학생 그룹을 대상으로 예산 수립에 대해 강연할 때마다 아이들은 한결같은 반응을 보인다. "예산을 짠다고요? 농담하세요? 돈이 없는데요!"

그러면 나는 항상 똑같이 대답한다. "아니, 있어! 너희가 아르바이트로 번 돈도 있고, 부모님께 받은 용돈도 있고. 그러니까 너희한테도 매달 들어오는 돈이 있는 거야. 이젠 그 돈을 어디에 쓸지 계획을 세워야 해."

십대 아이에게 처음으로 돈 관리하는 법을 가르치는 경우, 예산을 짜는 법에 대해 헷갈리는 부분이 생길 수 있다. 십대 자녀에게 모든 비용을 대주는 부모도 있고, 목돈이 들어가는 품목만 지원하는 부모도 있고 가정마다 지원 형태가 다르기 때문이다. 어느 쪽이 옳고 어느 쪽이 그르다고 말하기는 어렵다. 다만, 십대 자녀가 예산을 세울 때 필요한 몇 가지 지침이 있는데, 그것만 잘 지키면 된다.

미리 정한 계획대로

열네 살 아이나 쉰네 살 어른이나 예산을 짠다고 하면 이는 곧 계획대로 생활하는 것을 말한다. 스티븐 코비Stephen Covey는 《성공하는 사람들의 7가지 습관The 7 Habits of Highly Effective People》에서 성공한 사람들은 자신의 삶을 주도하는 습관이 있다고 말한다. 성공한 사람들은 일이 닥쳤을 때 '대응'하기보다는 상황을 '주도적으로' 이끈다. 주도적인 사람들은 앞을 내다볼 줄 알고 성숙하기 때문에 주어진 상황 때문에 피해자가 되는 경우는 드물다. 자녀에게 예산을 수립하는 법을 가르치는 것은 곧 미래를 계획하는 법을 가르치는 것이다. 리더십 전문가로 잘 알려진 존 맥스웰John Maxwell은 "예산은 돈이 어디로 갔는지 궁금해하는 대신 돈이 어디로 가야 하는지 지시하는 것"이라고 했다. 동기부여 전문가이며 내 친구이기도 한 지그 지글러 Zig Ziglar는 "아무 목표도 세우지 않는다면 매사에 실패할 뿐"이라고 자주 말했다. 만약 부모가 세 살 또는 열세 살짜리 아이에게 돈을 어디에 썼느냐고 물었을 때 어리둥절한 표정으로 쳐다본다면, 그 아이는 무의식적으로 돈을 쓸 뿐이고 미리 목표를 세우거나 계획을 세우지 않는다는 뜻이다.

앞을 내다보고 계획하는 법을 배우면 생활 전반에 활용할 수 있다. 예컨대, 기말 과제를 어떻게 작성할지 미리 계획을 세우면 마감 전날 뜬눈으로 밤을 지새울 일이 없다. 또 수강 계획을 미리 잘 짜면 나중에 학점이 모자라 졸업을 못 할 일은 없다. 그뿐이랴. 여자친구와 어떻게 저녁 시간을 보낼지 계획을 세워두면 여자친구를 집에서 데리고 나올 때 그녀의 아버지에게 미리 일정을 알려줄 수도 있다. 그처럼 신사다운 처신은 분명 점수를 딸 테고 말이다. 부모라면 누구나 자녀가 이렇게 삶을 설계할 줄 아는 특별한 아이로 자라길 바랄 것이다. 앞일을 생각하며 계획하는 법을 배운 아이들은 매사에 흔들림 없이 자신감 있게 살아간다. 갑자기 들이닥치는 상황에 허둥지둥하지 않고 인생을 주도하며 살아갈 테니 말이다.

재무 관리 다섯 원리

아동기 자녀에게는 소비와 저축, 기부 목표 모두 단순한 게 좋다. 그래서 소비·저축·기부 봉투 방식이 잘 맞는다. 하지만 아이들이 청소년기에 들어서면 사정이 달라진다. 십대 아이들이 우선순위를 올바로 세울 수 있도록 돕기 위해 다섯 가지 기초 원리를 제안하겠다. 이 다섯 가지 원리는 아이가 주도적으로 미래를 계획하고 현명하게 돈을 관리하는 데 유용한 도구로, 편의상 '다섯 원리'라 부른다.

다섯 원리

1. 비상금 500달러를 저축한다.
2. 빚을 지지 않는다.
3. 현금으로 자동차를 구매한다.
4. 현금으로 대학 학자금을 낸다.
5. 부를 쌓고 기부한다.

첫째 원리는 제4장에서 살핀 대로 비상사태에 대비하여 저축을 하라는 것이다. 십대 아이들에게는 비상사태에 대비해 500달러를 저축하라고 권한다. 십대 아이에게 비상사태가 무엇을 의미하는지 잘 모르겠다면 제4장을 다시 훑어보기 바란다.

둘째, 장기적으로 볼 때 성공을 보장하기 위해서는 반드시 빚이 없어야 한다. 부채에 대해서는 다음 장에서 다룰 텐데, 간략히 언급하자면 '어떤' 이유로든 '누구'에게든 '무엇'이라도 빚을 졌으면 부채다. 자동차 할부금, 신용카드 대금, 학자금 대출도 모두 부채다. 모든 부채는 우리의 미래를 좀먹고 경제적 성공을 가로막는다. 따라서 이 사실을 일찍 깨달을수록 좋다.

셋째와 넷째 원리는 미국의 청소년과 젊은이들이 가장 많은 돈을 쓰는 품목 두 가지에 대한 원칙이다. 청소년기에 들어서면 자동차 구입비와 대학 학자금을 현금으로 낸다는 원칙 아래 재무 관리를 해야 한다.

다섯째, 부를 쌓고 그 부를 나눠야 한다. 기부는 우리가 돈을 모으는 가장 중요한 이유이자 또 우리에게 가장 많은 기쁨을 주는 활동이다. 부모는 십대 아이들에게도 장기적 관점에서 투자에 대해 가르쳐야 한다. 자동차 구입비와 대학 학자금을 저축하느라 바쁜 청소년이라면 개인연금 계좌에 넣을 돈까지 마련하라고 할 수는 없을 것이다. 하지만 이것이 곧 투자 방법에 대해 가르칠 필요도 없다는 말은 아니다. 앞서 언급했듯이, 우리 아버지는 일부러 시간을 내어 뮤추얼 펀드가 어떻게 운용되는지 설명했다. 그때는 고등학생이라서 실제로 내 돈을 한 푼이라도 투자하기까지는 오랜 세월이 흘러야 했다. 하지만 아버지와 대화를 나누면서 조기 투자의 중요성을 익혔기 때문에 처음 직장을 구했을 때 그 돈으로 무엇을 해야 할지 계획이 잡혔다.

이상의 다섯 원리는 십대 아이들이 예산을 세울 때 무엇을 우선으로 해야 하는지 알려준다는 점에서 가치가 크다. 다섯 원리에 따라 우선순위를 정하고 장기적 관점에서 재무 목표를 설정하면 한 달 예산을 제대로 짤 수 있다. 내가 만나본 학생들은 대부분 자기가 어디를 향해 나아가는지 알지 못했다. 우선순위와 목표가 없는 학생들은 자기가 번 돈을 어디에 썼는지도 모른 채 십대 시절을 방황한다. 더 심각한 문제는 돈을 규모 있게 관리하고, 험난한 세상에 대비해 저축하는 법을 배우고, 성공의 기반을 다질 수 있는 인생의 가장 좋은 시기를 놓치고 있다는 점이다.

자녀의 개인 계좌 개설하기

자녀가 열네 살이 넘으면, 소비·저축·기부 봉투 방식의 교육을 졸업하고 직접 수표 계좌를 개설해 이용할 때다. 그래도 되는지 걱정이 앞서겠지만, 이는 앞으로 계속 나아가기 위한 중요한 한 걸음이다. 십대 아이가 수표 계좌를 이용하려면 배울 게 많다. 은행에 가서 용무를 처리하는 법, 온라인으로 계좌를 확인하고 잔액이 일치하는지 점검하는 법, 개인수표를 쓰는 법 그리고 좀 더 어른답게 자기 돈을 책임지는 법 등을 배워야 한다. 물론 이 과정에서 실수도 저지를 것이다. 나도 그랬다. 실수가 없다면 좋겠지만 그래도 아직은 부모가 옆에서 붙잡아줄 수 있으니 괜찮다. 수표 계좌를 쓰면서 실수를 하는 게 건너야 할 하나의 과정이라고 친다면, 실수하기에 이때만큼 좋은 시기도 없다.

만약 재정이 허락한다면 우리 부모님이 내게 했던 방식을 권하고 싶다. 부모가 십대 자녀에게 매달 소비하는 전체 금액을 계산해보자. 이 비용에는 의류비와 스포츠 활동비, 점심 식사비 그리고 자녀의 자동차가 부모 명의로 되어 있다면 그 보험료까지 포함한다. 매달 꼬박꼬박 가계부를 작성했다면 아이 앞으로 나가는 비용이 얼마인지 잘 알 것이다. 부모가 그 돈을 직접 내거나 그때그때 개인수표를 써서 아이에게 건네지 말고, 다음 달에 들어갈 총비용을 계산해서 아이의 은행 계좌로 입금한 뒤 아이가 직접 계좌에서 돈을 꺼내 쓰도록 하자. 이는 돈을 자녀가 관리해야 한다는 뜻이다. 다시 말해, 예산을 세우고 정해진 예산대로 돈을 쓰는 것이 부모의 책임이 아니라 자녀의 책임이 되어야 한다는 얘기다.

자녀의 계좌 관리 점검하기

나 역시 십대 아이들이 책임감 있게 예산을 세우고 돈을 직접 관리할 줄 알아야 한다고 생각한다. 다만 이때 부모는 자녀에게 그만한 능력이 있음을 확인할 때까지 지켜보고 관리해야 한다. 아이 이름으로 계좌를 하나 열고 돈을 입금한 뒤 알아서 잘 하겠거니 하고 내버려둬서는 안 된다. 부모는 아이가 계좌를 제대로 관리하는지 수시로 지켜보고, 모자라는 부분을 가르쳐야 한다. 그리고 아이가 의사결정 능력이나 계좌 관리 능력이 좋아지면 부모는 차츰 뒤로 물러나면 된다.

나는 우리 아이들에게 한 달에 한 번씩, 은행에서 보내는 거래내역서를 보면서 예금 잔액이 일치하는지 확인하도록 시켰다. 그리고 나는 옆에서 아이들이 잔액을 제대로 확인하는지 살폈다. 이렇게 하는 과정에서 나도 아이들의 모든 거래내역을 살필 기회가 생겼고, 아이들이 계좌를 더 잘 관리할 수 있도록 가르칠 수 있었다. 우리는 아이들에게 예금액과 직불카드 거래내역을 평소에 모두 기록하게 했고, 온라인으로 쉽게 잔액을 확인하는 법을 가르쳤다. 우리 집에서는 거래내역서를 보면서 한 달 치를 전부 확인할 필요도 없었다. 아이들은 자기가 돈을 쓴 내역을 꾸준히 기록했기 때문에 잔액이 얼마인지 정확히 알았다.

십대 아이들에게 계좌를 관리하도록 가르치고 점검하는 게 부모가 할 일이다. 그리고 이 작업은 아이들이 독립하기 전에 마쳐야 한다. 우리 집 세 아이는 우리가 매달 수립한 예산 안에서 대학 생활 4년을 보냈다. 대학에 다니는 동안 아이들이 돈 문제로 SOS 요청을 한 적은 거의 없다. 이유가 무엇일까? 고등학교 때 내내 자기들의 계좌를 관리했기 때문이다. 통계에 따르면, 미국 성인의 98퍼센트는 한 달 예산을 세워 거기에 맞춰 생활하고 차질 없이 은행 잔액을 관리하는 데 어려움을 겪는다고 한다. 하지만 우리 아이들은 대학에 입학할 때 이미 능숙하게 예산을 짜고 자기 계좌를 관리할 줄 알았다.

실패해도 안전한 장소를 제공하자

청소년기 자녀에게 계좌를 이용하는 방법을 부모들에게 설명할 때면 대부분이 깜짝 놀라 입을 다물지 못한다. 더러는 이렇게 반문하는 분들도 있다. "도대체 뭘 하라고요? 그 돈을 계좌에 넣어주면 아이들이 자기들 하고 싶은 대로 몽땅 써버릴 수도 있잖아요. 돈을 그냥 날리라는 얘긴가요?"

이해한다. 이렇게 생각하면 참 겁나는 일이다. 하지만 다시 생각해보자. 아이는 언젠가는 자기 은행 계좌를 책임져야 한다. 어느 쪽이 더 겁나는가? 부모의 감독 아래 계좌를 관리하면서 배우는 쪽인가, 아니면 나중에 커서 혼자 계좌를 관리하면서 시행착오를 겪는 쪽인가? 후자의 경우, 아무 제약 없이 돈을 쓰면서 정말로 한심한 결정을 내려 엄청난 실수를 저지를 수도 있다! 하지만 부모의 보호 아래서 배우면 그 정도의 불상사는 막을 수 있다. 자녀가 계좌 관리 방법을 익히는 데 이보다 더 안전한 시기는 없다. 청소년기 자녀에게 돈을 위탁하는 일이 위험해 보일 수도 있다. 하지만 이 방법이 아무리 위험한들, 계좌를 관리하는 법도 가르치지 않은 채 아이를 세상에 내보내 수백 달러를 혼자 관리하게 하는 것보다는 낫지 않겠는가?

아버지는 늘 우리에게 만약 실패해도 당신이 아직 우리를 붙잡아줄 수 있을 때 실패를 경험하는 게 좋다고 말했다. 그렇다. 자녀가 실패할 때 안전망이 되어주는 게 훌륭한 부모의 자세다. 또 아무 지침이나 무기도 없이 큰돈을 맡길 것도 아니니 크게 걱정하지 않아도 된다. 돈을 맡기기 전에 아이들에게 스스로 예산 세우는 법을 가르칠 테니까 말이다.

카드와 진짜 돈

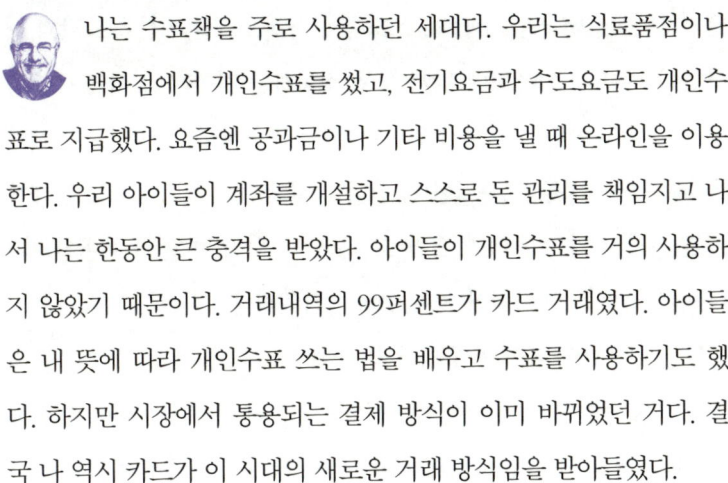나는 수표책을 주로 사용하던 세대다. 우리는 식료품점이나 백화점에서 개인수표를 썼고, 전기요금과 수도요금도 개인수표로 지급했다. 요즘엔 공과금이나 기타 비용을 낼 때 온라인을 이용한다. 우리 아이들이 계좌를 개설하고 스스로 돈 관리를 책임지고 나서 나는 한동안 큰 충격을 받았다. 아이들이 개인수표를 거의 사용하지 않았기 때문이다. 거래내역의 99퍼센트가 카드 거래였다. 아이들은 내 뜻에 따라 개인수표 쓰는 법을 배우고 수표를 사용하기도 했다. 하지만 시장에서 통용되는 결제 방식이 이미 바뀌었던 거다. 결국 나 역시 카드가 이 시대의 새로운 거래 방식임을 받아들였다.

청소년기 자녀가 진짜 돈을 쓰고 있다고 인식하도록 하는 게 중요하다. 단순히 계좌에 찍힌 숫자가 아니라 '진짜' 돈을 다룬다는 점을 규칙적으로 상기시켜야 한다. 십대 아이들이 현금이 아니라 카드를 쓰면 진짜 돈을 쓴다는 감각이 없어서 소비를 억제하지 못할 위험이 크다. 마치 비디오게임이나 컴퓨터게임을 하듯 돈 쓰는 일을 쉽게 생각하기 쉽다. 하지만 '진짜' 돈을 내는 것인 만큼 아이들이 직불카드를 쓸 때 과소비를 하지 않도록 지켜보고, 문제가 생기면 개입해서 바로잡아야 한다. 이는 십대 아이들만 겪는 문제는 아니다. 현금 대신 신용카드를 자주 사용할 경우 어른들 역시 돈에 대한 감각이 무뎌

져 과소비에 빠지는 사례가 많다.

예산안에 적힌 대로, 용도에 맞게 사용하라

핵심은 매달 예산을 세우고 예산에 맞게 돈을 소비하는 데 있다. 나는 십대 아이들에게도 어른과 똑같이 예산을 편성할 때 영기준예산법zero-based budget을 쓰도록 한다. 즉, 그달 예산을 그달의 예산안에 적힌 지출 용도에 맞게 모두 소비하는 것이다. 그러면 새로운 달은 항상 '0'에서 시작하게 된다. 나이를 막론하고 이 방법으로 예산을 세우는 게 가장 효과적이다. 만약 계좌에 들어 있는 돈 중에 예산에 편성되지 않은 돈이 있으면 그 돈은 쓸 수 없는 돈이나 마찬가지다. 예산이란 돈을 어디에 쓸지 정하는 작업이다.

십대 아이와 예산 세우기에 대해 대화를 나누는 일은 결코 쉽지 않다. 나는 아이들한테서 온갖 변명을 듣는다. "하지만 레이첼 선생님, 저는 겨우 고등학생인걸요. 제 재산이라고는 생일에 받은 아이튠즈 상품권과 반쯤 비어 있는 스타벅스 컵이 다예요!" 이해한다. 하지만 나중에 아르바이트를 하거나 부모가 자녀 은행 계좌로 한 달 생활비를 입금하는 경우에 이들이 관리할 돈은 결코 '푼돈'이 아니다. 이는 가정에서 부모가 달마다 예산을 세우듯 그 아이도 실제로 예산을 세워 자기 돈을 관리해야 한다는 의미다. 어릴 때부터 예산을 세우다 보면 지출의 한계에 대한 인식이 뚜렷해진다.

가장 쉽게 예산을 세우는 방법은 종이를 이용하는 것이다. 우리 아버지와 어머니는 오랜 세월 노란색 종이에 줄이 그어져 있는 공책에다 예산을 작성했다. 원한다면 이보다 훨씬 세련된 도구도 구할 수 있겠지만, 사실 종이 한 장이면 충분하다. 이 책 맨 뒤에는 자녀들이 예산을 짜는 데 도움이 될 만한 학생용 기본 예산안을 부록으로 제시해두었다. 그 양식을 이용하든 소프트웨어를 이용하든 아니면 온라인 도구나 모바일 앱 혹은 그냥 공책을 이용하든 상관없다. 어떤 경우든 청소년기 아이들의 예산 수립 절차는 꽤 단순한 편이다.

월 초가 되면 자녀와 함께 앉아 예산을 세우자. 먼저, 그달에 들어올 모든 소득과 부모에게 받을 돈을 전부 더한다. 소득 항목에는 아르바이트로 벌어들이는 소득, 집안일을 하고 돈을 받는 경우에는 그 수고비, 부모가 생활비로 제공하는 돈 그리고 그 밖의 기대소득을 모두 적는다. 이 금액을 모두 더해서 나온 총액을 종이 맨 위에 적는다. 총소득 금액이다. 이는 자녀가 한 달간 소비할 수 있는 총액이므로 정확하게 계산해야 한다.

그런 다음 한 달간 지출하고 싶은 내역을 빠짐없이 적게 한다. 지출 항목에는 의류 구입비와 스포츠클럽 이용료, 자동차 연료비를 비롯해 돈이 들어가는 '모든 품목'을 써야 한다. 친구와 영화를 볼 계획이 있으면 그 입장권 가격도 써야 한다. 친한 친구 생일이 다가오면 선물을 준비해야 할 테니 그 금액도 적는다. 종이에 기록하지 않은 항목은 예산에 없으니까 돈을 쓸 수 없다. 따라서 지출 항목을 빠뜨리지 않도록 부모가 곁에서 도와주기 바란다. 그렇게 꼼꼼히 준비해도 예상치 못한 일로 돈 쓸 일은 생기기 마련이다. 이에 대비해 기타 잡비 항목을 추가하는 게 좋다.

굳이 말하지 않아도 다들 알겠지만, 우리 집에서는 늘 '기부'를 지출 항목에다 가장 먼저 적는다. 모든 것은 하나님의 소유이므로 우리 돈으로 제일 먼저 해야 할 일은 기부라는 뜻이다. 그다음 두 번째로 중요한 일이 '자기'에게 돈을 지급하는 일이다. 따라서 지출 두 번째 항목에는 '저축'할 돈을 적는다. 만약 이 두 가지 항목을 예산안에 제일 먼저 편성하지 않으면 "예산을 작성하고 나니 돈이 모자라서 기부도 못 하고 저축도 할 수가 없어요!" 하고 변명하는 십대 아이들을 보게 될 것이다. 물론 어른들도 예외는 아니다. 그럴 때 나는 지출 항목을 거꾸로 다시 써보라고 한다.

예산에는 아이들의 행동을 바꾸는 힘이 있다. 기부 금액과 저축 금액을 예산에 편성하면 아이들이 실제로 기부하고 저축한다. 일상의 걱정거리보다 기부와 저축이 더 중요한 사안이 되어야 비로소 기부와 저축을 할 수 있다. 또 기부금과 저축금을 예산에 우선적으로 편성하지 않는다면 기부와 저축이 중요한 사안이라고 볼 수도 없다. 충동적으로 거금을 기부하는 사람은 거의 없다. 또 개인연금 계좌에 돈을 충동적으로 납입하는 사람도 별로 없다. 기부와 저축은 성숙한 사람만이 할 수 있는 행동이다. 어른은 계획을 세우고 이를 따르지만, 아이들은 기분 내키는 대로 행동하기 십상이다. 부모로서 나는 우리 아이들이 나중에 몸집만 큰 어른이 아니라 어른다운 어른이 되었으면 하는 바람으로 양육에 힘썼다. 그래서 샤론과 나는 아이들이 커갈수록 더 많은 재량권을 부여해 책임감을 키우고 경험을 쌓도록 했다.

십대 자녀와 함께 지출 항목을 모두 기록하고 나면, 이제 간단한 셈을 할 차례다. 소득에서 모든 지출을 빼보자. 만약 지출이 소득보다 많으면, 자기가 벌어들이는 돈보다 더 많이 쓴다는 얘기다. 그러면 다시 돌아가 몇몇 항목을 수정해 지출 금액을 삭감하도록 지도해야 한다. 그게 아니고 돈이 남으면, 다시 돌아가 지출 항목을 추가하거나 앞서 말한 다섯 원리를 따라 항목을 점검해야 한다. 다섯 원리를 확인하면서 자기에게 필요한 항목에 돈을 할당하면 된다. 비상금 500달러를 모으지 못했으면, 비상금 저축에 남은 돈을 할당하면 되고, 자동차를 구매할 생각이라면 그 돈을 모으는 데 보태면 된다. 최종적으로 예산안 맨 아래에 나오는 값이 0이 되도록 만들어야 한다. 들어오는 소득을 한 푼도 빠짐없이 '예산'으로 편성하고, 그 '용도'를 결정해야 한다는 뜻이다. 이것이 앞서 말한 영기준예산법이다.

청소년기 자녀에게 예산 세우는 법을 가르칠 때 부모가 염두에 둬야 할 점이 있다. 예산 세우기는 어른들에게도 만만치 않은 작업이라는 점이다. 청소년이라고 해도 아직은 성숙하지 못하므로 어떤 날은 혼자 옷 입는 것도 짜증 내며 어려워할 때가 있지 않은가. 그런 점을 고려하여 매달 빠짐없이 예산을 세우도록 아이들을 구속할 필요가 있다. 한 차례 교육으로 끝날 일이 아니라는 뜻이다.

십대 아이에게 뭔가를 가르치다 보면 속이 부글부글 끓을 때가 한두 번이 아닐 것이다. 아이에게 참을성에 대해 딱 한 번 가르쳐놓고 모범시민상을 받아오길 바랄 수는 없듯이 예산 교육도 마찬가지다. 부모는 꾸준히 가르쳐야 한다. 성과가 단박에 눈에 보이는 것도 아니다. 아이들이 스물다섯이 되고 스물여섯 살이 되어 어느 날 '우리 부모가 그렇게 못되고 꽉 막힌 사람들은 아니었구나' 하고 깨닫는 날이 오면 그때 비로소 당신이 교육을 제대로 했다는 걸 알 수 있다. 나는 스물네 살이 되고 나서야 우리 부모님이 슬기로운 분들임을 깨달았다. 그러니 인내해야 한다. 원칙을 밀어붙여야 한다. 때로는 서른네 살 먹은 어른하고 얘기하는 느낌이 들다가 금세 네 살짜리와 실랑이하는 심정이 되기도 할 것이다. 그러나 포기해서는 안 된다.

특별 지출에 대비해 예산 세우기

영기준예산으로 매달 돈을 관리하는 법을 배웠으면, 그달에 쓸 돈은 아니지만 앞으로 있을 특별한 행사 등을 대비해 예산을 세우고 목돈을 마련하는 법도 익혀야 한다. 가령, 지금이 3월인데 십대 자녀가 친구들에게 줄 크리스마스 선물을 미리 준비한다고 치자. 아니면 지금이 1월인데, 축제의 달 5월의 완벽한 무도회 의상을 꿈꿀지도 모른다. 이렇게 곧 있을 행사를 대비해 '특별 지출' 항목을 만들어 매달 예산에 편성해야 한다. 이 책의 맨 뒤에 부록으로 '특별 지출 예산안'을 실었으니 참고하기 바란다.

이 예산안 양식을 어떻게 사용하는지 살펴보자. 해당 항목(무도회 의상, 봄방학 여행 등)을 기록하고 돈이 얼마나 드는지 적는다. 그리고 그 돈을 마련하기까지 몇 달이 남았는지 적는다. 필요한 돈을 남은 개월 수로 나누면 그 목표를 달성하기 위해 매달 얼마를 저축해야 하는지 알 수 있다. 간단한 산수 아닌가? 월별 예산에 이 저축 금액을 할당해서 때가 되면 목돈을 손에 쥘 수 있어야 한다. 만약 두세 달이 넘게 돈을 모아야 한다면 그 돈을 별도의 예금 계좌에 따로 관리하기를 권한다. 계좌를 분리해두면 어느 틈엔가 봄방학 여행비가 사라지는 참사를 막을 수 있다. 특별 지출에 대비해 저축하는 돈을 모두 별도의 계좌에 입금하라는 말은 아니다. 두 달 안에 지출할 돈이라면 모두 하나의 예금 계좌에 관리해도 괜찮다.

특별 지출에 대비한 저축을 계획하고 월별 예산을 세우는 게 물론 바람직하지만, 그 일에 지나치게 열을 올릴 필요는 없다. 십대 아이들이 예산 수립에 익숙해지도록 하는 데 목적이 있으므로 고정 지출에 특별 지출까지 완벽하게 예산을 세우라며 닦달하지 말아야 한다. 아이들에게는 실수할 자유를 줘야 한다. 부모는 아이들이 예산을 수립하는 과정을 긍정적으로 받아들이고 그 시간을 좋아할 수 있도록 또 그로 인한 편익을 제대로 경험할 수 있도록 이끌어야 한다. 만약 부모가 매달 월별 예산을 짰는지 일일이 감시하고 또 보름에 한 번씩 회계 감사를 한다면 어떻게 될까? 그 아이는 대학에 들어가 부모 눈에서 벗어나자마자 예산 따위는 거들떠보지도 않을 것이고, 미래는 위태롭게 흔들릴 것이다. 원칙에 매이는 율법주의자도 좋지 않고, 자녀에게 무조건 퍼주는 부모도 좋지 않다. 청소년기 자녀에게 예산 세우는 법을 가르칠 때도 부모는 균형감각을 잃지 말아야 한다.

부모들에게 전해줄 참으로 기쁜 소식이 있다. 열다섯 살부터 예산에 맞춰 생활하는 법을 배운 아이들은 10년 뒤에 세상에 나갈 때 자신만만하게 세상에 맞설 것이라는 사실이다. 요즘 젊은이들에게서는 보기 드문 의연한 자세로 말이다.

계획, 계획이 중요하다

부모는 자녀가 미래를 계획하고 예산을 세우고 삶을 주도적으로 살아가는 '성숙한' 어른이 되도록 가르쳐야 한다. 피해자 행세를 하며 평생 누군가에게 기생하거나 다른 사람이 자신을 구제해주기를 기다리는 사람은 성숙한 어른이라고 할 수 없다. 예산을 짜고 이를 집행하는 일을 가르치는 일은 자녀에게 어른이 되는 법을 가르치는 일이나 마찬가지다. 미래를 계획하는 성숙함은 삶 전반에 걸쳐 꼭 필요한 자질이다. 그러니 세 살 아이에게 미리 계획을 세우고 몇 주간 저축을 하면 장난감을 구매할 수 있다는 사실부터 가르치자. 그리고 점진적으로 훈련 단계를 올려서 나중에 대학생이 되면 자기 은행 계좌를 관리하게 하고, 또 결혼식 예산도 야무지게 관리하는 사람으로 성장시켜야 한다.

너무 겁낼 것까진 없다. 이번 장에서 소개한 원칙을 따르면, 돈 문제에 똑똑하게 처신하는 아이로 양육할 수 있다. 그뿐 아니라 부모 자신도 돈 문제에 현명하게 처신하고, 매사 흔들림 없이 자기 책임을 다하는 진짜 어른으로 성장할 것이다. 내 장담하건대 서른두 살 철없던 시절로 퇴행할 일은 절대 없을 것이다.

제 7 장

| 부채 |

부채는
독이다

'오, 이거 재밌겠는데.' 그 남자가 레스토랑 식탁에 조그만 신용카드를 올려놓는 걸 보고 나는 생각했다. 그때가 11월이었고 나는 대학 2학년생이었다. 그토록 데이트 신청을 받고 싶었던 한 남자에게서 데이트 신청을 받아 저녁 시간을 함께 보내는 중이었다. 캠퍼스를 오가면서 그의 얼굴을 보고, 나는 1년 넘도록 멀리서 짝사랑을 키웠다. 그 남자가 마침내 저녁 식사를 함께하자고 제안했을 때 나는 황홀했다! 그는 나를 차에 태워 식당으로 향했다. 첫 데이트인 만큼 긴장되고 떨렸지만 그날 저녁은 유쾌하고 즐거웠다. 식사를 하며 대화를 나누는 내내 우리 두 사람은 죽이 잘 맞았다. 그리고 계산서가 나왔다. 나는 빚지지 않는다는 신념으로 살지만 그렇다고 주변 사람들을 붙잡고 내 원칙을 강요하는 사람은 아니다. 그래도 다른 사람들이 돈을 어떻게 다루는지 늘 눈여겨보는 편이었고, 그가 지갑에서 무엇을 꺼낼지 호기심이 발동했다. '직업적 호기심'이라고 해두자. 1년 넘게 짝사랑하던 그 친구는 캐피탈 원 카드를 꺼내 들었다. 카드에는 비상하는 독수리가 그려져 있었다. 그 순간 아버지가 큰 가위를 들고 나타나 신용카드 자르기 신공을 선보이길 바라는 마음이 얼핏 들었다.

'우리 관계가 끝까지 간다면 이 일은 참 재밌겠는데'라는 생각을 했다. 그리고 우리 관계는 예상대로 무척 흥미로웠다. 그 남자가 바로 지금 내 남편이다. 우리는 요즘도 남편이 나를 만나고 처음 여섯 달 동안 독수리가 그려진 캐피탈 원 카드로 데이트 비용을 냈던 얘기를 하며 배꼽을 잡고 웃는다. 관계가 진지해지고 결혼 얘기를 하면서부터 우리가 돈에 관해서 의견일치를 본 것은 물론이다. 내가 그의 팔을 비틀어 카드를 버리게 한 건 아니다. 남편은 자발적으로 독수리를 떠나보냈다.

부채란 무엇인가

우리 사회는 부채의 개념을 혼동하는 이들이 많다. 그러니 이를 분명하게 정의하고 넘어갈 필요가 있다. '어떤 이유'로든 '누구에게'든 '무엇'이라도 빚을 졌으면 부채다. 신용카드 대금은? 부채다. 자동차 할부금은? 부채다. 주택자금 대출금은? 부채다. 학자금 대출은? 당연히 부채다.

그들이 퍼뜨리는 새빨간 거짓말

"저는 빚지는 게 참 좋아요! 은행에 수만 달러를 빚져서 몹시 기뻐요! 저는 복 받은 사람이에요!"라고 말할 사람은 아무도 없을 것이다. 정신 나간 사람이 아니고서야 어떻게 이런 말을 하겠는가. 하지만 이런 말은 어떤가?

"자동차는 늘 할부로 구매해."

"집을 사려면 당연히 대출을 받아야지."

"학자금은 유익한 빚이야."

당신의 자녀는 앞으로 살면서 이런 거짓말을 밤낮으로 듣게 될 것이다. 그것도 당신이 생각하는 것보다 훨씬 빨리. 요즘 아이들은 역사상 가장 빚을 많이 지는 세대에 속한다. 미국 대학에 들어가 학교를 졸업할 때까지 대학생이 지는 빚은 평균 3만 8,000달러에 달한다.● 직장을 구하기도 전에 말이다! 하지만 이 같은 재정적 위기에 빠지지 않도록 자녀를 교육할 기회가 있으니 부모 입장에서는 천만다행이라 하겠다. 앞에서 얘기했듯이, 머리로만 이해해서는 돈 문제에서 승리할 수 없다. 이 문제에서 지식이 차지하는 비중은 겨우 2할이고, 나머지 8할은 '행동'이다. 자녀가 아직 독립하기 전이라면 부채 없이 살면서 돈 문제에서 승리하는 법을 가르치기에 더없이 좋은 시기다.

● 한국장학재단이 발표한 '2024년 학자금 대출 현황'에 따르면 한국 대학생들은 1인당 약 1,100만 원의 빚을 지고 있는 것으로 나타났다 – 옮긴이.

빚을 권하는 사회

미국에서 보통의 삶이란 곧 파산을 의미한다. 그러니까 당신의 자녀가 보통 사람들처럼 살면서 재무 관리를 보통 수준에서 하면 머지않아 파산을 맞이할 것이라는 얘기다. 내 책《절박할 때 시작하는 돈 관리 비법The Total Money Makeover》에서 나는 보통 사람들이 추앙하는 부채에 관한 온갖 미신을 다룬 바 있다. 금융업계는 성공적인 마케팅을 통해 빚내기를 보통의 일로 만들었다. 그리고 그 영향으로 대다수 사람은 빚지지 않고 생활하는 게 불가능하다고 믿기에 이르렀다.

그런 점에서 본다면 이 책은 보통 사람들을 위한 책이 아니다. 이 책은 보통의 기준은 유익하지 않다는 사실을 눈치챈 사람들을 위한 책이다. 이 책은 괴짜 같은 사람, 다시 말해 부자가 되기 위해 남다르게 행동할 의지가 있는 사람들을 위한 책이다. 부자는 흔치 않고 보기 드물다는 점에서 괴짜들이 얻은 결실이라 할 수 있다. 그러므로 죽을 때까지 보통으로 사는 게 삶의 목표이자, 자신의 어리석음을 자녀에게 대물림할 사람들에게는 이 책이 필요 없다.

단, 남들 하는 대로 따라 사는 게 효과가 없음을 깨달았다면 지금까지 보통 사람들이 퍼뜨리고 신봉하는 신화에 문제가 있는 건 아닌지 점검할 때다. 보통 사람들은 이런 말을 한다. "지금 여유가 없어도 하고 싶은 걸 위해서라면 돈을 끌어다 쓸 줄도 알아야 인생을 즐길 수 있어." 보통 사람들은 또 이런 말도 한다. "신용평점을 쌓아야 해." "자동차는 할부로 구매하는 거야." "학자금을 대출받아야 대학에 가지." 그리고 "대출을 받아야 집을 살 수 있어"라는 말도 물론 빼놓을 수 없다. 이 말들은 모두 보통 사람들 입에서 나오는 것들이다. 그리고 이런 말을 달고 사는 우리 이웃들은 통장에 돈 모일 새가 없이 근근이 살아가면서 평생 돈 문제로 힘겨워한다. 나는 다르다. 나와 우리 가족은 보통의 삶에 전쟁을 선포했다. 우리는 돈과의 싸움에 비범한 자세로 싸울 태세를 갖췄다.

자기를 포장하려는 욕망부터 버리자

고등학교 시절에 내 친구 한 명은 번쩍번쩍하는 최신형 자동차에 손에는 늘 유명 디자이너의 신상 핸드백을 들고, 최신 유행의 패션을 뽐내고 다녔다. 그런데 한 번은 친구들끼리 음악회에 가기로 계획을 짜는데, 그 아이가 입장권 살 돈이 없어서 함께 못 가겠다고 했다. 나는 충격을 받았다. 머릿속이 혼란스러웠던 나는 집에 돌아가 부모님에게 그 아이 얘기를 했다. 그동안 그 애가 자랑했던 엄청난 부와 성공의 상징물은 어떡하고 150달러짜리 음악회 입장권을 살 수 없다는 걸까. 도통 이해할 수 없었다.

어머니는 이렇게 말했다. "레이첼, 사람들이 비싼 차를 몰고 비싼 물건들을 걸쳤다고 해서 그게 다 자기 것은 아니란다. 네 친구는 어떤 처지에 있는지 모르지만, 빚을 내면 실제 모습보다 훨씬 근사하게 포장할 수 있단다." 빚을 낸다는 것은 우리 집 사전에는 없는 말이었기에 그날 어머니가 한 말은 이후 내 뇌리를 떠나지 않았다. 물론 부채에 대해 알고는 있었지만, 부채를 쓰면 인생을 거짓으로 꾸밀 수 있다는 사실을 나는 그날 실감했다. 빚을 얻어서 자기를 전혀 다른 사람으로 포장할 수 있다는 사실을 말이다. 실제로는 빈털터리에 끼니 걱정을 해야 하는 비참한 상황일지라도 한동안 만사가 순조로운 사람처럼 행세할 수 있다.

텍사스 주에는 이런 속담이 있다. "소 한 마리 없는 놈이 모자만 크다." 이는 가진 게 없는 사람이 대단한 걸 가진 것처럼 외관을 꾸미는 것을 지적한 말이다. 허울은 멀쩡해 보일지 몰라도 이렇게 살다가는 가난을 면하기 어렵다. 앞의 이야기에서 샤론은 레이첼의 경험을 계기로 심야 부채의 핵심을 짚어주었다.

빚쟁이의 종으로 산다는 것

나는 신앙생활을 하면서 비로소 부채에서 자유로운 삶이라는 개념에 눈을 떴다. 우리 부부가 인생의 밑바닥에 떨어졌을 때 나는 성경을 공부하기 시작했고, 성경에서 돈 관리에 관한 분명한 지침을 발견했다. 부채가 절대로 좋은 게 아니라는 사실은 성경에서 쉽게 발견할 수 있다. 그렇지만 처음에는 이 사실을 받아들이기가 무척 힘들었다.

성경에서 빚을 지는 것을 죄라고 말하지는 않지만 구원의 수단이 아닌 것은 확실하다. 성경 어디에도 빚을 긍정적으로 언급한 부분은 없다. 그 대신 이런 구절은 있다. "부자는 가난한 사람을 다스리고 빚진 사람은 빚쟁이의 종이 된다."(잠언 22장 7절) '종'은 끔찍한 말이다. 종은 자기가 가고 싶은 곳에 갈 수도 없고, 자기가 하고 싶은 일을 할 수도 없다. 자기를 지배하는 주인이 있기 때문이다. 카드사가 왜 마스터카드라고 이름을 지었겠는가? 그 '마스터'가 당신인지 카드사인지 한번 생각해보기 바란다. 성경에서는 제 발로 찾아가 빚지는 자는 아둔하고 멍청한 사람이고, 빚쟁이의 종이며, 빚은 저주라고 거듭 말한다. 성경에 빚을 좋게 말한 곳은 단 한 군데도 없다. 따라서 나는 성경에 따라 빚지는 것은 어리석은 행위라고 결론지었다.

기독교를 믿지 않는 사람에게는 성경에 쓰여 있는 진리가 대수롭지 않게 보일 수 있다. 그것은 당신이 선택할 문제다. 하지만 기독교인인 나는 성경이 하나님 말씀이자 진리라고 믿는다. 빚이 성경적이지 않다는 사실을 깨닫고 나서 다시는 돈을 빌리지 않겠다고 결심했는데, 그 일이 나한테는 전혀 어렵지 않았다. 내게는 믿음을 실천하는 행위였기 때문이다. 게다가 막 파산한 상태여서 내게 돈을 빌려주려고 나서는 사람도 없었고, 또 빚더미에서 빠져나오고 나서는 다시는 거기에 빠지고 싶지 않았다. 그런데 돈을 빌리지 않기로 결단한 순간부터 내 인생은 또 다른 의미에서 힘들어졌다. 나는 빚을 내면 남들처럼 살게 해준다는 금융사들의 거짓 신화에서 깨어났다. 그럼에도 그들은 나를 바보천치 취급하면서 틈만 나면 내 사고방식이 얼마나 미개하고, 촌스럽고, 시대착오적인지 설득하려 들었다.

해야 할 일 못지않게 중요한 피해야 할 일

사람들이 부채에 관해 크게 오해하는 부분을 살펴보는 중인데, 잠깐 한 가지 짚고 넘어가자. 앞서 나는 아버지를 응급수술을 하는 외과의로 나는 예방 의학을 담당하는 사람으로 비유한 바 있다. 지금 당신은 부채 예방 교실에 참가했다고 생각하면 된다. 지금까지 우리는 당신의 자녀가 돈과의 싸움에서 승리하는 데 필요한 주춧돌을 놓았고, 만약 우리가 가르친 것들을 그대로 실천에 옮긴다면 그 아이는 승리할 것이다. 이 교육이 효과가 있다는 사실은 100만 번도 넘게 입증되었다.

하지만 부모는 자녀가 마땅히 '실천해야' 할 일을 가르치는 데 그치지 말고, 아이가 '피해야' 할 일에도 신경을 써야 한다. 피해야 하는 대상 제1호가 부채다. 부채는 신용카드 대금, 자동차 할부, 학자금 대출 등을 포함한다. 만약 자녀가 평생 부채를 멀리할 수 있으면, 그 아이는 현세대가 직면한 경제적 악몽에 시달릴 걱정은 평생 하지 않아도 된다. 누군가에게 진 빚 때문에 압박받을 일도 없을 것이다. 부채 예방 교실의 목적은 바로 여기에 있다.

위험한 거짓말, "신용평점을 쌓아야 해"

신용평점이 돈줄이라도 되는 양 아이들에게 가르치는 부모들을 보면 마음이 쓰리고 아프다. 부모라면 자녀에게 좋은 것만 주고 싶을 텐데, 그런 부모들이 신용평점 체제를 옹호하는 사람들이 퍼뜨리는 거짓말을 아이들에게 그대로 주입하는 것이다. 거짓말 중에서도 가장 새빨간 거짓말은 "신용평점을 쌓아야 한다"는 말이다. 신용평점을 쌓으려면 돈을 빌려야 한다. 그러면? 신용평점이 높아진다. 그러면? 더 많은 돈을 빌릴 수 있다. 이건 결국 무슨 얘긴가? 돈을 빌리기 위해 돈을 빌리라는 얘기잖은가. 이것이 신용평점의 민낯이다. 아마도 내 신용평점은 빵점일 것이다. 나는 물건을 현금으로 구매하거나 그게 아니면 사지 않기 때문이다. 신용평점이 바닥인 나는 어떻게 사는 걸까? 이렇게 멀쩡하게 사는 게 참 이상하지 않은가? 정신 나간 행태를 부추기는 문화 속에서 아이들이 살아남게 하려면 문화에 역행하는 법을 가르쳐야 한다.

미국의 신용평가회사에서는 다음 항목의 수치를 반영해 신용평점을 계산한다. 그러니까 상환 기록 35퍼센트, 총부채 수준 30퍼센트, 이용 기간 15퍼센트, 신규 부채 10퍼센트, 부채 종류 10퍼센트를 각각 반영한다. 보다시피 모든 항목이 부채와 관련되어 있다. 이 자료를 십대 자녀에게 보여주면서, 파이코 신용평점은 '부'가 아니라 순전히 '부채'를 반영한 점수라는 사실을 가르쳐야 한다. 은행에 저축한 돈이나 보유한 현금은 반영하지 않는다. 소득도 반영하지 않는다. 순자산도 반영하지 않는다. 투자한 자금이나 노후자금도 반영하지 않는다. 당신이 예산에 맞춰 생활하고, 가족을 위해 먹을 것을 현금으로 구매하고, 공과금을 제때에 납부하는 실적도 반영하지 않는다. 자동차 구입비나 대학 학자금, 결혼식 자금, 심지어 주택 구입비를 모두 현금으로 낼 만큼 돈 문제와 관련해 엄격한 규율을 지키며 산다면, 그것들은 신용평점에 바늘끝만큼의 영향도 주지 않는다. 그러니까 신용평점은 당신이 빚지는 걸 얼마나 좋아하는지, 다시 말해 은행과 친하게 지내면서 돈을 얼마나 자주 그리고 얼마나 많이 빌리는지만을 반영한다.

신용평점이 높다는 말은 당신이 돈과의 싸움에서 승리했다는 뜻이 아니다. 돈을 무사히 빌릴 수 있다는 의미일 뿐이다. 보통 사람들은 신용평점이 높다고 하면 우러러보지만, 부자들은 그러지 않는다. 신용평점의 실상을 자녀에게 똑똑히 가르쳐야 한다. 그래야 신용카드를 써야 한다거나 신용평점을 쌓아야 한다고 거짓을 설파하려는 자들을 만나면 그 사람을 동정 어린 눈길로 바라보며 자신의 비범함을 드러낼 수 있다.

대학 1학년 때 경제학 수업을 들었는데 하루는 교수가 신용평점이 얼마나 중요한지 거듭 강조했다. 그는 신용평점이 없으면 집을 살 수도 없고 멋진 자동차를 굴릴 수도 없다고 말했다. 또 무슨 수단을 써서라도 신용평점을 지켜야 한다고 말했다. 그러고는 교실 안을 가득 메운 신입생들을 내려다보더니 밖에 나가거든 당장 신용카드를 만들어 사용하라고 했다. 그래야 신용평점을 쌓을 수 있다고 말이다.

이런 말을 하면 놀랄지도 모르지만, 우리 부모님은 내가 성장하는 동안 신용평점에 대해 아무 얘기도 들려주지 않았다. 나는 두 분에게 노동의 가치, 물건을 사기 위해 저축하고 현금으로 구매하는 법 그리고 대출이 끔찍한 이유에 관해 주로 가르침을 받았다. 그러니 대학에 가서 교수한테 이 같은 조언을 들었을 때 머릿속이 얼마나 혼란스러웠겠는가. 나는 기숙사로 돌아가 인터넷으로 관련 정보를 검색하고, 아버지에게 전화를 걸어 신용평점에 대해 물었다. 아버지는 신용평점이 참으로 터무니없는 점수이며 인생의 성공이나 부를 축적하는 일과는 아무런 상관이 없다는 사실을 5분 만에 명쾌하게 설명해 주었다.

아이들이 대학에 가면 교수를 비롯해 주변에서 돈에 관한 조언을 듣게 된다. 유익한 조언이든 해로운 조언이든 어쨌든 이런저런 조언을 듣기 마련이다. 신용평점에 관한 그 교수의 조언이 한 가지 예라 하겠다. 그러므로 부모는 자녀와 한 집에서 사는 동안 경제 교육을 확실히 하여 그런 엉터리 조언에 현혹되지 않도록 준비시켜야 한다.

현명한 신용카드 사용법

신용카드는 아이가 평생 부채의 노예로 살아가도록 만드는 최상의 방법이다. 카드를 긁을 때마다 당신의 자녀는 미래를 저당 잡히는 셈이다. 문제는 우리 문화가 신용카드를 사용하는 삶을 보통으로 여긴다는 것이다. 사람들은 신용카드 한 장쯤은 있어야 정상적인 생활이 가능하다고 굳게 믿는다. 항공 마일리지니 캐시백이니 하는 여러 가지 특혜에 혹해서 신용카드를 긁는 사람들을 보면 참 어이가 없다. 카드사에서는 신용카드로 1만 달러를 긁으면, 500달러짜리 항공권을 구매할 수 있는 마일리지가 생긴다고 사람들을 유혹하곤 한다. 하지만 이런 상술에 놀아나선 안 된다.

신용카드 긁는 게 비상사태다

생각해보자. 돈을 빌리기에 가장 안 좋은 때가 언제일까? 파산했을 때다. 재정적으로 문제가 있어서 수중에 돈이 한 푼도 없을 때 돈을 빌리는 게 가장 안 좋다. 수중에 돈이 없다면 갚을 능력이 없다는 뜻이므로 돈을 빌리는 순간부터 노예가 된다. 더구나 금리가 높은 신용카드로 돈을 빌리는 일은 최악이다. 한마디로 멍청한 짓이다. 그런데 내가 그랬다. 모르긴 해도 당신도 그런 경험이 있을 것이다. 어째서 그랬을까? 지금 이 책을 읽는 당신은 아이들에게 비상금을 마련하고, 계획을 세우고, 저축하는 법을 가르치겠지만, 우리에게는 이렇게 사는 법을 가르쳐준 사람이 없었기 때문이다. 이 책에서 다룬 내용을 당신이 아이들에게 제대로 교육하면 수많은 결실을 보게 될 것이다. 이를테면, 비상사태를 대비해 신용카드 한 장쯤은 필요하다는 생각을 무시할 수 있는 아이 말이다.

"하지만 매달 갚으면 되는데요."

'매달 갚으니 문제가 없다'는 자세야말로 신용카드를 사용하는 사람들의 가장 큰 문제 중 하나다. 연체하는 사람들의 문제점이야 말할 것도 없고. 수많은 사람이 매달 카드 대금을 갚지만 그래도 이렇게 살아가는 방식은 위험천만하다. 사람들은 '편리하다'는 이유로 신용카드를 쓰지만 이는 '예산을 세우기 싫다'고 말하는 것에 지나지 않는다. 날마다 신용카드를 사용하는 사람치고 매달 초에 영기준예산을 세우는 사람을 만나본 적이 없다. 모든 것을 카드로 계산한 사람들은 매달 말일에 카드 대금을 갚을 뿐이다. 이것도 여의치 않을 때는 대금 결제를 다음 달로 미룬다. 이런 식으로 일을 처리하면 자신의 소득은 망각한 채 이미 구매한 물품이나 서비스의 비용을 뒤늦게 갚아나가게 된다. 이는 자동차 백미러만 쳐다보며 운전하는 것이나 마찬가지다. 자신이 지나온 길은 알 수 있지만, 이 차가 어디로 나아가는지 혹은 앞에서 무엇이 기다리는지 알 수가 없다.

한 번은 세미나를 마친 뒤, 최근에 신용카드를 잘라버렸다는 사람과 대화를 나눴다. 그는 이렇게 말했다. "레이첼 씨, 저는 모든 물건을 신용카드로 구매했어요. 카드를 이용하면 캐시백 보너스를 받았거든요. 늘 카드를 썼기에 제가 돈을 얼마나 쓰는지 전혀 몰랐어요! 월급날이 되면 카드 대금 갚느라 번 돈을 거의 다 카드사에 송금해야만 했죠. 매달 가까스로 대금을 갚기는 했지만 그뿐이었습니다. 한 발짝도 앞으로 나가지 못했어요. 과거에 샀던 물건값을 송금하느라 바빠서 재정적으로 어떠한 미래도 설계하지 못했습니다."

자녀에게 예산을 세우는 이유와 그 방법을 가르치고, 또 빚을 내는 것을 전염병처럼 여기도록 교육하면, 아이들은 신용카드를 사용할 필요를 전혀 느끼지 못할 것이다. 그 아이들에게는 자기가 번 돈을 쓸 계획이 구체적으로 정해져 있기 때문에 신용카드의 편리함이 필요하지 않다. 자식 걱정 없이 편안한 노후를 보내고 싶은가? 자녀에게 예산 세우는 법을 가르치자. 그게 아니고 아이들이 평생 채무의 악순환 속에서 맴돌게 하려면 그냥 신용카드를 손에 쥐여주면 된다.

현금을 써야 돈 아까운 줄 안다

자녀가 십대 초반이 되면 탁자 위에 신용카드와 10달러짜리 지폐 50장을 함께 올려놓고 어느 쪽이 금액이 '많아' 보이는지, 어느 쪽이 '진짜' 돈처럼 느껴지는지 물어보라. 아이들이 플라스틱 카드보다는 현금을 훨씬 돈답게 느낄 줄 알아야 한다. 플라스틱 카드는 진짜 돈이라는 느낌이 들지 않아서 현금을 사용할 때보다 돈을 더 많이 소비할 위험성이 있다. 현금을 사용할 때는 돈이 '아깝다'는 생각이 들지만 카드는 그렇지 않기 때문이다. 새 소파를 사러 가서 판매원에게 현금으로 1,000달러를 건넬 때 느끼는 감정은 플라스틱 쪼가리를 건넬 때와는 차원이 다르다.

누차 말했듯이 개인의 재무 관리 능력을 결정짓는 힘은 8할이 행동에서 나온다. 따라서 부모는 자녀가 돈을 쓸 때의 '느낌'을 몸으로 익히게 해야 한다. 아이들이 물건을 구매할 때 자기 돈을 쓰면서 아깝다는 느낌을 생생하게 경험하지 못하면 나중에 과소비에 빠질 가능성이 크다.

신용카드로는 책임감을 배우지 못한다

십대 아이에게 책임감을 가르치려고 신용카드를 만들어준다는 부모들이 더러 있다. 지금 농담하는가? 신용카드로는 책임감을 배우지 못한다. 신용카드로는 책임감은커녕, 오늘 형편이 안 되더라도 나중에 갚으면 되니까 갖고 싶은 물건을 사도 좋다는 것만 가르칠 뿐이다. 자녀에게 신용카드를 만들어준다고? 그건 아이들에게 즐거움을 뒤로 미룰 이유가 없고, 또 원하는 물건을 사기 위해 저축할 필요도 없다고 가르치겠다는 말이다. 플라스틱 우산이 늘 곁에 있으니 궂은 날에 대비해 저축할 필요가 없다고 가르치겠다는 말이다. 이는 곧 자녀를 10년이 걸려도 청산하지 못할 엄청난 빚더미에 빠뜨릴 수도 있다. 도대체 무엇 때문에 그처럼 해로운 가치관을 가르치고자 기를 쓰는지 이해할 수가 없다.

대학생 시절에 친구들과 공부하다가 저녁을 먹으러 근처 식당에 간 적이 있다. 식당으로 들어가는데 입구 근처에 탁자를 놓고 앉아 있는 한 남자가 보였다. 우리보다 나이가 약간 더 많아 보였다. 탁자 위에는 전단이 어지럽게 잔뜩 놓여 있었고, 그의 머리 위쪽으로는 큰 깃발이 펄럭였다. 그 남자가 우리를 보더니 이렇게 말했다. "이봐요, 학생들. 오늘 저녁 공짜로 드시지 않을래요?" 가난한 대학생들이 선뜻 거절하기 어려운 제안이었다. 당연히 우리는 신이 나서 좋다고 대답했다!

그러자 그가 우리에게 서류를 내밀면서 말했다. "여기 신용카드 신청서에 서명만 하세요. 그럼 오늘 저녁 식사비는 우리가 내드리죠." 나는 그냥 웃어넘기고 말았지만, 내 친구 한 명은 다가가더니 곧바로 서류를 작성했다. 그녀가 신청서를 완성하는 데는 채 2분도 걸리지 않았다.

식당에 들어가 음식을 주문하고 자리에 앉고 나서 나는 친구에게 왜 그랬느냐고 물었다. 친구가 말했다. "레이첼, 별거 아니잖아. 우편물이 도착하면 카드는 그냥 잘라버릴 거야. 아니면 꼭 비상시에만 사용하면 돼." 그 말을 들으니 내 머릿속에서는 경고음이 요란하게 울렸다. 다들 그런 식으로 신용카드를 쓰기 시작하고, 결국 빚더미에 빠지게 된다고 부모님이 항상 가르쳤기 때문이다. 사람들은 비상시에만 사용할 거라면서 신용카드를 만들지만, 사소한 '비상사태'가 계속되면서 결국 빚더미에 앉게 된다.

내 친구에게도 똑같은 일이 일어났다. 우편으로 카드를 배송받은 지 한 달쯤 후에 노트북이 고장 났고, 친구는 '비상사태'를 위해 보관하던 신용카드를 들고 나가서 최신형 노트북을 샀다. 그리고 또 얼마 지나지 않아 우리랑 친한 애가 약혼을 하자 들러리 의상이 필요하다며 또 카드로 드레스를 샀다. 다음 달에 1,100달러가 적힌 대금 청구서가 우편으로 도착했다. 그녀는 카드 대금을 낼 현금이 없었고, 그 일로 스트레스가 이만저만이 아니었다. 대금을 어찌 갚을지 막막했고, 부모가 그 사실을 알게 될까 봐 노심초사했다. 별걱정 없이 살던 내 친구는 신용카드를 받고 나서 한 달 만에 공황 상태에 빠졌다. 그 조그만 플라스틱 카드 때문이었고, 이 모든 게 고작 7달러짜리 저녁을 공짜로 먹으려다 생긴 일이었다.

신용카드를 소지하는 게 마치 어른이 되는 통과의례이기나 한 것처럼 생각하는 대학생이 참 많다. 하지만 신용카드를 소지한다고 해서 학생이 어른이 되지는 않는다. 당장 수중에 돈이 없는데도 카드를 긁으면서 소비를 하다 보면 평생 금융기관의 종노릇을 하게 될 뿐이다. 부모는 자녀가 그 같은 상술에 넘어가지 않도록 어릴 때부터 가르쳐야 한다. 신용카드회사의 고객이 되는 것은 결국 그들의 종으로 사는 것을 의미한다는 걸 일찌감치 가르쳐두면, 학교 근처에서 갖가지 방식으로 호객하는 영업사원쯤은 그냥 지나칠 줄 알게 된다.

직불카드 아니면 신용카드?

램지 집안에서 사용하는 유일한 플라스틱 카드, 또 우리 아이들에게 사용해도 좋다고 가르친 플라스틱 카드는 직불카드뿐이다. 직불카드는 은행 계좌와 연결되어 있어서 계좌에 돈이 들어 있지 않으면 쓸 수가 없다. 계좌에 돈이 없는데 사용하면 벌금을 물어야 한다. 당신도 알다시피, 특히 레이첼은 눈물 콧물 범벅이 되어가며 이 사실을 뼈에 새겼다. 직불카드 생김새는 신용카드와 비슷하지만 신용카드에 비해 훨씬 책임감 있게 돈을 사용하는 방법이고, 부정하게 사용하지 않는 한 그 카드 때문에 문제가 생길 일은 없다. 이런 사실을 아이에게 가르치자.

할부의 유혹에서 벗어나기

라디오 방송을 진행하면서 부채 때문에 고민하는 사람들한테 전화를 받으면 나는 거의 매번 "자동차를 파세요"라고 해결책을 제시한다. 금액이야 다르지만, 방송을 하면서 다음과 같은 전화를 얼마나 많이 받는지 모른다. "데이브 씨, 우리 집 소득이 5만 달러인데 자동차 두 대에 남은 할부금이 총 5만 2,000달러예요. 어떻게 해야 하나요?" 그러면 나는 이렇게 대답한다. "여보세요? 자동차를 파세요!" 고도의 지능이 요구되는 계산 문제가 아니다. 단순한 산수 문제다. 자동차 할부금이 있으면 부채에서 벗어나거나 부를 축적할 수 없다. 당신이 믿건 안 믿건 500달러짜리 차를 타고 다녀도 무사히 일터에 갔다가 무사히 집에 돌아올 수 있다.

샤론과 내가 모든 것을 잃었을 때 내가 몰던 차량은 미끈하게 잘 빠진 재규어였다. 그 차를 몹시 사랑했지만 처분해야만 했고, 두 번 다시 자동차를 사려고 빚을 내지 않았다. 그러자 한 친구가 고맙게도 내게 차를 빌려주겠다고 했다. 이곳저곳 도색이 벗겨진 구형 캐딜락이었다. 차가 워낙 볼품이 없어서 '고물차'라는 말도 과분할 정도였다. 하지만 나는 더 좋은 차량을 현금으로 구매하기 전까지 그 차를 몰고 다녔다. 바라건대 당신에게는 그렇게 못생긴 차를 몰 일이 없길 바라지만, 어쨌든 현금으로 자동차를 구매할 수 있을 때까지는 눈높이를 낮춰야 한다.

돈을 빌리지 않고 자동차를 구매하기 위해 욕심부리지 않고 자신을 희생하는 모습을 자녀에게 보여주는 게 좋다. 그리고 현재 자동차 할부금이 남아 있다면, 부디 현금으로 전액을 내든지 아니면 팔아 치우라! 나는 당신의 자녀가 돈 문제에서 승리하는 데에만 관심 있는 사람이 아니다. 당신도 승리하기를 바란다!

신형 자동차에서 풍기는 감가상각의 냄새

자녀가 자동차 면허를 따고 첫 차를 살 때 미리 돈을 저축해서 현금으로 구매해야 한다고 집안에서 방침을 정하면, 나중에 신형 자동차 매장에서 어떤 차를 탈지 고민할 일은 없다. 그만한 돈을 저축하긴 어려울 테니 말이다. 하지만 부모는 현장 학습의 기회를 그냥 놓쳐서는 안 된다. 자녀와 중고차를 돌아볼 때 신형 자동차가 전시된 곳에 잠깐 들러서 신형 자동차 가격이 얼마나 되는지 보여주자. 2만 3,000달러 가격표가 붙어 있는 신형 자동차가 중고 매장에서 7,000달러에 팔리는 모습을 보면, 자녀는 신형 자동찻값이 몇 년 안에 뚝 떨어진다는 사실을 배우게 된다. 이는 자녀에게 자동차 구매는 투자가 아니라는 사실을 가르칠 좋은 기회다. 자동차는 '보통의 사람들'이 살면서 가장 돈을 많이 쓰는 물품이지만 그 가치는 차를 몰고 주차장을 벗어나는 순간부터 쉴 새 없이 떨어진다. 잘못된 자동차 구매 결정은 미국 중산층 가정에 재정적으로 큰 손실을 초래하는 사안 중 하나다. 돈을 모으는 지름길은 중고 자동차를 현금으로 구매하는 것이다.

"자동차는 할부로 구매하는 거야."

어른들이 자주 하는 말이 있다. "자동차는 할부로 구매하는 거야." 하지만 이 같은 사고방식이 자신의 삶뿐 아니라 자녀의 삶에도 해를 끼친다는 사실을 그들은 모른다. 부모는 자녀에게 이런 거짓말을 믿지 '않도록' 가르쳐야 한다. 자동차 할부금 없이도 살아갈 수 있음을 보여주는 가장 좋은 방법은 자녀가 자신의 첫 차를 구매할 때 자기 몫을 다하도록 만드는 것이다. 얘기했다시피 나는 내가 저축한 돈으로 차를 사서 몰고 다닐 수 있음을 확실하게 경험했다. 그런 점에서 우리 어머니와 아버지가 실시한 401 데이브 플랜은 아주 훌륭한 방법이었다. 만약 자녀와 현명한 자동차 구매에 대해 대화를 나누지 않으면, 자녀가 '자동차는 할부로 살 수밖에 없다'고 믿을 가능성이 높다. 하지만 이는 생각만 해도 아찔하다. 왜 그런지 알아보자.

오늘날 미국인의 평균 자동차 할부금은 대략 월 492달러다. 대개 평생에 걸쳐 자동차 할부금을 갚는데, 장차 할부금 때문에 어떤 대가를 치를지 숙고하는 이는 별로 없다. 그 비용을 한 사람이 평생 노동하는 시간에 대입해보면 자동차 할부에 대한 안이한 사고방식으로 얼마나 큰 손해를 보는지 파악할 수 있다.

당신의 자녀가 '자동차는 할부로 사는 것'이라는 거짓말을 믿는다고 하자. 그 아이는 대학을 졸업하고 첫 직장을 얻는다. 자동차에 대한 허황된 신화를 그대로 보고 자란 아이는 새 자동차를 구매할

'자격'이 있다고 생각할 것이다. 직장을 얻으면 차 살 생각부터 하는 이들이 많지 않은가. 스물다섯 살 젊은이나 쉰다섯 살 어른이나 마찬가지다. 중년의 직장인들은 월급이 400달러 오르면 그 기쁨을 자동차 할부금을 한 달에 500달러 내는 방식으로 자축한다. 그러니까 당신의 자녀는 스물다섯 살이 되면 자동차 판매장에 가서 터무니없는 자동차 구매 계약서에 서명하고, 앞으로 40년 동안 계속될 지옥 같은 상환 여정을 시작하리라는 얘기다.

스물다섯 살 청년은 차를 몰고 대리점을 빠져나온 순간부터 63개월간 매달 492달러의 상환금을 꼬박꼬박 내야 한다. 그러면 그것으로 끝일까? 아마도 아닐 것이다. 그 할부 기간이 끝나면 다시 차를 바꿀 것이고 또 다른 할부 기간이 시작되기 십상이다. '자동차는 할부로 사는 것'이라는 거짓말을 버리지 못한다면 은퇴할 때까지 자동차 할부금을 계속 내게 될 수밖에 없다. 장장 40년 동안이나 말이다.

40년에 걸쳐 납부해야 하는 자동차 할부금으로 당신의 자녀는 얼마나 비싼 대가를 치르게 될까? 간단한 산수 문제를 풀어보자. 이 사례에서 당신 자녀는 스물다섯에 월 492달러를 납부하는 구매 계약을 맺었다. 만약 그가 어려서부터 자동차를 구매하기 위해 저축하고 현금으로 구매하는 법을 배우고, 이 책에서 다룬 대로 예산 세우는 법과 빚지지 않는 법, 자족하는 법 등을 배웠다면 자동차 할부금을 낼 리가 없다. 그랬으면 그에게 매달 저축하거나 투자할 수 있는 돈 492달러가 추가로 생긴다는 의미다. 만약 스물다섯 살부터 40년간 우량 뮤추얼펀드에 492달러를 투자한다고 치면, 은퇴할 때 무려

584만 6,153달러를 손에 넣게 된다! 쉰한 살이 되면 백만장자가 되고 예순다섯에 은퇴할 때는 근 600만 달러를 벌게 된다. 다른 이유가 아니라 40년간 자동차 할부금을 카드회사가 아닌 '자기'에게 지급한 덕분이다. 놀랍지 않은가! 자녀가 독립해서 집을 나가기 전에 부모는 반드시 이 개념을 자녀가 이해하도록 가르쳐야 한다. 이 한 번의 결정으로 자녀의 인생 전체가 바뀔 수 있다.

말이 아니라 행동으로 가르쳐라

현명한 자동차 구매에 관해 가르치려면 부모로서 조금 엄격할 필요가 있다. 부모는 우선 그에 대한 정보를 제공하고, 더 나아가 실천하는 모습을 보여야 한다. 부모가 자동차를 할부로 구매하지 않고 저축하는 모습을 보일 때 자녀도 그 가치를 실감하는 법이다. 가령 우리 부모님이 내게는 401 데이브 플랜대로 저축하게 해놓고 정작 두 분은 나가서 고급 신형 차를 할부로 구매했다면, 나는 쓸모없는 훈련을 했다는 기억밖에 남지 않았을 것이다. 기억하라, 말보다는 행동이다.

대출 없이 집을 산다

아버지와 내가 그나마 수긍하는 부채가 있는데, 바로 합리적 수준의 주택자금 대출이다. 그렇다고 집을 사는 데 꼭 대출을 받아야 한다는 말은 아니다. 주택 구입과 관련해 자녀에게 극한의 목표를 세우도록 가르칠 생각은 없는가? 여기서 극한의 목표란 언젠가 '현금으로' 주택을 구입하는 것을 말한다. 부모로서 자녀에게 그런 모습을 보여줄 생각은 없는가? 이런 제안을 하는 내가 혹시 정신 나간 사람으로 보이는가? 하지만 나는 이 극한의 목표를 실현하는 사람들을 꾸준히 목격하고 있으며, 볼 때마다 눈물이 울컥 솟는다.

현금이라는 반석 위에 세운 집

내 친구 크리스티는 화목한 가정에서 성장했지만 돈 문제로 늘 힘들어했다. 경제적으로 진짜 힘들었을 때는 끼니를 거르기도 했다. 그때 크리스티는 어렸지만 나중에 어른이 되면 절대로 자기 아이들이 돈 문제로 고생하는 일이 없도록 하겠다고 결심했다. 이는 어떠한 경우에도 대출은 받지 않겠다는 말이기도 했다. 신용카드도 안 쓰고, 자동차 할부도 안 하고, 나아가 주택자금 대출도 받지 않겠다는 결심이었다. 무슨 일이 있어도, 절대로. 하지만 크리스티가 자기의 원대한 결심대로 멋진 주택을 장만하고 가정을 꾸리기 위해서는 세상 사람들과 전혀 다르게 살아야 했다.

십대 시절부터 크리스티는 돈을 모으기 시작했다. 엄청나게 많은 돈을. 크리스티는 자기가 정한 다섯 가지 원리를 지키면서 부채 없이 집을 사는 꿈을 꾸었다. 게다가 다행히 부채 문제에 대해 의견이 일치하는 훌륭한 배우자를 만났다. 두 사람은 함께 힘을 합쳐 부채 없이 자기 집을 마련하기 위해 부지런히 노력했다. 마침내 그들이 집을 물색하러 다니기 시작했을 때, 부동산 중개인은 그들이 모은 돈을 계약금으로 쓰고 더 큰 주택을 구매하라고 설득했다. 하지만 그들이 그 제안을 받아들일 리가 없었다. 두 사람은 이렇게 대답했다. "아니요. 그 얘기는 다시 하지 말아요. 이 돈이 우리가 써야 할 돈이고, 이게 우리가 지출할 수 있는 전부예요. 대출받을 수 있다고 해서 더 큰 집에서 살 자격이 생기는 건 아니에요. 우리가 가진 돈이 이만큼이니까 우리가 살 자격이 있는 집은 이만큼의 가격이 나가는 집이에요."

이렇게 해서 스물여덟 살의 이 환상적인 동갑내기 부부는 테이블에 앉아 계약서를 작성하고 현금으로 집값을 치렀다. 침실 네 개짜리 근사한 주택을 구입하는 데 대출기관이 끼어들 자리는 없었다. 부채가 없는 삶을 살아가려고 헌신하는 이 부부가 평생에 걸쳐 얼마나 큰 부를 축적할지 당신은 상상할 수 없을 것이다. 나는 당신의 아이들도 이러한 삶을 살기를 바란다.

대화를 시작하라

크리스티는 남편과 함께 내가 여기서 말하는 바를 입증했다. 부채가 없는 삶은 얼마든지 가능하다. 그러니 집을 사려면 대출이 필요하다는 거짓말을 용납해서는 안 된다. 대출은 필요치 않다. 물론 대출 없이 집을 사려면 시간이 오래 걸리고 힘들겠지만 아이들에게는 시간이 많지 않은가. 부모는 아이에게 올바른 방향만 가리키면 된다. 그런 점에서 나는 자녀가 청소년기에 들어서면 부채 없이 집을 사는 방법에 관해 대화를 시작해야 한다고 본다. 그렇다고 열네 살부터 주택 구입 자금을 모으게 하라는 말은 아니다. 십대 아이들에게 가장 큰 저축 목표는 자동차와 대학 학자금이다. 아이가 이 두 가지 목표를 달성하기 위해 노력하는 동안에도 부모는 주택 마련을 위한 장기 저축의 필요성과 장점에 관해 얼마든지 대화할 수 있다. 또 가령, 아이가 대학에 다니면서 장학금을 받아 학자금 통장에 있는 돈을 많이 아낄 수 있다면 주택자금을 마련할 때 남들보다 유리한 고지에 설 수 있다. 대출 없이 주택을 구매한다는 것은 거대한 목표다. 하지만 불가능한 목표는 아니다. 시간이 오래 걸리고 목표에 매진하는 자세가 필요할 뿐이다.

잠시 월세로 사는 것은 돈 낭비가 아니다

대학을 졸업하자마자 아니면 결혼하자마자 집을 사야 한다고 생각하는 사람이 있다. 정신 나간 생각이다! 몇 년 혹은 그 이상 월세로 산다고 해서 큰일이 나진 않는다. 평생 월세로 살고 싶어 하는 사람은 아무도 없을 테지만 내 집 마련은 절대 단기적으로 접근할 일이 아니다. 이제 막 주택자금 마련을 위한 저축을 시작했거나 아니면 돈을 꽤 모았어도, 한동안 월세로 사는 것은 좋은 생각이다. 십대 자녀가 있으면 이 문제로 미리 대화를 나누는 게 좋다. 그 아이가 첫 직장을 얻자마자 혹은 결혼하자마자 주변 사람들이 슬슬 압박을 줄 것이기 때문이다. "집을 언제 사려고 그래? 집 한 칸은 있어야지! 언제까지 월세로 돈을 까먹을 거야!" 하지만 그들이 틀렸다.

　대출 없이 주택을 구매하려고 한동안 월세로 사는 이들은 오히려 인내심 있고 지혜로운 사람들이다. 이와 비교하면 터무니없는 주택자금 대출로 인생을 망친 사람이 얼마나 많은가. 아직 준비가 되지 않았음에도 집을 사겠다고 성급하게 덤벼들었기 때문이다. 여기서 준비라는 말은 빚이 하나도 없고, 은행에 3~6개월 정도 생활비로 쓸 비상금이 있고, 최소한 주택 가격의 10퍼센트(물론 20퍼센트면 더 좋지만)는 계약금으로 낼 수 있는 상태를 말한다. 당신의 자녀가 이런 준비를 마치지 못했다면 집 사는 건 꿈도 꾸지 말라고 미리 못을 박아야 한다.

그래도 주택자금 대출을 받아야 한다면

부채는 질색이라고 내가 말했던가? 만일 당신이 내가 하는 라디오 방송에 전화를 걸어 대출받는 일에 대해 조언을 구한다면, 나는 틀림없이 당신을 뜯어말릴 것이다. 부채는 당신의 경제적 미래를 갉아먹는 도둑이고, 도둑 중에서도 상도둑이다. 나는 주택자금 대출도 싫어한다. 하지만 그나마 내가 열을 덜 올리는 부채가 바로 주택자금 대출이다. 나는 어디서고 빚을 내지 않지만, 만약 당신이 대출을 받아야 한다면 원금과 이자를 한꺼번에 빨리 상환하는 방안을 선택하고, 아이들에게도 똑같이 따라 하도록 가르치기 바란다. 15년 만기 고정금리 기준으로 주택 할부금이 자기 소득의 25퍼센트를 넘지 않는 선에서 대출받는 게 기본 원칙이다.

아이에게 부채 없는 삶을 물려주자

자동차 할부, 신용카드 대금 그리고 곧 닥칠 주택자금 대출도 무섭지만 청소년 세대에게는 이보다 더 끔찍한 문제가 기다린다. 바로 학자금 대출이다. 미국의 학자금 대출 규모는 현재 통제 불능 상태다. 학자금 대출 규모는 신용카드 부채를 넘어섰다. 미국의 젊은이들은 학자금 대출 때문에 첫 직장을 얻기도 전에 심각한 재정난에 빠진다. 매우 심각한 문제인 만큼 다음 장에서 학자금 대출의 덫에 빠지지 않는 법을 자세히 다룰 생각이다.

하지만 부채에 대한 논의를 끝내기에 앞서 당신에게 용기를 주고 싶다. 만약 당신이 아이들과 이런 주제에 대해 함께 얘기하고 부채 없이 살아가는 법을 보여준다면, 당신은 자녀에게 엄청난 선물을 주는 셈이다. 요즘 부모들은 대부분 자녀에게 부채에 대해 얘기할 생각도 하지 않는다. 심지어는 부채를 둘러싼 거짓말들을 자녀에게 그대로 주입하는 부모들도 있다. 그 결과 빚의 노예로 살아가는 방식이 후손에게 대물림된다. 하지만 당신은 다른 길을 선택할 수 있고, 보통과 다른 길을 선택한 당신에 대해 자손들은 감사히 여길 것이다. 바로 내가 그랬다. 나는 부채 없이 사는 법을 알려준 우리 부모님께 깊이 감사하고 있으며, 지금도 그 원칙을 실천하면서 귀한 열매를 거두고 있다.

당신은 경제적인 면에서 자손들에게 어떤 유산을 물려주고 싶은가? 파산한 이후 샤론과 나는 램지 가문의 자손, 적어도 우리 아이들만큼은 절대 하지 말아야 할 일들을 정하기 시작했다. 그 첫째로, 램지 집안의 사람은 절대 돈을 빌리지 않는다는 원칙을 세웠다. 자녀가 아직 어리고, 자녀에게 부채 없이 사는 법을 가르칠 준비가 됐으면 당신과 후손들의 삶까지 변화시킬 수 있는 비결이 하나 있으니 참고하기 바란다. 바로 아이들이 어릴 때부터 이렇게 선언하는 것이다. "우리 집안은 절대 돈을 빌리지 않는다!" 이 선언은 단순한 심리적 효과에 그치지 않고 실제로 삶을 변화시키는 힘이 있다.

나는 지금 막연한 가능성이 아니라 개연성에 대해 얘기하고 있다. 만약 부모가 빚을 전혀 쓰지 않고, 매달 영기준예산을 세우고, 저축을 한다면 자녀들을 위해 결혼식 비용과 학자금을 마련할 수 있을까? 그 정도는 당연히 저축하게 될 것이다. 그러면 좀 더 원대한 목표를 세워보자. 우리 계획대로 주택까지 현금으로 구매한 경우라면 당신에게는 부채가 전혀 없을 것이니 현금 흐름이 원활한 상태일 것이다. 그렇다면 학자금과 결혼식 비용은 물론 자녀에게 첫 주택을 구매해주는 것까지 목표로 삼아 저축하면 어떻겠는가?

"데이브, 그렇게 하면 애들이 당연히 받을 걸 받는다고 생각하지 않겠어요?"라고 내게 반문하는 소리가 들린다.

아니, 그렇지 않다. 레이첼과 내가 이 책에서 다룬 원칙에 따라 아이들을 훈육했다면 말이다. 그 아이들은 감사할 줄 알고, 근면한 노동윤리를 확립했을 것이고, 예산을 세우고 저축하는 법이 몸에 뱄을 것이다. 이렇게 자란 자녀에게는 부모가 집을 사주어도 좋다. 내 친구 하나는 성실하게 생활하는 자녀 두 명에게 집을 사주었다. 그가 내세운 조건은 한 장짜리 합의서에 서명하는 게 전부였다. 합의서에는 집을 받은 대가로 평생 어떤 빚도 지지 않을 것이고, 나중에 그들도 자녀에게 현금으로 집을 사주겠다는 조건이 적혀 있었다. 그의 아이들과 손주, 그리고 바라건대 이 집안의 모든 이들은 할부금을 상환하느라 고생하는 일은 없을 것이다. 자녀에게 이런 훌륭한 선물을 안겨주려면 두 가지가 필요하다. 첫째, 계획을 세워서 부를 열심히 축적하고 둘째, 돈에 똑똑한 자녀로 양육하는 데 힘을 기울이는 것. 이 두 가지 목표에 정진하면 후손에게 재정적으로나 정신적으로 엄청난 유산을 물려줄 수 있다.

제 8 장

학자금

빚더미에서 시작하는 사회생활

SMART   SMART
MONEY   KIDS

"우리는 정말 그렇게 살고 싶어요, 레이첼 씨. 하지만 그럴 수가 없어요. 학자금을 갚아야 하거든요."

강연을 마치고 한 학생과 나눈 대화는 몹시 안타깝게도 이렇게 끝났다. 3,000명가량의 대학생 앞에서 강연한 날이었는데, 강연이 끝나고 한 4학년 학생이 앞으로 와서 내게 말을 걸었다. 그 남학생은 그해 여름에 약혼녀와 결혼식을 올릴 계획이었다. 그와 예비신부는 봉사정신이 남달랐고 둘 다 해외 선교에 소명을 느꼈다. 자신의 약혼녀와 선교에 대한 열정을 얘기하는 남학생의 얼굴에는 잠깐이지만 기쁨이 가득했다.

그러고는 4년 내내 학비를 조달하느라 학자금 대출을 받아 쓴 탓에 졸업과 동시에 8만 달러짜리 빚을 떠안게 됐다고 씁쓸히 말했다. 4년제 대학 졸업장을 얻느라 8만 달러 빚을 안고 사회로 나가는 건 누구에게나 악몽 같은 일일 것이다. 특히 해외 선교사처럼 돈벌이와는 거리가 먼 일에 열정을 품은 사람에게는 더욱 그럴 것이다. 하지만 거기서 끝이 아니었다. 약혼녀 역시 학자금으로 쓴 8만 달러의 부채가 있다고 했다. 다른 사람들을 섬기는 일에 헌신하고 싶어 하는 이 예비부부가 학자금 대출만으로 16만 달러에 달하는 빚을 안고 신혼생활을 시작해야 한다니, 믿을 수가 없었다. 그냥 간단히 계산해봐도 그들이 해외로 나가 선교사로 다른 사람들을 섬기기에는 불가능해 보였다. 그들의 인생은 이미 다른 사람들이 소유했기 때문이다. 바로 학자금 대출기관이다.

이 사례가 극단적으로 보일지는 모르지만, 대출금 규모가 다를 뿐 똑같은 문제를 겪는 젊은이들을 수도 없이 만난다. 꿈에 그리던 직장에서 최근 일자리를 제의받은 내 친구 한 명도 마찬가지다. 그녀는 자기가 좋아하는 일을 하게 되어 몹시 들떴지만, 계산기를 두드려 보고 나서는 생각이 바뀌었다. 그 회사에서 받을 초임 연봉으로는 수만 달러에 달하는 학자금 대출을 비롯해 생활비를 감당할 수가 없었다. 결국 그녀는 자신이 꿈꾸던 일자리를 거절하고, 하는 일은 별로 마음에 들지 않지만 연봉을 더 많이 주는 일자리를 선택했다. 정말 안타까운 일이다. 내 자녀는 그런 상황에 처하지 않기를 바라는 마음 간절하다.

젊은 세대의 발목을 잡는 학자금 대출

학자금 대출이 젊은 세대의 발목을 잡고 있다. 요즘 대학 졸업생들은 미국 대학생은 평균 3만 8,000달러의 학자금 부채를 안고 대학을 졸업한다. 물론 사립대나 명문대, 대학원의 경우 그 규모는 훨씬 더 크다. 2024년 현재 미국의 학자금 부채 총액은 약 1조 7,000억 달러에 달하며, 이는 신용카드 부채보다도 많은 규모다. 학생들은 졸업하면 적게는 수년에서 많게는 수십 년에 걸쳐 대출금을 갚아나가야 한다. 미국 연방법에 따라 학자금 부채는 파산 신청을 해도 상환 의무를 벗을 수가 없다. 학자금 대출로 학생들이 얻는 단기적 이익은 장차 학생들이 떠안을 장기적 고통에 비할 바가 아니다. 젊은 세대 전체가 심각한 위기에 직면했다는 사실을 인정하고, 부모라면 이 위기에 대비해야만 한다.

꿈을 제한하는 학자금 대출

제7장에서 우리는 "부자는 가난한 사람을 다스리고, 빚진 사람은 빚쟁이의 종이 된다"(잠언 22장 7절)는 말씀을 살핀 바 있다. 최근 선교에 열정을 품은 한 남학생을 만난 뒤, 이 말씀이 다시 떠올랐다. 그 남학생과 예비 신부는 함께 약 18만 달러의 학자금 부채를 안고 새 출발을 해야 하는 상황이었다. 두 사람은 이제 막 학업을 마쳤을 뿐, 아직 직장을 구하지도, 결혼식을 올리지도, 함께 살아갈 보금자리를 마련하지도 못했다. 그런데 벌써부터 인생의 출발점에 커다란 빚이라는 구멍이 생긴 것이다.

두 사람이 졸업 후 직장을 얻어 각각 연봉 4만 2,000달러를 받는다고 해보자. 세금과 기본 공제를 제하면 두 사람이 집에 가져오는 월소득은 대략 합산 5,000달러 정도다. 그런데 학자금 부채 18만 달러를 10년 상환 조건(연 6.5퍼센트 이자율)으로 갚는다고 가정하면, 매달 내야 하는 금액은 약 2,000달러에 이른다. 이는 두 사람 중 한 명이 한 달 내내 일해서 번 돈과 거의 맞먹는다.

결국 두 사람 모두 상근직으로 일해야 하며, 선교사의 꿈은 당분간 접어야 한다. 한 사람은 일주일에 40시간씩 일해 겨우 학자금 대출 원리금을 갚아야 한다. 꿈을 좇는 삶이 아니라, 생계를 유지하는 일에 전념할 수밖에 없는 상황이다.

생활비도 빠듯하다. 예를 들어 침실 하나짜리 아파트 월세가 1,200달러, 공과금과 인터넷 요금이 300달러, 식비가 700달러라면, 두 사람의 생활비만 해도 매달 약 2,200달러가 든다. 여기에 자동차 유지비, 교통비, 휴대폰 요금, 의류, 이발 등 필수 지출을 더하면, 사실상 남는 돈은 거의 없다. 저축이나 기부, 여가 활동은 엄두조차 낼 수 없다. 학자금 대출 상환이 끝날 때까지, 두 사람은 삶의 방향과 가능성 대부분을 빚에 저당 잡히게 된다.

물론 18만 달러는 평균보다 많은 학자금 부채이지만, 그리 드문 사례는 아니다. 미국 교육 데이터 통계(2024 기준)에 따르면, 대학 졸업생 가운데 약 17퍼센트는 10만 달러 이상의 학자금 부채를 지고 있으며, 대학원 진학자의 경우 이보다 더 큰 부채를 떠안는 경우도 흔하다.

그리고 더 중요한 건, 부채 규모와 무관하게 많은 졸업생이 비슷한 상황에 처해 있다는 점이다. 한 조사에 따르면, 학자금 대출을 받은 졸업생 가운데 53퍼센트는 주택이나 자동차 구매를 미루고 있고, 74퍼센트는 은퇴 등 미래를 위한 저축을 보류하고 있다. 38퍼센트는 결혼을 연기하고 있다.

4년간 쌓인 학자금 대출이 사회에 첫발을 내딛는 젊은이들의 발목을 죄고 있는 것이다. 이러한 현실을 마주할 때마다, 안타까움과 무거운 책임감을 동시에 느끼게 된다.

학자금 대출 신화 무너뜨리기

학자금 대출 없이는 대학을 마칠 수 없다는 거짓말에 두 손 들고 항복하는 것이 요즘의 세태다. 대학진학 상담사, 학비보조 담당자, 고등학교 상담교사, 학생 그리고 부모들까지 학자금 대출과 대학 입학을 동일시하고 있다. 우리는 수만 달러의 대출을 받는 것만이 대학을 졸업할 수 있는 유일한 방책이라는 얘기를 무수히 듣는다.

하지만 희망이 있다. 당신의 자녀가 빚지지 않고도 질 높은 대학 교육을 받을 길이 있다는 얘기다. 모은 돈도 없는데 올해 대학에 진학하는 자녀를 두고 있건, 아니면 자녀가 이제 젖먹이라서 앞으로 18년간 저축할 시간이 남아 있건 그건 중요하지 않다. 부모와 자녀가 함께 노력하면 분명 대출금 없이 대학을 졸업할 방법이 있다. 만만치 않은 일이지만, 장기적으로 보면 학자금 대출을 받지 않는 게 가장 좋으므로 해볼 만한 일이다.

부모의 예산 수립, 대학 선정, 학자금 보조, 학업과 근로의 병행, 분수에 맞는 대학 생활 이렇게 다섯 가지로 나눠서 방법을 살펴보자.

미래를 설계하는 것은 부모 역할이다

부모가 자녀의 대학 학자금을 마련하기 위해 언제부터 어떻게 노력해야 할까? 이 문제에 대해 나는 오래전부터 수백, 수천 명의 부모를 만나 상담하고 있다. 대학 학자금 때문에 속이 타는 부모들이 참 많다. 내가 상담하는 편모 가정 중에는 직장을 두 군데나 다니며 아이들을 키우는 어머니도 있는데, 아이들을 먹이고 입히기에도 벅차서 학자금 저축을 따로 하지 못한다는 이유로 죄책감에 시달린다. 좋은 부모라면 아이들을 위해 당연히 대학 학자금을 대주거나 아니면 대출을 받아야 한다는 통념이 사회를 지배하고 있기 때문이다. 하지만 이는 터무니없는 생각이다! 대학 학자금을 마련할 좋은 방법이 있지만, 어디까지나 이는 각 가정의 예산 범위에 맞게 하는 것이지 필수는 아니다. 이 주제를 논하기에 앞서 죄책감 등의 감정은 배제하고 부모가 자녀의 교육을 위해 어떤 역할을 할 수 있는지 차분하게 살펴보자.

학자금 저축은 언제부터 시작하는가?

아이들이 아직 어리고 고등학교를 졸업하기까지 시간 여유가 있는 경우에는 학자금을 마련하기에 좋은 상품들이 꽤 있다. 부모는 매달 예산을 세울 때 대학 학자금을 위해 돈을 따로 배정하는 게 좋다. 하지만 재무 관리 기본 원칙을 망각해서는 안 된다. 첫째, 학자금 저축은 재정적으로 기본 준비를 한 다음에 시작해야 한다. 이는 부채가 전혀 없고, 3~6개월의 생활비를 감당할 비상금이 마련되어 있고, 소득의 15퍼센트를 은퇴자금으로 꼬박꼬박 저축하고 있는 상태를 의미한다. 이 같은 조건을 '충족하지 못한' 경우라면 선불리 대학 학자금 상품에 투자하면 안 된다.

확실하게 짚고 넘어가자면, 대학 학자금을 저축하기 전에 은퇴자금부터 마련해야 한다. 여유가 있다면 이 두 가지를 동시에 할 수 있지만, 둘 중 하나만 해야 한다면 은퇴자금에 먼저 투자해야 한다. 대학 진학이야 할 수도 있고 안 할 수도 있지만, 당신이 은퇴할 날은 반드시 찾아온다. 그리고 은퇴하게 되면 자신을 돌볼 수 있는 돈이 필요하다. 대학 학자금은 자녀 스스로 마련할 방법도 있지만, 당신이 은퇴를 대비할 방법은 당신이 미리 저축하는 것뿐이다. 자신의 퇴직연금부터 챙긴다고 해서 몹쓸 부모는 아니다. 오히려 훗날 자식에게 짐이 되지 않을 터이니 현명한 부모다.

첫째: 교육비 저축계정

자녀의 학자금을 마련할 때는 뮤추얼펀드에 투자하는 교육비 저축계좌인 ESA Coverdell Education Savings Account를 활용하길 권한다. 2024년 기준으로 이 계좌에 매년 최대 2,000달러까지 저축할 수 있다. 매달 166달러 66센트씩 자동이체를 설정하면 연간 한도를 맞출 수 있다.

만약 아이가 태어나자마자 ESA에 가입해 매년 2,000달러씩 18년간 총 3만 6,000달러를 투자한다고 가정해보자. 연평균 수익률을 12%로 잡으면, 아이가 대학에 진학할 무렵에는 총 약 12만 6,000달러의 자금을 마련할 수 있다. ESA에서 발생하는 모든 투자수익은 세금이 면제되므로, 이 경우 약 9만 달러의 수익에 대해 부과

될 수도 있는 약 3만 달러 상당의 세금을 절약하는 셈이다.●

둘째: 529 플랜

529 플랜은 ESA의 '큰형' 격이라 할 수 있다. 이 상품 역시 투자 수익에 대해 세금이 면제된다는 장점이 있다. 하지만 연간 2,000달러의 한도가 있는 ESA에 비해, 529 플랜은 훨씬 더 많은 금액을 적립할 수 있다. 물론 529 플랜이라고 해서 무조건 좋은 것은 아니다. 투자 옵션이 제한적이거나 가입자의 권한이 제한되는 상품은 피해야 한다. 예를 들어, 주 정부가 제공하는 학자금 선납형플랜은 추천하기 어렵다. 이 경우 해당 주 정부의 재정 건전성과 관리 능력을 신뢰해야 하는데, 정부 재정 상황은 언제든 변할 수 있기 때문이다. 다만, 이 선납형 플랜은 등록금 인상률이 연평균 6~7% 수준이라는 점을 감안하면, 미리 돈을 내는 것만으로도 상당한 이익을 얻을 수 있기도 하다.

결국 529 플랜에 투자할 생각이라면, 저축형 플랜을 선택하되, 투자 옵션이 다양하고 가입자가 자유롭게 권리를 행사할 수 있는 구조를 택해야 한다.

한 가지 흔한 오해는 '자녀가 장학금을 받으면 529 플랜에 넣어

● 저자가 본문에 설명한 학자금 마련법을 우리나라에 적용해 보면 다음과 같다. 다만 이 사례는 어디까지나 이해를 돕기 위해 제시한 내용임을 밝혀둔다. 자녀 명의로 가입한 비과세 혜택이 있는 주식형 펀드에 매달 일정 금액을 투자하는 방식이 있다. 매달 약 17만 원씩, 연간 200만 원을 18년간 꾸준히 투자하면 총 3,600만 원이 된다. 이 금액을 연평균 7~9% 수익률로 굴릴 경우, 자녀가 대학에 입학할 무렵에는 약 9천만 원~1억 1천만 원의 교육 자금을 마련할 수 있다. 펀드 수익에 대한 세금은 원칙적으로 부과되지만, 비과세 혜택이 적용되는 상품이나 주식형 펀드에 대한 세제 혜택을 잘 활용하면 세금 부담을 줄일 수 있다. 또한, 최근에는 청년형 ISA나 자녀 명의 ETF 투자를 통한 장기 자산 형성도 주목받고 있다. 이러한 상품을 활용하면 복리 효과와 세제 혜택을 동시에 누릴 수 있다. - 편집자주

둔 돈이 묶이는 것 아니냐'는 걱정이다. 하지만 현행법상 장학금 수령액만큼은 세금이나 벌금 없이 인출이 가능하다. 즉, 529 플랜에 넣은 돈을 꼭 교육비로 쓰지 않더라도, 일정 조건에서는 세금 없이 회수할 수 있다는 뜻이다.**

세 가지 금기 사항

ESA와 529 플랜은 대학 학자금을 마련하기 좋은 금융상품이므로 월 예산에 그 돈을 책정할 수 있는 형편이면 무조건 가입해야 한다! 하지만 자녀의 학자금을 마련할 때 절대 해서는 안 되는 세 가지 금기 사항이 있다.

첫째, 학자금 대출은 절대 선택 사항이 아니다. 학자금 대출로 젊은 세대가 어떤 고통을 겪는지 이미 앞에서 자세히 살펴봤지 않은가. 어떤 문제가 있는지 뻔히 알면서도 도박을 할 필요는 없다. 또 빚더미에 빠질 자녀를 구하자고 부모가 대신 부채를 떠안는 일도 없어야 한다. 은퇴를 준비할 나이에 3만 달러 이상의 신규 부채를 떠안으면 노후자금으로 마련해놓은 돈을 날리는 셈이고, 은퇴 이후 삶의 질이 떨어질 것이다. 상황이 더 안 좋을 경우엔 죽을 때까지 그 빚을 갚아야 할지도 모른다. 절대 그런 일은 없어야 한다!

둘째, 자녀의 학자금 대출 서류에 연대보증을 서면 안 된다. 그렇

** 우리나라에는 529 플랜처럼 교육비에 특화된 비과세 저축계좌는 없지만, 자녀 명의 펀드나 ETF 계좌를 통해 장기 투자하는 방식이 유사한 역할을 한다. 청년형 ISA 등 일부 상품은 일정 요건을 충족하면 수익 일부에 비과세 혜택도 주어진다. 다만, 교육비 용도로 한정되지 않기 때문에 세제 혜택은 미국보다 제한적이다. - 편집자주

게 하면 당신이 지금까지 했던 재무 관리 교육은 모두 수포로 돌아간다. 그간 말이야 어떻게 했든 결국 대출해도 좋다고 자녀에게 직접 보여주는 셈 아닌가. 연대보증을 서면 자녀와의 관계도 달라질 것이다. 부모와 자녀가 함께 부채를 떠안게 되면 두 사람 사이에는 갈등이 끼어든다. 만약 자녀가 할부금을 갚지 못하면 부모가 그 돈을 내야 한다. 자녀가 할부금을 내지 못했거나 아니면 내려고 하지 않아서 부모가 1년 치 할부금을 대신 갚았다고 하자. 그럴 경우 명절에 함께하는 저녁 식사 자리가 마냥 즐겁지만은 않을 것이다. 부모는 조금씩 불만이 쌓일 테고 또 자녀는 자녀대로 죄책감과 부끄러움에 괴로울 것이다. 아니면 부모가 빚을 갚아주는 게 당연한 듯 자녀가 아무렇지 않게 앉아 있을 수도 있을 것이다. 그런 자녀를 본다면 기분이 어떨까? 부모와 자녀 사이를 위험에 빠뜨릴 수 있는 선택을 하지 말라. 대학 학자금이 그런 희생을 치를 만큼의 가치가 있는 건 아니다!

셋째, 자녀의 학자금을 대주겠다고 노후자금을 꺼내 쓰는 것은 절대 금물이다. 이렇게 하는 부모를 지금까지 많이 봤는데, 멍청하고도 멍청한 짓이다! 당신의 노후를 책임지는 저축은 퇴직연금뿐이지만, 아이들은 대학 학자금 문제를 해결할 방도가 다양하다. 이제 그 방법에 대해 자세히 살펴보자.

대학 학자금은 누가 책임져야 하는가?

자녀가 어리고, 부채가 없고, 퇴직연금에 저축하는 중이고, 학자금을 저축할 시간 여유가 있는 경우에는 ESA와 529 플랜이 효과가 좋다. 그러나 고등학교 졸업이 코앞에 있고, 대학 학자금을 마련할 방도가 없다면 어떻게 해야 할까? 참 어려운 상황이다. 돈도 돈이지만 이런 상황에 놓이면 감정에 치우쳐 성급한 결정을 내리는 부모들이 많다. 이는 결국 책임의 문제다. 대학 학자금은 누가 책임을 져야 할까? 참고로, 부모에게는 그 책임이 없다.

먼저 대학 교육은 자녀가 마땅히 누려야 할 특권이 아니다. 고등학교 이상의 교육까지 부모에게 학자금을 (전액 혹은 일부) 지원받을 자격은 없다. 부모는 이미 18년 동안 자녀를 입히고, 먹이고, 따뜻한 보금자리를 제공했다. 부모가 학자금을 대줄 형편이 아닌데 자녀가 대학에 가고 싶어 한다면 자녀 스스로 방법을 마련해야 한다. 마음만 먹으면 부채 없이도 대학에 갈 수 있다. 앞으로 몇 가지 방법을 살펴보겠지만 거기에 학자금 대출 방안은 들어가지 않는다.

그렇다고 고등학교 졸업식 바로 전날 이 소식을 전해 자녀를 놀라게 하지는 말자. 자녀가 청소년기에 이르면 대학 학자금으로 부모가 얼마나 지원할 생각인지 미리 얘기해야 한다. 자녀가 고등학교에 다니면서도 할 수 있는 일들을 알려주고 아이도 자기 몫을 담당하도록 시켜야 한다. 청소년기 자녀에게는 저축 목표 두 개가 있다. 하나는 자동차 구매이고 또 하나는 대학 학자금 마련이다. 자기 자동차를 마련하기 위해 저축하고 현금으로 자동차를 구매하는 과정에서 아이는 근면한 태도와 독립심을 기른다. 학자금 역시 일부나마 직접 마련하도록 방침을 세우면 자기 자신의 미래가 걸린 일인 만큼 모든 면에서 훨씬 흥미로운 경험을 할 수 있다.

만약 부모가 학자금 일부를 대줄 여력이 된다면, 지원하는 방식을 현명하게 선택해야 한다. 최근 부모에게 학자금 절반을 지원받기로 한 학생과 대화를 나눈 적이 있다. 그 여학생은 봄방학과 여름방학 때 아르바이트를 해서 1학기 학자금을 충당했고, 그녀의 부모는 매년 2학기 학자금을 지원했다. 나는 그 가족이 학자금을 해결해나가는 방법이 무척 훌륭하다고 생각했다. 그 여학생은 한 학비를 저축하기 위해 봄방학과 여름방학을 이용했다. 매년 한 번씩 학자금을 마련해야 했기에 그 여학생은 부모의 돈이 소진될 때까지 손 놓고 기다리지 않고 부지런히 일했다.

내가 말하고자 하는 요지는 이거다. 열여덟 살이면 엄밀히 말해 성인이고, 자기 인생을 책임질 나이다. 그렇다고 부모가 도울 수 있는데도 돕지 말라는 말은 아니다. 자녀의 교육비를 지원할 수 있다는 것은 큰 축복이다. 하지만 부모로서 학자금을 내지 못한다고 죄책감을 느낄 필요는 없다. 대학을 준비하는 시기는 자녀의 인생에서 매우 중요한 시기이고, 부모가 아이에게 가르쳤던 재무 관리 교육이 과연 어떤 결실을 볼지 지켜보는 첫 번째 시험 무대가 될 것이다.

대학 선정하기

빚지지 않고 대학을 졸업하는 데 가장 중요한 일 중 하나가 대학을 선정하는 일이다. 이 결정 하나로 자녀의 미래가 크게 달라진다. 학위증서에 적힐 대학 이름이 중요하다는 말이 아니다. 자녀의 경제적 형편에 맞게 학교를 선택하는 게 중요하다는 뜻이다. '형편에 맞는' 자동차를 사야 하듯이 대학교도 마찬가지다. 형편에 맞는 대학이란 학자금 대출을 받고 그 '할부금'을 낼 수 있다는 뜻이 아니라 그 대학의 등록금을 자녀가 '스스로' 낼 수 있어야 한다는 뜻이다. 대학 교육 역시 자동차나 주택 구입과 마찬가지로 목돈이 필요한 소비 품목의 하나다. 그런데도 이렇게 생각할 줄 모르는 학부모와 학생들이 너무 많다. 대학은 마땅히 누려야 하는 '권리'가 아니라 일종의 '소비' 행위다. 따라서 대학을 선정할 때도 비싼 물건을 구매할 때처럼 여러 상점을 둘러보면서 자기 형편에 맞는 곳을 골라야 한다!

학자금 대출 부채가 심각한 문제라고 하지만, 확신컨대 부모 역할을 제대로 못 하는 양육의 문제도 못지않게 심각하다. 부모는 아이가 몸이 커지면 그만큼 의사결정 능력도 커지고 현명해졌으리라고 생각하기 십상이다. 하지만 실제로는 그렇지 않다. 아이들이 스스로 결정을 내리고 어른답게 행동하기를 바라는 것은 부모로서 당연한 일이다. 하지만 옆에서 아무 조언도 주지 않고 아이들이 지뢰밭을 배회해도 그대로 방치하는 건 무책임한 일이다. 만약 당신이 운영하는 회사에서 열여덟 살짜리 직원을 고용했다고 치자. 아직 업무교육도 제대로 받지 못한 그 신입 직원에게 10만~20만 달러짜리 프로젝트를 알아서 진행하라고 맡기겠는가? 아마도 그렇지 않을 것이다. 경험이 부족해서 그만한 역량이 안 된다고 판단하기 때문이다. 만약 그렇게 하는 상사가 있다면 그 사람은 멍청이 취급을 받을 것이고, 실패할 게 뻔해 보이는 일을 떠맡은 신입 직원을 다들 가여워할 것이다.

자녀가 어느 대학에 지원할지 또 어떤 분야를 전공할지 결정할 때 부모들도 이 멍청한 상사와 똑같은 실수를 저지른다. 부모들은 아이들에게 최선을 다하라고 말만 하면서 방치하고, 정부는 담보도 없고 경험도 없고 지혜도 없고 게다가 대개는 아무 해결책도 없는 아이들에게 학자금 대출을 받을 수 있게 보장한다. 그러고는 다들 팔짱 끼고 서서 학자금 대출 위기가 심각하다고 목소리를 높인다. 말도 안 되는 소리다! 그 위기는 제 역할을 못 하는 부모와 어리석은 정부 때문에 발생한 것이다. 바로 그 때문에 오페라 석사 학위를 얻자고 12만 달러나 빚지는 현상이 나타나는 것이다. 아마 그 학생은 전공을 살리기는커녕 싸구려 식당에서 일하며 빚을 갚느라 청춘을 다 보낼 것이다.

자녀가 '다 컸다'고 생각되더라도 대학과 전공을 선택할 때는 반드시 부모가 개입해 올바른 길로 인도해야 한다. 소통의 문을 열어두고, 자녀가 어리석은 선택을 하지 않도록 주의를 주고, 필요하다면 돈줄을 끊을 각오도 해야 한다. 정신 나간 짓에 돈을 보태주면서 그게 다 아이를 위한 일이라고 말하지 말라.

하루는 한 아버지가 무척 심란한 목소리로 내가 진행하는 라디오 쇼에 전화를 했다. 열일곱 살짜리 아들이 등록금이 매우 비싼 대학에 지원했는데 그 돈을 어떻게 마련해야 할지 난감하다는 것이다. 이 아버지는 내게 말했다. "제가 어떻게 해야 할까요? 아들은 꼭 그 대학에 가고 싶다는데." 맙소사! 대체 집안의 가장이 누구란 말인가? 이는 잘못된 양육으로 생긴 문제라고 나는 대답했다. 우리 집에서는 열일곱 살짜리 아이가 그런 말을 한 적이 없다.

등록금 수준을 고려하라

우리 삼 남매가 나이가 들자 어머니와 아버지는 대학에 관한 이야기를 꺼내기 시작했다. 부모님은 우리에게 가르친 돈 관리 원칙을 몸소 실천했고, 감사하게도 우리 세 사람의 대학 학자금을 모두 마련할 능력이 있는 분들이었다. 하지만 아버지는 우리 셋의 대학 학자금을 지원하겠지만, 그 대신 무한정 지원받을 생각은 하지 말라고 일찌감치 선을 그었다. 아버지는 우리에게 대학에 가서 좋은 성적을 내야 하고, 4년 안에 졸업해야 하며(그 이상 걸릴 때 발생하는 비용은 우리 책임이었다), 대학은 우리가 거주하는 테네시 주에 있는 공립대학을 선택해야 한다고 말했다. 셋 중에 가장 반항심이 많던 나는 앨라배마 주에 있는 오번 대학교에 가고 싶다고 말했다. 그랬더니 아버지는 이렇게 말했다. "그럼, 부지런히 저축하는 게 좋겠구나. 엄마하고 아빠는 테네시 주의 공립대학 등록금 수준만큼 지원할 테니까 나머지 차액은 네가 감당하면 된다."

나는 등록금을 검색해보았고, 다들 짐작하듯이 내가 알아낸 정보는 적잖이 충격적이었다. 내가 대학에 들어갈 당시 미국 공립대학의 연간 등록금은 평균 8,665달러다. 그런데 만약 거주지를 떠나 다른 주의 공립대학에 들어가면 그 비용은 평균 2만 1,706달러로 거의 세 배에 달했다. 풀이 죽은 나는 부모님에게 돌아가서 테네시 주에 있는 대학에 지원하겠다고 말했다. 램지 집안의 세 자녀는 모두 테네시 주를 벗어나지 않았고 모두 공립대학에 들어갔다.

어머니와 아버지는 사실 우리가 원하는 대학이면 어디든 보내줄 수 있는 형편이었다. 하지만 그만한 자금이 있다는 것이 등록금이 비싼 대학에 진학해야 하는 이유가 되는 건 아니다. 세상을 살아보니 굳이 다른 주에 있는 대학에 들어가 공부하면서 세 배나 많은 학비를 써야 할 타당한 이유가 없다. 나는 대학에서 강연을 많이 하는데, 학자금 대출까지 받아서 세 배나 더 비싼 등록금을 내고 학교에 다닌다는 한 학생의 얘기를 듣고 말문이 막혔다. 자기 고향에 있는 주립대학에서 똑같은 학위를 받을 수 있는데도 말이다. 똑똑하지 못한 선택이다. 고맙게도 나는 우리 부모님 덕분에 대학을 선택하는 과정에서 무리수를 두지 않을 수 있었다.

사립대학 대 공립대학

자녀가 사립대학에서 우수한 교육을 받고 멋진 경험을 누릴 수도 있지만, 거기에는 그만한 대가가 따른다. 사립대학의 평균 학비는 연간 4만 달러를 넘어섰다. 거주자 학비를 적용받는 공립대학에 다녔다면 냈을 금액의 거의 네 배에 해당한다. 공립대학 대신 사립대학에 진학하면 네 배나 질 좋은 교육을 받는가? 그 사립대학의 졸업장을 받는 즉시 공립대학 졸업장을 받은 사람보다 노동시장에서 네 배나 많은 몸값을 받을 수 있는가?

학위가 필요한가 아니면 간판이 필요한가?

부모가 학자금을 무한정 지원할 수 있거나 자녀가 4년간 전액 장학금을 받는다면, 얼마든지 원하는 대학에 가도 좋다. 나는 사립대를 싫어하는 게 아니다. 내슈빌에는 남부의 명문인 밴더빌트 대학교가 있다. 학문적으로 인정받는 훌륭한 대학이지만 학비가 테네시 주립

대학의 10배에 달한다. 밴더빌트 대학교가 학문적으로 더 훌륭한가? 십중팔구는 그렇다고 대답할 것이다. 아무리 그렇다 해도 10배나 더 훌륭한가? 밴더빌트 졸업생들의 소득이 10배나 높은가? 아니다. 그렇다면 명문대 간판을 얻으려고 빚더미에 빠지는 일은 정신 나간 짓이 분명하지 않은가?

우리 회사에서 일하는 직원은 현재 수백 명에 이르고, 또 나는 회사를 세운 이래로 수천 명을 직접 고용했다. 하지만 단 한 번도 출신 대학을 보고 사람을 뽑은 적이 없다. 사업상 변호사를 고용해서 일할 때도 많은데, 그들이 어느 로스쿨에 다녔는지 나는 모른다. 또 의사에게 치료를 받기 전에 그가 좋은 의대를 나왔는지 확인하려고 학위 증명서를 보자고 요구한 적도 없다. 좋은 대학을 나오면 더 많이 벌고 더 좋은 직장을 구하리라는 것은 미신이다. 물론 명문대 간판을 원하는 일자리도 있지만, 그런 일자리는 소수이므로 그것만 보고 결정을 내릴 수는 없다.

다시 한 번 강조하지만 나는 사립대를 문제 삼고 있는 게 아니다. 내 친한 친구의 딸은 전액 장학금을 받고 하버드대에 들어갔다. 그런 경우라면 당연히 그 대학에 가야 한다! 내 가족 중 한 사람은 전액 장학금을 받고 밴더빌트 대학원 과정을 밟았다. 그 아이의 선택 역시 타당하다! 또 다른 친구의 딸은 아버지의 모교인 기독교 대학에 들어갔는데 등록금이 아주 비싼 곳이었다. 하지만 수백만 달러의 재산을 지닌 내 친구는 전액 현금으로 등록금을 냈다. 나는 사립대학에 다니는 사람들에게 악감정이 없다. 내가 말하고자 하는 바는 이것이다. 명문대 간판을 얻으려고 10만~20만 달러의 부채를 끌어 써도 좋다고 누가 설득하려고 하거든, 절대 받아들여서는 안 된다는 것이다.

사립 초등학교와 사립 중고등학교

샤론과 나도 그랬지만 많은 부모가 자녀를 초등학교, 중고등학교에 보낼 때마다 공립학교에 보낼지 사립학교에 보낼지 심각하게 고민한다. 학부모들이 고민하는 요소는 크게 세 가지다. 첫째, 안전 문제. 부모들은 공립학교 환경이 아이들에게 안전하지 않다고 느낀다. 둘째, 교육 수준. 부모들은 사립학교가 공립학교에 비해 교육 수준이 우수하다고 느낀다. 셋째, 영적인 환경. 일례로, 기독교인은 개신교 신자든 가톨릭 신자든 자녀의 영적인 성장을 고려해 기독교 학교에 보내고 싶어 한다.

이 세 가지는 사립학교 진학을 고려하는 타당한 이유다. 그러나 아이들을 올바로 양육할 수 있는 유일무이한 환경이 사립학교라고 전제하는 것은 허황하기 그지없다. 사립학교를 나오면 더 성공하리라고 가정하는 것 역시 터무니없는 생각이다. 이 같은 전제가 옳음을 입증하는 연구도 찾아보기 어렵다.

물론 지금과는 시대가 다르지만 나는 어려서 공립학교에 다녔다. 그래서 샤론과 나는 우리 아이들을 어떤 학교에 보낼지 결정할 때 우리 거주지 내에 있는 공립학교를 두루 살폈다. 안전하고 교육 수준도 우수한 공립학교가 여럿 있었다. 공립학교는 법에 따라 운영되기 때문에 기본적으로 '기독교 학교'라고는 할 수 없지만, 다행히 우리가 거주하는 지역은 바이블 벨트(개신교 성향이 강한 미국 중남부와 동남부 지역의 여러 주를 통틀어 이르는 말-옮긴이)에 속하기 때문에 교사들이 대부분 기독교인이었다. 따라서 굳이 기독교 사립학교에 보낼 필요가 없었던 터라 앞서 말한 세 가지 요소를 모두 충족하는 공립학교에 보냈다.

학교를 결정할 때 반드시 명심해야 하는 두 가지가 있다. 첫째, 문제점을 지나치게 부풀리며 극단적으로 대응하면 안 된다. 특히, 안전 문제를 확대 해석하며 사립학교 진학을 합리화하지 말라. "저 공립학교에 보냈다가는 내 아이가 죽을지도 모른다"라는 식으로 전전긍긍할 필요는 없다.

둘째, 교육 수준을 따질 때는 상식적으로 생각해야 한다. 사립학교에서 제공하는 교육이 대개 공립학교보다 우수한가? 그렇다. 하지만 그러지 못할 때도 있다. 사립 초중등학교에 다닌다고 해서 성공을 보장받는 것은 아니다. 나는 이 두 가지의 상관관계를 뒷받침하는 증거나 연구 결과를 본 적이 없다.

공립학교보다 사립학교의 졸업률이 더 높고, 대학 진학률도 더 높은가? 그리고 사립학교 출신 학생들이 학문적으로 더 우수한 대학에 진학하는가? 그럴 가능성이 높지만, 그 학생들이 사립학교에 다녔기 때문에 훗날 인생에서도 성공하리라고 볼 수는 없다. 한 아이가 장차 인생에서 성공하느냐 하는 문제는 출신 학교보다는 부모와 이웃, 그 아이의 가정환경, 사회경제적 배경에 달려 있다.

사립학교 진학을 고려한다면 부모의 예산을 초과하지 않는 합리적 수준에서 결정해야 한다. 네 살짜리 아이를 사립유치원에 보내고 싶어 눈물을 흘리며 비통해하거나 집안을 파산 상태에 빠뜨려서는 안 된다. 이렇게 비이성적으로 행동하는 사람들이 있을까 싶겠지만 나는 늘 이런 사람들을 접한다. 자녀가 진학할 학교를 선정할 때 부모는 상식적인 수준에서 생각하고 행동해야 한다.

전공 선택

자녀가 흥미를 느끼고 평생 열정을 가질 수 있는 전공과목을 선택하도록 이끌어야 한다. 그렇다고 열여덟 살짜리 아이의 열정에 모든 것을 맡겨서는 안 된다. 부모에게는 아이의 열정과 창의성, 꿈을 격려하는 동시에 상식을 벗어난 결정을 내리지 않도록 균형을 잡아줄 의무가 있다. 예컨대 사회적 성공을 위해 부모가 실용성만을 고려해 전공을 선택하도록 조언하거나 강요하면, 아이가 그 전공에 열정을 느끼기는 어렵다. 이 경우 역설적이게도 열정이 없기 때문에 사회적 성공에서 멀어지는 결과를 낳는다. 반대로 실용성이 전혀 없는 전공을 아이가 선택하도록 그냥 놔두면 사회에 진출해 좌절할 게 분명하다. 그러므로 부모는 자녀가 전공을 선택할 때 열정과 실용성을 고려해 치우친 선택을 하지 않도록 안내해야 한다.

최근 스물아홉 살 먹은 남자가 내 라디오 쇼에 전화를 걸어 자신의 난감한 처지를 털어놓았다(앞서 잠깐 얘기한 그 남자다). 그는 오페라 석사 학위를 땄지만 그 학위를 따느라고 12만 달러 되는 학자금 부채를 떠안았다. 그런 학위를 갖고 졸업하는 사람이라면 아주 특출한 재능이 뒷받침되어야 한다. 목소리가 악기 수준은 되어야 한다는 말이다. 그런데 그는 재능은 차치하더라도 1년에 3만 5,000달러 이상 벌어본 적도 없다고 했다. 오페라 석사 학위 자체가 문제인 것은 아니다. 하지만 이 전공을 선택할 때 그의 부모는 어디에 있었던 걸까?

또 어째서 정부는 돈 없는 젊은 학생이 그렇게 많은 학자금을 대출받도록 허용한 걸까? 지금 그 남자는 고등학교 졸업장만 있어도 할 수 있는 일을 하며 빚을 갚고 있다. 그 많은 돈을 들여 석사 학위까지 따놓고도 말이다. 참으로 기가 찰 노릇이다.

정말 다양한 학자금 지원 제도

부모와 자녀가 함께 지원할 만한 대학을 탐색하는 순간부터 빈번히 접하게 되는 제도가 있다. 이 제도를 어떻게 이용하느냐에 따라 축복이 되기도 하고 저주가 되기도 한다. 이 제도의 이름은 각종 서류, 웹사이트, 심지어 사무실 문패에서도 쉽게 접하지만 이 제도가 정확히 어떤 위력을 발휘하는지 이해하는 사람은 별로 없는 듯하다. 이 제도 덕분에 빚이 하나도 없이 대학을 졸업한 학생들이 있는가 하면, 이 제도 때문에 졸업할 때 10만 달러 이상의 학자금 부채를 떠안은 학생들도 있다. 부모라면 이 제도의 정체를 속속들이 파악해야 한다. 내가 지금 얘기하려는 이것은 당연히 '학자금 지원' 제도다.

학자금 지원 제도는 장학금에서 담보대출에 이르는 온갖 종류의 학자금 지원을 포괄한다. 그 내용이 워낙 광범위해서 대학 등록금을 마련하기 위해 여러 가지 방도를 궁리하는 부모와 학생들을 더욱 혼란에 빠뜨리는 주인공이기도 하다. 자녀가 빚을 내지 않고 대학을 졸업하려면 이 미로 속을 빠져나가는 법을 배워야만 한다.

장학금: 공짜 돈이다!

대학 등록금을 내는 가장 안전하고도 비용 대비 가장 효과적이며, 최선의 방법은 장학금을 받는 것이다. 이 말을 듣고 놀라는 사람도 분명 있겠지만, 장학금은 사실 공짜 돈이나 다름없다. 그 돈을 받기 위해 일할 필요도 없고 나중에 그 돈을 갚을 필요도 없기 때문이다. 장학금 지급 사유는 거짓말 좀 보태서 100만 가지도 넘는다. "내 자식은 내가 잘 아는데 머리가 안 따라준다"고 말하고 싶은가? 상관없다. 학업 성적으로 주는 장학금만 있는 게 아니다. 학업 성적 말고도 다종다양한 기준에 따라 지급되는 장학금이 무궁무진하다. 지원할 수 있는 장학금을 열심히 뒤져볼수록 참으로 낯선 세계를 만나게 될 것이다.

내가 과장이 심하다고 생각하는가? 학자금 지원 제도의 장학금 승인 기준이 얼마나 기이하던지, 나는 일부러 그런 장학금만 살펴본 적도 있다. 그 결과 접착테이프로 최고의 무도회 의상을 제작한 학생에게 주는 장학금도 있다는 사실을 알아냈다. 우유 소비 캠페인을 상징하는 우유 콧수염 만들기 대회에서 우승한 학생에게 주는 장학금도 있었고, 심지어 좀비들이 들끓는 세상에서 살아남는 최선의 방법을 제시한 지원자에게 주는 장학금도 있었다. 농담이 아니다. 이런 이유들로 진짜 장학금을 준다! 지원 가능한 장학금이 이처럼 다양한 만큼 꼼꼼하게 조사하고 가능한 한 많이 신청하는 게 좋다. 이 일도 만만치 않다. 놀랍도록 근면한 자세가 필요한 일이다.

200달러쯤은 금액이 너무 적다고 생각해 장학금을 신청할 기회를 날려버리기 쉽다. 이 얘기를 하면 고등학생들에게 늘 듣는 말이 있다. "1만 달러를 내야 하는 판에 고작 200달러가 뭡니까. 신청할 필요도 없어요."

그건 틀린 생각이다!

이런 반박을 접하면 나는 항상 그 아이들이 다른 관점에서 이 문제를 생각해보도록 만든다. "우린 여기서 200달러를 버는 얘기를 하고 있어. 너희는 신청서를 작성하고 에세이 한 편만 쓰면 돼. 30분 정도면 될 일이지. 네가 제대로 한다면 반 시간 만에 200달러를 버는 거야. 내가 알기로는 그만한 시급을 주는 아르바이트가 없는 것 같은데?"

만약 내 아이가 고등학교 3학년에 올라간다면 나는 새로운 아르바이트 자리를 소개하겠다. 바로 장학금 신청하기다. 최근에 대학을 졸업한 한 학생과 대화를 나눈 적이 있다. 그녀는 고등학교 3학년일 때 어머니의 지시로 봄 학기 내내 장학금 신청서를 날마다 두 장씩 작성했다. 하루에 한 시간쯤 걸렸는데, 그 일을 할 때마다 내심 불만이 많았다. 하지만 아무리 투덜거려도 어머니는 그녀를 붙들고 놔주지 않았다. 나중에 장학금 승인 편지들이 쏟아져 들어오기 시작했고, 대학에 진학할 무렵에는 3년간 학비를 전액 면제받을 만큼 장학금을 확보했다. 그녀는 대학에 다니는 3년 동안 4학년 학비만 마련하면 되었다. 놀라운 일 아닌가! 어머니가 딸에게 준 놀라운 선물이었다. 그녀의 어머니는 이 과정에서 딸아이에게 근면성과 집념, 창의성을 가르쳤고 무엇보다도 적은 금액의 장학금이 하나둘 모이면 거금으로 변한다는 사실을 보여줬다.

학비 보조금: 이것도 공짜다!

학비 보조금은 일반적으로 대학, 개인 혹은 기관, 정부의 재정지원 프로그램에서 후원하는 장학금이다. 보통 가정 형편이 좋지 않은 학생에게 지원되고, 계속 보조를 받으려면 최소한의 성적을 유지해야만 한다. 그 조건만 제외하면 학비 보조금도 장학금이나 마찬가지이므로 자격 조건에 해당하는 가정은 무조건 신청하는 게 좋다.

좋은 성적을 내라: ACT 및 SAT 시험 준비반

ACT(미국 대학 입학 학력고사)나 SAT(미국 대학 입학 자격시험) 점수가 높을수록 장학금을 받을 가능성도 높다. 따라서 시험은 최소 두 번, 혹은 세 번까지도 치를 준비를 해야 한다. 시험을 보기에 앞서 높은 점수를 얻기 위해 ACT나 SAT 시험 준비반 과정을 들어야 한다. 시험 준비반을 운영하는 전문학원은 수도 없이 많다. 심지어 점수가 오르지 않으면 수업료를 돌려주겠다고 약속하는 학원들도 있다. 우리 세 아이는 모두 ACT 시험을 여러 차례 치렀고, 그 사이에 시험 준비반 과정을 들었다. 아이들은 시험을 치를 때마다 매번 성적이 올랐다. 성적을 올려 대학에서 장학금을 받을 수 있다면 시간과 노력을 들일 가치는 충분하다.

일자리를 구하라

아버지와 내가 학부모들에게 강의할 때 자녀가 대학을 다니면서 학업과 근로를 병행해야 한다고 얘기하면 온갖 반대의

견에 부딪힌다. 합당한 반대 이유도 있지만 나머지는 얼토당토않다. 부모들에게 들은 반대 의견 중에 크게 세 가지만 살펴보자.

"그러면 일하느라 학점은 엉망일 겁니다."
잘못된 통념이다. 이런 말을 하는 부모들은 사랑스러운 그들의 자녀가 종일 도서관에 앉아 고대로부터 전해 내려온 지혜를 흡수하며 공부에만 매진하는 줄로 생각한다. 미안하지만 부모들을 위해서도 이 같은 통념은 깨뜨려야 한다. 하루 중 8시간 자고 나머지 16시간을 오로지 학업에 쏟아 붓는 대학생은 없다.

　몇 시간 정도 아르바이트를 해도 자녀의 학업에 지장을 주지는 않는다. 오히려 성적 향상에 도움이 된다. 일주일에 10~19시간 근로하는 학생들이 전혀 아르바이트를 하지 않는 학생들에 비해 성적이 좋다는 연구 결과가 여럿 있다. 본인이 학비를 많이 조달하는 학생일수록 성적이 좋다는 연구 결과도 있다. 일반적인 통념에 벗어나는 결과이지만 다시 생각해보면 수긍이 간다. 자기가 돈을 내면 그만큼 소중하게 여기는 법이다. 앞에서 얘기했듯이, 나만 해도 내가 벌어서 구매한 자동차라 더 소중하게 관리했다. 자기가 직접 번 돈으로 학비를 내면 공부하는 시간이 더욱 소중하게 느껴져 시간을 더욱 알차게 활용할 가능성이 높다. 또 학업과 근로를 병행할 경우 목표와 우선순위를 올바로 설정하고, 시간을 효율적으로 관리하는 법까지 배우게 된다. 이거야말로 대학 시절에 습득하면 더없이 좋은 기술 아닌가.

"우리 아이가 대학 생활을 즐겼으면 좋겠어요."

누가 엄살떠는 사람들 좀 혼내주면 좋겠다 싶을 때가 있다. 과잉보호가 만연하다 보니 다들 정신줄을 놓은 게 아닐까. 독자들 중에도 대학 시절에 일을 하면서 학교에 다닌 사람이 많을 것이다. 학업과 근로를 병행한 사람이라면 잘 알겠지만, 일을 하면서도 얼마든지 대학 생활을 즐길 수 있다. 증거를 더 대지는 않으련다. 아이들이 대학을 다니는 동안 일하는 것을 아동학대쯤으로 생각하는 사람들을 보면 어이가 없다. 대학을 다니면서 꼭 일을 해야 한다는 소리가 아니라 일을 한다고 해서 큰일이 나지는 않는다는 얘기다.

우리 집 세 아이는 일을 하고 돈을 저축해서 자기들이 탈 자동차를 구매했고, 샤론과 나는 아이들을 위해 학자금을 저축하고 아이들의 등록금을 전액 납부했다. 하지만 이 선물을 계속 받으려면 다음 조건을 충족해야 했다. 책임감 있게 처신할 것, 좋은 성적을 유지할 것, 4년 내에 졸업할 것. 우리 집 두 딸아이는 여학생 동아리와 봉사 활동에 참여했고, 돈을 벌지는 않았다. 아르바이트를 해야 한다는 조건은 없었으니까 그걸 문제 삼지는 않았다. 반면 아들은 학교에 다니면서 일을 많이 했고, 돈을 벌며 경험을 쌓았다. 봉사활동도 빼놓지 않았다. 우리 아이들은 모두 썩 괜찮은 학점을 유지했고, 모범적으로 대학 생활을 하면서 4년 안에 졸업했다.

"어차피 단기 아르바이트로는 학비 대기 힘들어요."

만약 저축한 돈도 없고, 장학금이나 학비 보조금도 받지 못한 학생이 있다고 하자. 이 경우 섣불리 대학 생활에 뛰어들기는 어려울 것이다. 하지만 대학 수업은 1년 내내 진행되는 것이 아니다. 대부분의 미국 대학은 1년에 약 16주씩 두 학기, 총 32주 수업으로 구성된다. 다시 말해, 연간 약 20주 이상은 수업이 없는 기간이다.

이 20주 동안 주 40시간씩 아르바이트를 하고 시간당 15달러를 받는다고 가정하면, 세전 기준으로 약 12,000달러를 벌 수 있다. 2024년 기준으로 거주자 기준 주립대 등록금은 평균 약 11,260달러다. 따라서 학기 중간과 방학 기간에 집중적으로 아르바이트를 하면 등록금을 마련할 수 있는 수준이라는 얘기다. 물론 기숙사 비용이나 교재비, 생활비 등을 고려하면 추가 비용이 발생하겠지만, 일정한 계획 아래 등록금만큼은 스스로 감당할 수 있는 여지가 여전히 존재한다.

돈 문제 말고 시기의 문제도 염두에 둬야 한다. 만약 고등학교를 졸업하는 자녀가 신학기가 되어서야 대학 등록금을 마련할 방법을 찾는다면 학기를 쉬는 방안도 고려해야 한다. 부모 입장에서는 자녀에게 학기를 쉬게 하는 게 가혹하게 느껴질지 모르지만, 학기를 쉬지 않으려고 학자금 대출을 받고 졸업 후에 오랫동안 고생하는 것보다는 훨씬 유익한 선택이다. 휴학을 안 한다면 더 좋겠지만 때에 따라 휴학하는 게 합리적일 수도 있다. 따라서 부모는 이런 경우를 대비해 자녀가 고등학교에 다닐 때 일찌감치 이런 주제를 놓고 대화를 나눠야 한다.

분수에 맞는 대학 생활

영화와 텔레비전에서 묘사하는 대학 생활은 안락하고 낭만적이다. 학생들은 넓은 아파트를 얻어 함께 생활하고, 끼니마다 외식을 하고, 동기들끼리 파티를 하는 중에 아르바이트 가야 한다고 도중에 일어서는 학생도 없다. 현실은 전혀 다르다. 형편없는 기숙사도 부지기수인 데다 대학가 주변 아파트는 허름하기 그지없다. 계절별로 건강하게 식단을 짜서 호텔처럼 신선한 재료로 음식을 제공하는 학생식당도 드물다. 이러한 현실에 충격을 받고 자신들이 꿈꾸던 낭만을 실현하려고 엄청난 금액을 대출받는 학생도 많다. 심지어 안락한 생활 방식을 유지하느라고 학자금으로 대출받은 돈을 유용하기까지 한다. 이는 크나큰 잘못이다. 빚 없이 대학 생활을 마치려면 등록금과 생활비를 마련하는 것도 중요하지만, 자녀가 분수에 맞는 생활 방식을 유지하도록 지도하는 게 어쩌면 더 중요할 수도 있다.

대학 생활을 시작할 때가 되면 부모는 자녀가 비상사태에 대비해 은행에 500달러의 비상금을 예치해두고 다달이 예산에 맞춰 생활하도록 조치해야 한다. 더욱이 부모가 매달 용돈을 보내는 경우, 학생은 그 돈을 규모 있게 사용할 책임이 있다. 만약 자녀가 보름에 한 번씩 집에 전화해서 돈을 더 요구한다면 이는 문제가 있다. 대학생 자녀를 앞에 앉혀놓고 돈을 어떻게 소비하는지 점검할 필요가 있다. 대학 생활에 들어가는 비용을 꼼꼼히 계산하지 않는 학생도 많다. 자녀가 잘 몰라서 임대료가 비싼 주택에서 지내고 있을지도 모르니 기숙사에서 지내는 방안과 따로 숙소를 구하는 방안을 비교해 최선의 숙소를 찾아주어야 한다. 식비는 돈이 가장 많이 들어가는 품목이다. 학생식당을 이용하는 방안과 장을 봐서 요리하는 방안 중에 형편에 맞는 안을 골라야 한다.

그 외에 과외로 참여하는 활동에도 돈이 들어간다. 친선 모임, 동아리 활동, 교내 스포츠 활동, 기타 학교 행사에 참가하려면 가입비와 활동비가 필요하다. 그러니까 돈을 함부로 탕진한다기보다는 대학 생활에 들어가는 경비를 꼼꼼하게 고려해 예산을 짜지 않은 탓에 곤란을 겪을 수도 있다. 생활비가 부족하다고 자녀가 전화를 할 때마다 현금인출기 노릇을 하지 말고, 자녀가 예산을 꼼꼼하게 세워 규모 있게 생활하도록 지도해야 한다.

숙소 정하기

자녀가 대학 생활을 하면서 학비보다 생활비를 더 많이 쓰는 건 아닌지 지켜봐야 한다. 이탈리아제 욕조와 채광창, 라켓볼 코트가 딸린 고급 아파트에서 신형 자동차를 몰고 다녀야 대학을 제대로 다니는 건 아니다. 기숙사와 학생식당을 이용하면 숙식은 충분히 해결할 수 있다. 나는 대학에 다니면서 호수 근처에 있는 할아버지 소유의 오두막에서 지냈다. 오두막에서 지낸 첫해 겨울, 난방시설이라고는 벽난로 하나밖에 없어서 아침에 일어나면 숨을 쉴 때마다 입김이 하얗게 나왔다. 그렇다고 나를 가엽게 여길 필요는 없다. 나는 친구들과 함께 지냈는데, 오두막 생활은 우리에게 재미난 모험이었고 게다가 공짜였다. 또 호숫가에 있었기 때문에 겨울만 빼면 여기가 천국이라고 생각했다!

4년 안에 졸업하기

직접 돈을 벌기도 했지만 나도 어느 정도 가족의 도움을 받으며 대학 생활을 했다. 하지만 필요 이상 돈을 쓰며 계속 공부하고 싶은 마음은 없었던 터라 4년 안에 졸업할 계획을 세웠다. 나는 학위를 따는 데 필요한 수업은 놓치지 않고 수강했다. 대학에서 어서 벗어나고 싶었기 때문이다!

나중에 우리 집 장녀 데니스의 신입생 오리엔테이션을 따라갔다가 깜짝 놀랄 만한 사실을 알게 되었다. 오리엔테이션 진행자가 이 대학의 졸업률이 전국 평균을 넘었다고 자랑한 것이다. 졸업률이 53퍼센트가량 된다고 했는데, 이는 47퍼센트가 졸업을 못 했다는 의미다. 47퍼센트가 학위도 없이 학자금 부채만 떠안고 학교를 떠났다는 생각을 하니 기가 막혔다. 내가 대학 다니던 때를 생각하면 있을 수 없는 일이었다.

진행자는 계속해서 졸업생의 27퍼센트가 4년 안에 졸업한다고 설명했다. 그러니까 53퍼센트만이 대학을 졸업하고, 그중에서도 27퍼센트만이 4년 안에 졸업한다는 말이다. 나는 데니스 무릎에 놓여 있던 노트북을 잠시 빌려와 "그러면 빡세게 졸업 계획을 세워야겠구나!"라고 입력한 뒤 데니스에게 보여주었다. 만약 대학생 자녀가 졸업 계획을 세우고 죽기 살기로 그 계획을 이행하지 않으면 부모나 자녀나 값비싼 대가를 치러야 한다. 대학은 비영리단체가 아니다. 대학 직원들은 4년 졸업은 이제 비현실적인 얘기라고 설득하려 할 것이다. 절대 그 말을 믿어서는 안 된다! 4년 안에 학위를 따는 것은 '가능'한 일이며, 돈 관리 측면에서도 그렇게 해야 한다.

꿈은 원대하게

부채 없이 대학을 졸업하는 간단한 비결이 두 가지 있다. 바로 근면함과 철저한 준비다. 부모가 장기간에 걸쳐 학자금을 저축한 경우에도, 학생이 스스로 학자금을 마련하는 경우에도 이 두 가지는 꼭 필요하다. 자녀가 혼자 힘으로 대학 학자금을 모을 '가능성'은 분명 존재하지만, 그 가능성이 우연히 실현되지는 않는다. 그리고 학자금을 대출받는 것은 절대로 대안이 될 수 없다. 학자금 대출을 받으면 잠깐은 좋을지 몰라도 장기적으로 볼 때 고통이 훨씬 크다는 사실을 명심해야 한다.

《어느 장학금 수혜자의 고백Confessions of a Scholarship Winner》의 저자 크리스티나 엘리스Kristina Ellis를 본보기로 삼기 바란다. 크리스티나의 집안은 오랫동안 최저생계비 수준에도 못 미치는 삶을 살았고, 그녀의 어머니는 분명 대학 등록금을 내줄 형편이 못되었다. 그녀가 고등학교에 들어간 첫날 어머니는 딸을 앉혀두고 앞으로 인생을 어떻게 살고 싶은지 신중하게 생각해야 한다고 말했다. 어머니는 크리스티나가 고등학교를 졸업할 때까지는 책임지고 돌봐줄 것을 약속했지만, 그 이후에는 혼자 힘으로 헤쳐나가야 한다고 말했다.

이 이야기에서 내가 가장 좋아하는 부분은 크리스티나 어머니가 거기서 주저앉지 않았다는 점이다. 두 사람은 궁핍하게 살았지만 크리스티나의 어머니는 놀랍게도 딸이 원대한 꿈을 품도록 격려했다. 어머니는 크리스티나와 함께 사립대학에 무료로 다닐 수 있을 만큼 충분한 장학금을 받는 것을 목표로 세웠다. 이 목표를 달성하기까지

4년의 시간이 남은 크리스티나는 매일 진로를 놓고 고민했다. 크리스티나는 장래가 촉망받는 운동선수도 아니었고 비상한 두뇌를 지닌 학생도 아니었다. 체육특기 장학금은 선택 사항이 아니었고, 시험 점수도 평범한 수준이라 성적 장학금도 고려 대상이 아니었다. 과연 장학금이란 것을 받을 수 있을지 의아했지만 그래도 꿈을 포기하지 않았다. 크리스티나는 성적을 올리려고 학교에 가기 전에 과외 지도를 받았고, 방과 후에는 다양한 활동과 봉사에 참여해 명문대 입학 조건에 맞는 고등학교 생활을 보냈다. 크리스티나의 일과는 새벽 5시 45분에 시작해 저녁 9시에 끝났지만 절대 포기하지 않았다. 오히려 학년이 올라갈수록 목표에 더욱 매진했다.

크리스티나는 모든 장학금 신청서를 정성 들여 꼼꼼하게 작성했다. 장학금을 받는 만큼 자기가 대학을 다니면서 일할 시간도 줄어든다는 사실을 염두에 뒀다.

졸업할 때가 다가오자 거절 통지서가 하나둘 도착했다. 그런데 또 무슨 일이 일어났는지 아는가? 승인 통지서도 도착했다. 크리스티나는 자기가 장학금을 받는다는 사실이 믿기지 않았다. 심지어 그녀는 2만 달러짜리 장학금도 받았다. 코카콜라 장학재단과 빌&멜린다 게이츠 재단에서 받은 장학금도 꽤 금액이 컸다. 우편함에는 매일 통지서가 쌓였다. 거절 통지서가 여러 장이었지만 그중에는 승인 통지서도 꼭 한두 장 있었다. 크리스티나는 열심히 노력한 만큼 큰 결실을 보았다! 밴더빌트 대학교를 전액 무상으로 다니고도 돈이 남아서 다른 사립대학에서 석사 학위 과정까지 마칠 만큼 장학금을 많이 받았다. 크리스티나는 모두 50만 달러가 넘는 장학금을 받았다. 이런 일이 가능하리라고 생각해본 적 있는가? 홀어머니와 가난하게 살면서 고등학교에 다니던 평범한 소녀가 열심히 노력해서 무려 50만 달러를 번 것이다.

돈이 없어도 대학에 가는 길은 분명히 있다. 장학금을 신청하는 과정이 쉽지 않고 결과를 보기까지 참고 기다려야 하지만, 마음먹고 덤비는 학생이라면 모두 무료로 이용할 수 있는 돈이다. 자녀가 유치원생이든 고등학생이든, 혹은 당신이 자녀 학자금으로 20만 달러를 모았건 20달러를 모았건 그건 중요하지 않다. 빚을 내지 않고도 대학에 다닐 수 있다.

제 9 장

| 자족 |

감사할 줄 알아야
행복을 알게 된다

SMART　　　　SMART
MONEY　　　　　　　KIDS

나는 전쟁 영화를 좋아한다. 폭발 장면이나 사람들이 피를 흘리며 서로 싸우는 모습을 즐겨서가 아니다. 한 공동체가 자신들이 소중히 여기고 수호하는 가치를 위해 투쟁하는 모습을 좋아하기 때문이다. 적은 눈앞에 있고, 그들이 향하는 고지는 분명하다. 공동체의 숭고한 투쟁을 그리는 영화를 볼 때면 다른 영화에서 보기 힘든 열정과 신념을 느낀다. 영화 〈브레이브하트〉에서 윌리엄 월리스가 부대를 독려하는 연설을 들었을 때 나도 그와 함께 행군하고 싶었다. 칼과 방패를 들고 무엇보다 소중한 가치인 자유를 위해 그들과 함께 싸우고 싶었다.

소중한 가치가 위태롭게 흔들리고 싸울 명분이 정당할 때 선한 사람들은 의분을 느끼며 일어난다. 이들은 기꺼이 전쟁에 참여해 목숨을 각오하고 끝까지 싸울 것이다. 가만 생각해보면, 전쟁이라는 게 그렇게 멀리서만 일어나는 건 아니다. 오늘날 자녀를 키우는 부모라면 모두가 이미 전쟁을 치르고 있지 않은가.

부모들이 바라건 바라지 않건, 인지하건 인지하지 못하건 그들은 전쟁을 치르고 있다. 승자가 차지하는 전리품은 땅도 아니고 돈도 아니다. 부모들은 아이들의 마음을 차지하기 위해 치열하게 싸우는 중이다. 승리하길 바란다면 이 싸움이 얼마나 위험한지, 당신이 패할 경우 어떤 위기에 봉착하게 되는지 그 심각성을 먼저 인식해야 한다.

숨 막힐 정도로 천박한 소비사회에서 무차별적으로 퍼붓는 마케팅과 또래 집단의 압력으로 아이들의 마음이 공격받고 있다. 가만히 넋 놓고 있어서는 이 같은 위협에서 아이들의 마음을 지키지 못한다. 적들의 공격에서 자녀를 보호하려면 부모들이 일어나 계속해서 치열하게 싸워야 한다.

세상은 살벌한 야생이다

역사상 지금처럼 마케팅이 범람한 때는 없었다. 이전 세대가 1년에 걸쳐 접했을 광고량을 요즘에는 단 몇 시간에 접한다. 내 말을 곡해하지 말기 바란다. 나는 마케팅이나 광고에 저항하는 게 아니다. 나 역시 사업을 하면서 광고와 마케팅을 이용한다. 다만, 어떤 상품이나 서비스를 구매하지 않으면 당신의 인생이 불완전하다고 착각하게 하는 것이 마케팅의 목적임을 알아야 한다는 얘기다. 현재를 불평하게 하고, 그 마음을 해소하려면 지갑을 열어 제품을 구매해야 한다고 당신을 조종하는 것이 마케팅의 본질이다.

소비자여 깨어 있으라

마케팅 과잉의 시대를 살고 있는 만큼 현대인들이 삶에서 느끼는 불만 역시 역사상 어느 때보다 크다고 해도 무방하다. 우리 재정평화학교에서는 '소비자여 깨어 있으라'라는 강좌를 제공한다. 이 강좌에서 우리는 불평하는 마음이 구매 행위에 어떤 영향을 끼치는지 탐구한다. 여러 연구 결과를 보면 평균적으로 광고에 많이 노출된 사람들이 부채 금액도 더 높다. 그러니까 텔레비전 시청 시간과 부채 금액 사이에는 상관관계가 있다. 왜 그럴까? 이것도 사고, 저것도 사고 끊임없이 '뭔가'를 사라고 텔레비전에서 부추기기 때문이다.

불만이 제품 구매로 이어지고, 과도한 제품 구매는 빚더미로 이어진다는 사실을 어른들은 안다. 그리고 이게 나쁜 짓, 아주 나쁜 짓임을 어른들은 잘 안다. 하지만 우리 아이들은 어떤가? 마케팅의 공격을 받아 아이들에게 불평하는 마음이 들기 시작하면 어른과 달리 그들은 통제 불능 상태에 이를 수 있다. 그런데 요즘 아이들은 인지 능력이 생긴 순간부터 마케팅의 습격을 받는다. 매 분기 수익 증대를 목표로 삼고 광고를 쏟아내는 만화·장난감업계의 공격에 우리 아이들 마음이 무방비 상태로 노출되어 있다. 언제라도 불평이라는 치명적인 질병에 걸릴 위기에 처했다. 그럼에도 부모들은 무사태평이다.

기업에서 어떤 대상보다 교묘하게 또 지속적으로 마케팅을 펼치는 대상이 바로 어린이들이다. 이른바 '휴일 장사'가 얼마나 수익성이 좋은지 기업 입장에서 생각해보자. 사실상 거의 모든 휴일은 아이들에게 뭔가를 사줘야 하는 날이 되지 않았는가? 미국인들은 매년 핼러윈 데이에 수십억 달러를 쓰고 있다. 옛날 의상을 아무거나 걸치고 이웃한테 약소한 대접을 받던 풍습은 어디로 사라졌는가? 돈벌이에 혈안이 된 기업이 교묘한 마케팅을 펼쳐 핼러윈 축제를 수익성 높은 산업으로 변모시키고 말았다. 부활절이나 생일은 말할 것도 없다. 요즘 부모와 조부모들은 이전 세대에서는 한 가족 전체가 크리스마스에 쓰고도 남았을 금액을 아이 한 명의 생일 선물을 사는 데 쓰기도 한다.

'신제품'을 향한 욕망을 끈질기게 드러내는 어린이들을 당해낼 사람은 없다. 기업은 그런 아이들의 마음에 불만과 욕망을 끊임없이 불러일으킨다. 그렇게 하면 아이들이 최고의 영업사원이 되어 엄마와 아빠에게 자신들의 제품을 판매한다는 사실을 잘 알기 때문이다.

비교하면 끝이 없다

쉴 새 없이 변신하는 첨단 기기와 자동차, 패션은 신제품을 향한 사람들의 욕망을 잘 보여주는 세계다. 이 욕망에는 나이 구분이 없다. 심지어 은퇴한 노년층 중에도 신제품 앞에서 어린이처럼 환호하는 이들이 있다! 휴대폰과 전자기기, 패션업계에서는 거의 날마다 신제품을 내놓는 듯하다. 그리고 이런 물건들을 꼭 사야만 한다고 과장하고 부추기는 데 열을 올리는 세력은 텔레비전 광고만이 아니다. 첨단 기기 제조업체들이 서로 더 나은 제품을 내놓으려고 경쟁하는 가운데, 그들이 만들고 있는 신제품은 뉴스에도 소개된다. 애플이나 삼성, 토요타 등 여러 기업에서 신제품을 내놓을 때마다 케이블방송 뉴스에서 블로그에 이르기까지 사람들은 이들의 따끈따끈한 신제품을 소개하느라 바쁘다. 이상한 일이지만 신제품이 나온다고 하면 마케터, 기자, 블로거들이 각종 매체를 동원해 서로 질세라 관련 소식을 대문짝만하게 전한다.

내가 아는 한 친구는 애플의 신제품 발표 행사를 빼놓지 않고 시청한다. 그는 발표 당일 직장에서는 종일 눈과 귀를 닫고 지낸다. 신문 헤드라인이나 사무실에서 들리는 잡담으로 그 소식을 미리 접하지 않기 위해서다. 그리고 퇴근하면 부리나케 집으로 돌아간다. 내 보기에는 미친 짓이지만 그는 애플의 신제품 발표 행사를 그만큼 사랑한다. 그게 그렇게 대단한 일이냐고 내가 물었더니 그는 이렇게 말했다. "이 기업 제품을 좋아하거든. 이 기업에서 출시하는 제품은 결국 다 사게 될 것 같은 예감이 들어. 올해는 또 이 사람들이 뭘 사도록 만들까 확인하고 싶어서 이 행사를 지켜보는 거야."

뭔가 정곡을 찌르는 솔직한 발언이지만 서글픈 생각도 든다. '그들이 뭘 사도록 만들까 확인하고 싶어서' 신제품 발표 행사를 시청한다니. 이 친구는 돈 관리도 무척 잘하는 편인데, 그 기업이 파는 물건은 뭐든지 구매하고야 만다는 결정적 약점이 있다. 이 친구는 아이폰을 구매한 순간부터 그 물건을 애지중지 아끼고 사랑하지만 신제품 소식을 듣고 나면 그 마음이 순식간에 식는다고도 얘기했다. 신제품 소식을 들은 순간부터 자신이 갖고 있는 아이폰은 구닥다리에 굼벵이처럼 보인다나? 그 순간 그가 소유하고 있는 멋진 기기가 그에게 더는 아무 즐거움도 주지 못한다.

십대 아이들과 대화할 때 나는 이런 말을 한다. 신상품에서 행복을 느낀다면 남은 평생 쳇바퀴 속을 달리는 생쥐 신세가 될 것이라고 말이다. '다음번에' 출시되는 제품이 자기들을 행복하게 해주리라고 기대하며 계속해서 그 주변을 맴돌게 될 테니까. 그런 만족감은 오래 갈 리가 없기 때문에 그들은 수많은 시간과 정력을 쏟으면서 불만족의 악순환에 빠지게 된다. 우리는 클수록 좋고, 새로울수록 멋지다고 평가받는 세상에서 살고 있다. 언제고 내 것보다 더 좋은 제품은 세상에 등장하기 마련이다. 기업에서는 하루가 멀다고 신제품을 들이밀며 아이들의 돈과 주의를 빼앗으려 들 것이다.

애플광인 내 친구를 봐도 알 수 있듯이 나이가 많다고 만족할 줄 아는 게 아니다. 성숙한 사람만이 자족할 줄 안다. 열여덟 살이지만 자족할 줄 아는 학생이 있고, 마흔여덟 살에도 자족할 줄 모르는 어른이 있다. 자족할 줄 모르면 재정적으로 큰 곤란을 겪게 되겠지만, 기본적으로 자족은 돈이 많고 적음의 문제가 아니다. '내면'의 문제다. 허전한 마음을 채우려고 필요도 없는 물건을 꾸역꾸역 사들이는 사람들이 얼마나 많은가. 부모는 자녀가 마케팅의 공격에 대적할 수 있도록 준비시켜야 한다.

가장 튼튼한 갑옷과 방패

돈 문제에 똑똑하게 대처하는 자녀로 양육하고 싶다면, 자족할 줄 아는 자녀로 키워야 한다. 물론 말이 쉽지 실천하기는 어렵다. 자족할 줄 아는 자녀로 키워야 한다는 말에 가슴이 철렁 내려앉는 부모들도 있을 것이다. 내가 말하는 이 전쟁이 얼마나 치열할지 잘 알고 있기 때문이다. 하지만 자녀가 아직 한 지붕 아래 살고 있을 때 자족하는 마음을 심어준다면 그거야말로 자녀를 위한 최고의 보험상품이 될 테고, 자녀는 성인이 되어서 돈 문제뿐 아니라 인생에서도 승리할 수 있다. 자족할 줄 아는 사람은 저축하고, 예산을 세우고, 빚을 지지 않고, 성숙한 인간관계를 유지한다. 그리고 자기 삶에 만족하지 못해 힘들어하는 사람들보다 기부도 훨씬 많이 한다. 성경에 "스스로 만족하는 마음이 있으면 경건은 큰 유익이 된다"(디모데전서 6장 6절)는 말씀이 있다.

우리 회사의 강좌 중에 성인을 대상으로 하는 재무 관리 교육인 '새로 쓰는 우리 가족의 역사'가 있다. 이 가운데 자족하는 마음에 대해 배우는 과목을 디모데전서 말씀에 따라 '큰 유익의 법칙'이라고 부른다. 사람들은 만족하지 못하는 상태로 살아가고 싶어 하지 않기 때문에 특히 인기 높은 과목 중 하나다. 사람들은 자기 가족을 위해 얼마나 소유해야 충분한지 혹은 얼마나 소유하면 너무 과한지 알고 싶어 한다. 나는 지난 20년간 사람들이 재정적 평화와 만족을 얻는 길을 찾도록 힘써왔고 그 중요성을 잘 알고 있다. 그래서 이 교육 과정에서도 자족하는 법에 대해 철저히 다룬다.

현대인은 쉴 새 없이 일하고 새로운 욕망을 좇아 분주하게 움직인다. 이 같은 풍조에서는 더러 야망이 부족한 상태나 무감각한 상태를 만족한 상태로 착각하기도 한다. 하지만 이 두 가지 수동적인 특성은 자족하는 마음과는 전혀 성질이 다르다. 야망이 있고 없고는 자족하는 마음과는 아무 관련도 없다. 자족하는 마음은 영적인 경험이다. 폭풍우 가운데서도 평온을 유지할 줄 아는 마음이고, 이 평온함은 수동적인 상태가 아니다. 오히려 매우 능동적이다. 자족할 줄 아는 사람은 더 나은 사람이 되려 하고 더 선한 행동을 하려고 노력한다. 일이 하나 잘못되고, 뭔가를 하나 잃었다고 모든 희망과 꿈이 사라진 양 불평하지 않는다. 그런 사람은 이렇게 말할 것이다. "이게 내가 가진 전부라고 해도 내가 받은 것에 대해 하나님께 감사하겠어요. 하지만 내가 더 성숙해져서 좀 더 나은 세상을 만들 기회가 있다면 그 일을 하겠어요."

자족할 줄 아는 사람은 결단을 내리는 일을 피하지 않는다. 또 외부의 어떤 압박에도 눌리지 않기 때문에 섣부르게 어리석은 결정을 내리지 않는다. 자족하는 마음은 정체되어 발전이 없고 가만히 고여 있는 상태가 아니다. 자족하는 사람은 세상 좋은 것을 다 '소유한' 사람이 아니라 무엇이든 좋은 것으로 '만드는' 사람이다. 당신도 자녀들을 이런 사람으로 키우고 싶지 않은가.

만족은 내면에서 나온다

나도 이 말을 무척 좋아한다. 자족하는 사람은 세상 좋은 것을 다 '소유한' 사람이 아니라 무엇이든 좋은 것으로 '만드는' 사람이다. 어렸을 때 들은 이 말은 내게 깊은 인상을 남겼다. 가진 게 많다고 해서, 아니면 가진 게 멋지다고 해서 불만이 없어지는 건 아니다. 연봉을 15만 달러나 받으면서도 저축한 돈도 없고 퇴직연금도 마련하지 못한 채 빚에 쪼들리는 사람도 있지만, 연봉 5만 달러를 받아도 비상금을 비축해두고 퇴직연금에 꼬박꼬박 돈을 부으면서 빚 없이 사는 사람도 있다. 자기가 버는 소득과 물질에서 만족을 찾으려 하는 사람들이 있지만 거기서 만족을 찾기는 힘들다. 만족은 자기 안에서 솟아난다. 그리고 이 같은 만족을 찾고 나면 자기가 얼마를 벌든 혹은 얼마나 많은 물질을 소유하든 그건 중요하지 않게 된다.

전쟁에서 승리하는 법

앞서 말했듯이 현대 사회에서는 아이들의 마음을 차지하려는 쟁탈전이 벌어지고 있다. 아이들을 무방비 상태로 놔두면 무분별한 소비풍조에 마음을 뺏기고 만다. 그래서 기업이 광고하는 물건이나 체험을 돈 주고 사면 멋진 인생이 된다는 거짓말을 믿게 된다. 여기서 내 목표는 부모들이 분연히 일어나도록 자극하는 것이다. 그래서 요즘의 소비풍조와 맞서 싸우고 아이들에게 자족하는 법을 가르치는 부모가 되도록 말이다.

적에게 자비를 베풀지 말라

첫째, 이 싸움을 시작할 때 가장 먼저 기억해야 할 사항은 적에게 자비를 베풀어서는 안 된다는 것이다. 불만족이라는 적이 전선을 넘어 아이의 마음을 점령하면, 아이의 마음에 깃든 불만의 싹을 무자비하게 제거해야 한다. 불만족이라는 병균은 극히 치명적인 만큼 가차 없이 응징해야 한다. 불만의 싹이 조금이라도 보이면 부모는 즉시 칼을 들고 그 싹을 도려내야 한다. 사랑하는 아이의 마음을 지키려면 정확하고 무자비하게 적군을 무찔러야 한다. 또래 집단의 압력, 마케팅, 물질주의가 자녀의 마음에 침투해 불만을 키운다면 부모는 이를 발견하는 즉시 진압해야 한다. 자녀에게 경고해야 한다. 물질을 소유해도 좋지만, 그 물질에 지배당한다면 혹은 자기가 구매한 물건이나 자신이 소유한 돈을 보며 정체성을 확인한다면 그건 역겨운 인간이 되어가는 징표라고 말이다.

나는 물질적으로 성공한 삶에 반대하지 않는다. 아이가 어떤 물건을 놓고 하는 말이나 드러내는 감정을 보면 건전한 관점에서 물질을 추구하는지 아니면 자기 정체성을 확인하는 수단으로 쓰는지 구별할 수 있다. 예컨대 '다른 애들이 전부 갖고 있다'는 이유로 자기도 꼭 아이폰을 가져야 한다고 고집하는 애들이 있다. 이렇게 아이들이 특정한 물건에 대해 어떻게 행동하는지 살펴보면 정신 연령을 가늠할 수 있다. 만약 아이들이 나이에 걸맞게 행동하면 문제가 없다고 봐도 좋다. 하지만 실제 나이에 비해 네다섯 살쯤 어리게 행동하면 물질로 정체성을 확인하고 있다는 신호다. 열세 살 아이가 네 살배기처럼 행동한다면 잘못된 길로 가고 있는 것이다. 즉시 잘못된 생각을 뿌리 뽑아야 한다.

적에게 동조하지 말라

둘째, 자족할 줄 아는 아이로 키우기 위한 전쟁을 치를 때 부모가 적에게 동조해서는 절대로 승리할 수 없다. 물질로 정체성을 확인하면 안 된다고 아이들에게 종일 훈계하고서 정작 부모는 자동차나 고급 핸드백에서 자기 가치를 찾는다면 어떻게 될까? 레이첼이 '말보다는 행동'이라고 누차 강조했다. 맞는 말이다. 부모가 물질주의에 빠져 있으면 그 부모는 적에게 동조하는 것이고, 그렇게 되면 전쟁에서 이기려고 온갖 노력을 해봤자 소용이 없다. 그저 패배를 향해 진군할 뿐이다.

최소한의 것만 지니고 도인처럼 살라는 말이 아니다. 열심히 일해서 저축한 돈으로 좋은 물건을 사며 즐거워해서는 안 된다고 주장하는 것도 아니다. 다만 부모가 그런 물건들을 어떤 마음으로 대하는지 자녀에게는 다 보인다는 말이다. 새로 뽑은 자동차에 긁힌 자국을 보면 이성을 잃고 흥분하는가? 그렇다면 자녀에게 저건 그냥 자동차가 아니라 당신이 숭배하는 물질이라고 이야기한 거다. 물건을 조심스럽게 다루는 태도와 그 물건을 숭배하는 태도는 별개의 문제다. 부모님이나 조부모님이 무척 소중하게 여기는 물건을 다들 본 적이 있을 것이다. 단순한 '물건'이 아니라 집안 어른들이 강한 애착을 품고 있는 그런 물건이 하나쯤은 있는 법이다. 집안에서 가보로 여기는 도자기가 있다면 당연히 아이들도 소중히 다룰 줄 알아야 한다. 그리고 물건을 함부로 쓰고 관리할 줄 모르는 아이로 키우고 싶은 부모는 없을 것이다. 하지만 집안에서 애지중지하는 도자기가 깨졌다고 해서 드러눕는다면 이는 부모에게 정신적으로 문제가 있는 것이다.

그러므로 이 전쟁에서 승리하려면 부모에게 배운 방식 그대로 자녀가 따라 한다는 사실을 명심해야 한다. 자녀가 행복이나 기쁨을 어디에서 느낄지, 자신의 정체성을 무엇으로 규정할지는 부모에게 달렸다. 물질주의에 감염된 부모가 자녀들 마음에서 어떻게 물질주의를 몰아내겠는가. 부모는 먼저 자기 마음을 들여다보면서 불만의 싹을 제거하고, 집안의 역사를 새로 쓰겠다는 각오를 품고 이 전쟁에 뛰어들어야 한다.

일상에서 가르쳐라

매주 한 번씩 시간을 정해 교재를 펴놓고 아이들에게 인생 수업을 하겠다는 식은 곤란하다. 샤론과 나는 항상 우리 주변에서 또 아이들

주변에서 일어나는 일상에 집중했고, 거기서 자연스럽게 돈과 관련한 가르침을 줄 기회를 찾았다. 자족할 줄 아는 아이로 키우는 세 번째 전략은 이처럼 가르침을 줄 수 있는 일상의 순간을 찾는 것이다. 이 전쟁에서 패배한 사람들을 살펴보면, 대개는 자기가 소유한 물질에서 자부심을 느끼며 줏대 없이 사는 사람들이다.

자녀 친구나 당신 친구들 중에 불만족투성이인 사람이 있고, 그가 물질에 무릎 꿇는 모습을 자녀가 목격했다면 즉시 그 문제로 자녀와 토론해보자. 자녀에게 그 상황을 어떻게 생각하는지 물어보자. 다섯 살짜리 아이라도 깜짝 놀랄 만한 통찰을 보여줄 것이다. 물론 사건의 당사자를 험담하지 않도록 주의하고 물질에서 만족을 얻을 수 있다는 생각을 깨뜨리는 데 집중해야 한다. 가령, 삼촌이 사건의 당사자라면 삼촌이 물건을 사면서 비로소 자부심을 느끼는 데 대해 어떻게 생각하는지 물어보자.

자족할 줄 아는 자녀로 키우는 전쟁을 치르면서 물질적 부를 누리는 삶까지 비난하지 않도록 주의해야 한다. 어떤 사람이 모범적인 삶을 살며 부를 축적했고 적절한 소비를 즐긴다면, 그 사람의 성공을 축하해주고 아이들에게도 그런 삶을 본받게 해야 한다.

다른 사람의 실패를 계기로 삼아 가르침을 줄 수도 있지만 자녀가 매일 겪는 평범한 일상에서도 계기를 찾을 수 있다. 우리 딸아이들은 중학생이었을 때 친구들과 함께 쇼핑몰에 놀러 가게 해달라고 종종 부탁했다. 하기야 열세 살 나이면 온 쇼핑몰을 헤집고 다녀도 기운이 넘칠 때다. 나는 이따금 운전기사로 고용되어 딸애와 친구들을 쇼핑몰에 데려다 주었다. 쇼핑몰까지 가는 도중에 대화가 빠질 리가 없다. 아이들은 엄청나게 수다를 떨었다!

쇼핑몰 입구에 차를 세우면 애들이 내리기 전에 치르는 의식이 하나 있었다. 여느 아버지처럼 안전에 대해 주의를 주었고, 그런 다음에는 나의 '행복 이야기'로 끝을 맺었다. 나는 아이들에게 쇼핑몰에 가는 김에 뭐 좀 가져다 달라고 부탁했다. 이렇게 얘기하면 아이들은 흥겨워했다. 아빠에게 받은 임무를 띠고 쇼핑몰에 들어가는 것과 그냥 구경만 하러 들어가는 것은 기분이 다르기 때문이다. 내 요구 사항은 늘 똑같았다. "저기 들어가거든 행복 상자 좀 구해다 주려무나. 너희가 항상 저기서 행복을 찾는 걸 보니 저곳에 행복이 있는 게 분명하겠지. 아마도 갭 매장과 식당가 사이 어디쯤에 있지 않을까? 내가 너희를 태워다 준 보답으로 돌아올 때 행복 상자 하나만 갖다 주려무나." 물론 이 말을 듣고 우리 딸들은 당황했고, 친구들은 영문을 몰라 눈을 굴렸다. 쇼핑몰을 향해 가면서 친구 중 하나가 이렇게 말하는 소리가 들렸다. "너희 아빠, 진짜 이상해."

아이들을 보면서 두 가지 목적을 달성한 나는 행복했다. 첫째, 진짜 중요한 가치가 무엇인지, 돈을 주고 살 수 없는 것이 무엇인지 생각해보게 할 수 있었다. 둘째, 십대 아이를 쩔쩔매게 했다. 이건 십대 아이를 둔 아버지라면 누구나 꿈꾸는 일 아닌가?

아이들의 생각을 바꿔놓아라

불만족을 생산하는 요즘 세태와 맞서 싸우는 네 번째 전략은 소유한 것이 많든 적든 이와 상관없이 기뻐할 수 있다는 사실을 자녀가 깨닫게 해주는 것이다. 나는 페루에서 자원봉사활동을 하며 내 삶에 만족하는 법을 배웠다. 그 여행은 어머니와 아버지가 내게 준 최고의 선물 가운데 하나다. 열두 살에 처음으로 페루 여행을 다녀온 나는 그때 경험으로 세상에 눈을 떴다. 사실상 가진 게 아무것도 없는 소년, 소녀들을 만나며 내 생애 처음으로 절대 빈곤을 목격했다. 그것도 코앞에서. 첫 여행에서 큰 충격을 받은 나는 특히 내가 소유한 물건과 내 인생에 대해 다시 생각하게 되었다.

첫 번째 페루 여행이 내 눈을 뜨게 했다면 두 번째 페루 여행은 내 삶을 바꿨다. 그때 나는 열일곱 살이었고 거기서 만난 사람들한테서 특별한 것을 보았다. 그 사람들은 다들 행복했다. 행복하다는 말로는 부족하다. 내가 일상적으로 당연하게 누리는 많은 문명의 이기를 전혀 알지 못하는데도 그 사람들은 삶에 만족했고 기쁨이 충만했다. 처음 며칠간 나는 어찌 된 영문인지 혼란스러웠다. '나는 가진 게 많아도 불만스러운데 저 사람들은 아무것도 없으면서 어떻게 저렇게 기뻐할 수가 있지?'

그 여행 기간에 내 세계관이 바뀌었다. 페루에서 만난 친구들한테 배운 교훈을 내 삶에 적용한다면, 내가 어떻게 바뀔지 또 내 일상이 어떻게 변할지 궁금해졌다. 예전처럼 최신 휴대폰이나 신상품 재킷에 더는 관심을 두지 않는다면 어떨까? 내가 소유한 물건이나 또 '더 많이' 소유하고 싶은 욕구에 내가 더는 휘둘리지 않는다면 내 인생은 어떨까? 나는 다른 인생을 그려보기 시작했다.

여행이 끝나갈 무렵 우리는 오지의 어느 마을을 찾아가 그곳 주민들에게 아침과 점심을 대접했다. 점심을 준비하기 전에 아이들과는 게임을 하고, 어른들을 대상으로 성경공부를 진행했다. 그날 온

종일 껌딱지처럼 내게 붙어 다닌 귀여운 소녀가 한 명 있었다. 얼굴은 흙투성이에 머리는 헝클어지고 옷차림은 너덜너덜했지만 그 아이의 미소가 나를 사로잡았다. 그 아이의 미소는 놀라울 정도로 아름답고 해맑았다. 내가 어디를 가든지 내 곁에 서서 쉴 새 없이 수다를 떨었다. 물론 그 아이가 한 말을 나는 대부분 알아듣지 못했다. 고등학교에서 배운 스페인어만으로는 흥에 겨운 소녀가 쉬지 않고 내뱉는 말의 의미를 도무지 따라잡을 수 없었다. 특히 내가 가방에서 자주색 스티커 한 갑을 꺼내서 주자 그 아이의 흥겨움은 절정에 달했다. 대형 마트에서 몇 달러만 주면 구할 수 있는 싸구려 스티커였지만 이 소녀는 몹시 귀한 보물이라도 얻은 양 즐거워했다. 포장을 뜯어낸 아이는 즉시 얼굴과 팔에 스티커를 붙였다. 우리 주위에는 금세 아이들이 몰려들었고 스티커를 나눠 가지며 다들 웃고 신나게 놀았다. 지극히 하찮은 물건에 그토록 행복해하던 아이들의 모습을 잊을 수가 없다.

    오후 늦게 떠날 채비를 하고 있는데, 그 소녀가 달려오더니 작고 때 묻은 열쇠고리 인형을 내게 내밀었다. 그 애가 종일 꼭 쥐고 다니던 인형이었다. 처음에는 말이 너무 빨라서 영문을 몰랐지만 곧 선물로 자기 장난감을 주려나 보다 하는 생각이 들었다. 나는 "아니야, 난 괜찮아! 그건 네 거야. 네가 지니도록 해"라고 대답했다. 하지만 그 아이는 한사코 내 손에 그 인형을 쥐어주려고 했다.

    난감해서 통역사를 쳐다보았더니 이렇게 말했다. "너한테 주는 거래. 널 친구로 얻었으니 그 물건은 없어도 된대." 그 순간 자족하는 마음이 얼마나 값진 것인지 깨달았다. 그동안 중요하게 여겼던 물질보다 훨씬 더 중요한 것이 있음을 발견한 뜻깊은 체험이었다.

부모가 이토록 강렬한 교훈을 주기는 쉽지 않다. 그러니 자녀가 직접 세상을 체험하며 깨달음을 얻을 수 있도록 기회를 제공하기 바란다. 형편이 되면 해외로 봉사활동을 가면 좋겠지만 해외가 아니라도 상관없다. 하지만 적어도 아이들이 일상에서 벗어나 자기와 다른 삶을 살아가는 이들의 또 다른 세상을 경험할 수 있도록 기회를 제공해야 한다. 내 경우엔 그 같은 기회를 통해 세상을 보는 눈이 달라졌다.

불만의 싹은 어떻게 자라는가?

자녀의 마음에 불만을 심으려고 침투하는 적군은 그리 영리하지 않아서 자기 존재를 은폐하는 데 서툴다. 불만이라는 놈은 도자기 가게에 뛰어든 황소처럼 여기저기 흔적을 남기고 돌아다닐 것이다. 황소를 빨리 잡지 않으면 수많은 도자기 파편이 가게를 어지럽힐 수 있듯이 불만이라는 놈에게 공격당하면 아이의 마음이 어지럽혀질 수 있다. 하지만 다행히 침투한 흔적이 확실히 남기 때문에 부모가 쉽게 적발할 수 있다. 적이 방어선을 뚫고 들어와 아이의 마음에 불만을 심어놓았는지 가늠할 수 있는 징후가 몇 가지 있다. 불만이 들어와 커지는 과정을 3단계로 나눠서 살펴보자.

1단계: 질투와 시기

불만의 첫 번째 단계는 질투하고 시기하는 마음이다. 한 친구가 선물을 받았거나 재밌는 장난감을 구매했을 때 자녀가 어떻게 반응하는지 보라. 친구에게 좋은 일이 생겼을 때 자녀가 함께 기뻐한다면 아무 걱정할 게 없다. 건전한 시각을 지닌 아이인 만큼 자기도 친구처럼 좋은 일이 생기려면 어떻게 노력해야 하는지 고민하고 목표를 세울 수 있다. 하지만 질투심을 보인다면 적이 방어선을 뚫고 침투했다는 징후로 볼 수 있다. 질투심의 이웃사촌인 시기심은 그 증상이 훨씬 심각하다. "네가 가진 것을 나도 갖고 싶어" 하는 마음이 질투심이라면, 시기심은 더 나아가 "네가 가진 것을 나도 갖고 싶고, 내가 가질 수 없다면 너도 갖지 못했으면 좋겠어" 하는 마음이다. 질투심이 싹트고 자라도록 방치하면 시기심이 된다. 자녀에게 타인의 축복을 함께 기뻐하며 자기도 그만한 축복을 누리기 위해 목표를 세우고 노력할 줄 알아야 한다고 가르치자. 아이가 질투심과 시기심을 보인다면 불만족을 양산하는 적과의 싸움에서 당신이 지고 있다는 뜻이다.

2단계: 불안감

불만이 침투해 질투심과 시기심이 생기고 나면 다음 단계인 불안감으로 발전한다. 마음에 불만이 쌓이면 아이건 어른이건 자신이 가지지 못한 대상에 조바심을 내기 시작한다. 이런 사람들은 다른 사람들이 가진 것과 자기가 가진 것, 타인의 인생과 자신의 인생을 끊임없이 비교하면서 살아가기 때문에 늘 결핍을 느낀다. 이들은 이른바 비교 놀이에 빠져 있다. 이 정도로 삶에 불만이 생긴 사람들은 자기는 절대 다른 사람들만큼 행복하게 살 수 없을 거라는 생각에 불안감을 느끼고, 실제로 우울한 날이 태반이다. 참으로 불행한 사람들이다.

마음에 불만이 싹트는 것은 외부에서 들려오는 메시지 때문인 경우가 많다. 따라서 이 병을 고치려면 그런 메시지를 차단하거나 적어도 줄여나가야 한다. 만약 자녀가 그런 메시지를 어떤 친구한테서 자주 듣는다고 하자. 그 친구가 자라면서 한 번도 '안 돼'라는 말을 들어보지 못했고, 자기가 가진 물건을 보며 자부심을 느끼고, 최근 구매한 신상품을 끊임없이 자랑하는 아이라면 부모는 이 아이한테서 자녀를 보호해야 한다. 불만을 양산하는 메시지를 차단하려면 자녀가 그 친구와 되도록 만나지 못하게 해야 한다. 이런 말을 들으면 너무 가혹하다고 생각할지 모르지만, 감염의 원인을 해결하지 않으면 병을 고칠 수가 없다. 감염의 원인을 그대로 방치하는 한 병은 계속 커질 테고 부모는 이 싸움에서 결국 패배할 것이다. 쉽게 말해 나는 우리 집 아이들이 돈이 최고인 줄 아는 천박한 아이들, 자기가 뭘 샀는지 끊임없이 자랑하는 철부지들과 어울리게 하고 싶지 않다.

만약 불만을 키우는 메시지의 근원이 마케팅이나 광고 때문이라면 텔레비전 전원을 뽑아버리자. 텔레비전 시청 시간을 줄이는 것도 환자를 낫게 하는 방법이다. 상실감을 느끼게 하는 메시지를 어디서 듣는지 찾아내어 그 출처가 텔레비전이건 인터넷이건 비디오게임이건, 아니면 친구건 간에 이를 차단해야 한다. 자녀가 불량스러운 친구와 어울린다거나 부적절한 방송을 시청한다거나 마약을 권하는 사이트에 들락거린다면 부모로서 그것들을 차단하는 게 마땅하다. 이 사회에서는 불만을 부추기는 메시지와 행태를 어느 정도는 용인하고 있다. 하지만 이 책을 읽는 당신은 가족들에게 이를 용인해서는 안 된다. 부모라면 그런 메시지를 마약중독처럼 해로운 것으로 여겨야 한다. 그런 메시지는 실제로 우리 자녀들을 파괴할 수도 있기 때문이다.

불만이 싹트는 근원을 차단하라

쇼핑몰에서 몇 시간씩 시간을 보내는가 하면, 자기가 구매하지도 못할 새 가전제품이나 자동차를 검색하느라 인터넷에서 몇 시간씩 돌아다니는 이들이 있다. 사람들은 재미 삼아 쇼핑몰을 들락거리고 인터넷에서 시간을 보내지만 결국 불만이라는 병을 키우게 된다. 나는 이런 경우를 100만 번쯤 목격했다. 내 경우는 페이스북에서 보내는 시간이 그랬다.

대학 4학년 때 일이다. 하루는 아파트에서 페이스북 글들을 읽으며 친구들의 일상을 확인했다. 그때 어머니와 함께 파리 여행을 다녀온 친구의 글이 올라왔다. 사진도 잔뜩 올렸기에 나는 그 사진들을 죽 훑어보았다. 멋진 레스토랑에서 식사하는 사진, 미술관에 간 사진, 관광지에서 찍은 사진, 파리에서 어머니와 함께 즐겁게 시간을 보내는 사진. 하지만 내 시선을 사로잡은 것은 사진 중앙에 보이는 친구나 친구 어머니가 아니라 슬쩍슬쩍 보이는 쇼핑백이었다. 쇼핑백이 한두 개가 아니었다. 그것도 그냥 옷이 아니라 화려한 로고가 큼직하니 박혀 있는 유명 디자이너의 의상들이었다. 나도 모르는 사이에 30분이 지났고, 그 후에도 나는 모든 사진을 두 번씩이나 더 살펴보았다. 내 마음속에서 질투심이 타올랐다.

'나는 성숙한 숙녀였고 멋진 파리 여행을 다녀온 친구를 보고 함께 기뻐했다'고 말해야 했겠지만, 그때는 그러지 못했다. 나는 그날 소파에 앉아서 다섯 살 난 아이처럼 칭얼댔다. "세상은 너무 불공평해. 나도 쟤처럼 파리 여행 가고 싶단 말이야. 어째서 나는 못 가는 거야?" 인정하기 싫지만 사실이다. 몇 분쯤 내 처지를 비관하다가 문득 자족하는 삶에 대해 부모님과 함께했던 얘기들이 모두 떠올랐다. 퍼뜩 정신이 들었다. 무슨 일이 벌어지고 있는지 깨달았다. 나는 페이스북을 보면서 내 인생과 친구의 인생을 비교하고 질투심을 느끼고 있었다. 문제점을 파악하고 나면 해결책이 나와야 한다. 나는 그 즉시 페이스북 계정을 비활성화했다.

자기 연민에 흠뻑 젖어 있다가 현실감을 되찾고 보니 페이스북 사진을 보며 질투심을 느낀 나 자신이 한심스러웠다. 부족함 없이 살고 있는 내가 다른 사람들의 근황을 읽고 그들이 올린 사진을 보며 그들과 나를 비교하다니 말이다. 나중에 또 쓸 일이 있을지 몰라도 그때는 페이스북이 내게 유익하지 않다고 보고, 당분간 페이스북을 멀리해야겠다고 결심했다. 그러고 나서 다른 사람의 인생과 내 인생을 비교하는 데 시간을 쓰지 않고 지내다 보니 마치 지옥에서 탈출한 기분이었다. 이처럼 불만족이 생겨나는 근원을 차단하는 순간 치료가 시작된다. 나는 여러 해 동안 계정을 활성화하지 않았다. 지금은 다시 이용하지만 다른 사람들이 어떻게 사는지 관찰하면서 시간을 소비하진 않는다.

당신의 자녀는 다른 사람들의 삶을 중계하는 리얼리티 방송과 소셜미디어가 판치는 세상에 살고 있다. 다른 사람들이 무엇을 소유하고 있는지, 그들이 어디로 여행을 다녀왔는지, 얼마나 근사한 집에 사는지, 무슨 차량을 모는지 등등의 정보가 끊임없이 제공되면서 불만을 양산한다. 비교 놀이는 끝이 없고 불만은 신나게 몸집을 키운다. 십대 아이들이 리얼리티 방송을 보지 못하게 혹은 소셜미디어 계정을 갖지 못하게 막아야 한다고 말하는 게 아니다. 부모가 감독하고 경계해야 한다는 의미다. 페이스북에 올라온 친구들 사진을 무심코 바라보다가 불만에 빠지기가 얼마나 쉬운지 아이들과 얘기를 나눠야 한다. 나도 그렇게 페이스북에서 시간을 보낸 적이 있지만 별로 즐겁지 않았다.

3단계: 물질로 자기 정체성을 확인한다

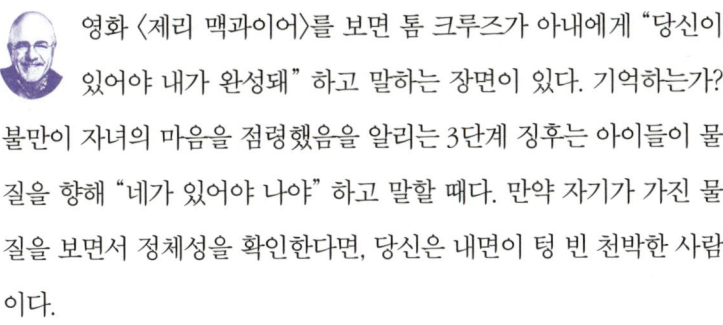영화 〈제리 맥과이어〉를 보면 톰 크루즈가 아내에게 "당신이 있어야 내가 완성돼" 하고 말하는 장면이 있다. 기억하는가? 불만이 자녀의 마음을 점령했음을 알리는 3단계 징후는 아이들이 물질을 향해 "네가 있어야 나야" 하고 말할 때다. 만약 자기가 가진 물질을 보면서 정체성을 확인한다면, 당신은 내면이 텅 빈 천박한 사람이다.

사람들에게 추천하고 싶은 책 《부자인 척하지 말라Stop Acting Rich》에서 토마스 제이 스탠리Thomas J. Stanley는 부자인 척 꾸미느라 돈을 제대로 관리하지 못하고 부를 축적하지 못하는 '어른들'의 문화를 묘사했다. 이런 사람들은 돈도 없으면서 자기가 좋아하지도 않고 알지도 못하는 사람들한테 좋은 인상을 심어주려고 자기에게 필요도 없는 물건을 사들인다. 그저 남들에게 근사하게 보이고 싶다는 욕망을 충족하느라 그들의 재정은 한없이 궁핍해진다. 앞서 언급했듯이, 텍

사스에서는 이런 사람을 가리켜 "소 한 마리 없는 놈이 모자만 크다"고 한다. 이들에게는 자신의 진짜 모습이 아니라 사람들 눈에 보이는 겉모습이 더 중요하다. 이렇게 얄팍한 사람들은 자신들이 소유한 물질에서 자기다움을 확인하고, 겉모습을 화려하게 치장하느라 파멸을 자초한다.

"저것만 사면 행복할 텐데"라는 착각

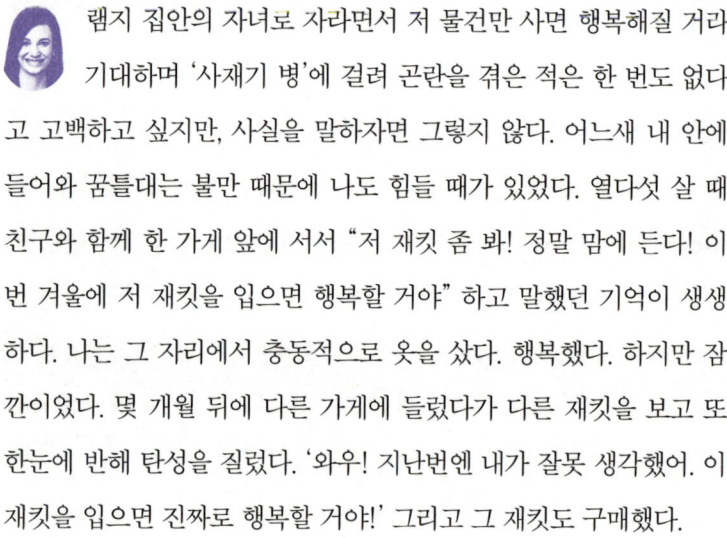
램지 집안의 자녀로 자라면서 저 물건만 사면 행복해질 거라 기대하며 '사재기 병'에 걸려 곤란을 겪은 적은 한 번도 없다고 고백하고 싶지만, 사실을 말하자면 그렇지 않다. 어느새 내 안에 들어와 꿈틀대는 불만 때문에 나도 힘들 때가 있었다. 열다섯 살 때 친구와 함께 한 가게 앞에 서서 "저 재킷 좀 봐! 정말 맘에 든다! 이번 겨울에 저 재킷을 입으면 행복할 거야" 하고 말했던 기억이 생생하다. 나는 그 자리에서 충동적으로 옷을 샀다. 행복했다. 하지만 잠깐이었다. 몇 개월 뒤에 다른 가게에 들렀다가 다른 재킷을 보고 또 한눈에 반해 탄성을 질렀다. '와우! 지난번엔 내가 잘못 생각했어. 이 재킷을 입으면 진짜로 행복할 거야!' 그리고 그 재킷도 구매했다.

1년이 지나 겨울옷을 정리하던 나는 그 완벽한 재킷 두 벌이 옷장 깊숙한 곳에 처박혀 있는 것을 발견했다. 다른 옷가지들 밑에 깔려 있었는데, 나는 그것도 모르고 있었다. 구깃구깃한 재킷을 보고 나니 그 옷을 보고 설레던 마음도 애정도 사라졌다. 분명 가게에서 봤을 때는 그 재킷들 위로 '행복은 이곳에'라는 네온사인이 반짝거리며 나를 현혹했는데 그 찬란함은 사라지고 없었다. 그 옷들은 기억에서 잊힌, 최근 유행에도 뒤처진 낡은 재킷 두 벌일 뿐이었다. 나는 두 번 생각해보지도 않고 중고의류 위탁판매점에 보낼 다른 옷가지들 위로 그 옷들을 던졌다.

나는 그 재킷 두 벌을 입으며 행복하게 지내야 했지만 언젠가부터 다른 옷가지 밑에 방치했고, 그 재킷들을 산 것도 잊고 지냈다. 그때 나는 열여섯 살이었는데 누군가 내 뒤통수를 세게 치면서 '물질은 너를 행복하게 해주지 못해!'라고 소리치는 듯했다. 어머니와 아버지가 내게 줄곧 해주신 말씀의 의미가 강렬하게 와 닿은 순간이었다. 내 세계관이 지각변동을 일으킨 까닭은 단순히 부모님이 내게 했던 훈계 때문이 아니라 나 스스로 체험을 통해 그 사실을 깨달았기 때문이다. 어머니와 아버지가 백날 나를 가르쳤어도 내 옷장을 들여다보며 스스로 깨달은 경험이 없었다면 그 가르침의 의미를 깊이 이해하지 못했을 거라고 생각한다. 자녀에게 가르침을 줄 때 반복해서 원칙을 강조하는 것도 중요하지만, 너무 엄격하게 잣대를 들이대거나 율법주의자처럼 행동하지 말고 이따금 실수를 통해 스스로 깨닫게 해야 한다. 아이가 실수하면 부모 입장에서는 실망스럽겠지만 그 같은 경험을 하면 아이는 마음속 깊이 교훈을 새기게 된다.

우리가 가야 할 목적지는 따로 있다

물건들을 구매하면서 자기 정체성을 확인하는 아이로 키우고 싶은 부모는 물론 없을 것이다. 물질에서 자부심을 느끼는 사고방식을 비정상으로 취급하지 않는 사회에서 아이들이 물질주의에 빠지지 않게 하려면 어떻게 해야 할까? 아이들에게 칭찬할 일이 있을 때마다 물질로 보상해 소비를 조장하지 않도록 주의해야 하고, 소유한 물건이 많다고 해서 대단한 사람이 되는 것은 아니라고 강조해야 한다. 선물은 어떤 목표를 이루는 과정에서 부수적으로 발생하는 것이어야지 선물 받는 게 목표가 되어서는 안 된다. "이것만 사면 행복할 텐데" 하는 식의 말이 아이 입에서 나오지 않도록 해야 한다. 물질에서 얻는 만족은 아이들이 가야 할 목적지가 아니다. 아이들이 종국에 다시 돌아가야 할 곳도 아니고 마지막에 아이들이 도착할 곳도 아니다. 말하자면, 만족은 목적지에 도달하기까지 여행을 하는 동안 가져야 하는 마음가짐이다. 자기가 어떤 처지에 있든지 또 얼마나 힘들게 일하고 있든지 기뻐하고 평화를 누리는 자세가 만족이다.

불만에 이르는 병과 사투를 벌여라

이제 우리가 무슨 전쟁을 치르고 있는지 확인했고, 어떻게 싸워야 하는지도 얘기했다. 아이들 마음속에 싹튼 불만족이 몇 단계에 걸쳐 몸집을 키우는지도 확인했다. 다행히 불만에 이르는 병을 치료할 약이 존재한다. 이 치료제는 매우 강력해서 자주 이용하면 불만이 흔적도 없이 사라질 정도다. 뭔지 아는가?

감사하는 마음이다.

감사하는 마음으로 가득한 사람은 불만을 품을 여지가 없다. 어째서 두 살배기는 장난감보다도 그 장난감이 들어 있던 하찮은 박스를 가지고 더 신나게 노는 걸까? 어째서 절대 빈곤 속에 사는 제3세계 국가의 아이들은 부강한 나라의 아이들보다 훨씬 즐겁고 행복하게 사는 걸까? 비교의 덫에 빠지지 않았기 때문이다. 그들은 자기들에게 부족한 것이 무엇인지 모른다. 그들은 그저 감사하며 살아간다.

미운 아이로 키우지 말라

감사하는 모습은 아름답다. 감사하는 아이를 보면 그 아이에게 뭔가 해주고 싶은 마음이 든다. 이는 어른도 마찬가지다. 부모들이라면 모두 그런 순간을 경험해보았을 것이다. 아이가 선물을 받아들고 감사한 마음이 가득한 눈빛으로 사랑스럽게 부모를 바라보는 순간들 말이다. 그런 순간에 아이들은 더할 나위 없이 아름답고 소중하게 느껴진다. 하지만 슬프게도 부모들은 대부분 정반대의 경험도 많이 한다. 선물을 열어보고도 감사할 줄 모르는 아이를 지켜볼 때가 많다. 밉상도 그런 밉상이 없다. 너무 화가 나서 그동안 아이에게 준 생일 선물이든 크리스마스 선물이든 모두 내다 버리겠다는 소리가 절로 나올 정도다.

내 친구 지그 지글러는 감사하는 마음가짐을 길러야 한다고 강조한다. 모름지기 사람은 자신이 받은 축복을 셀 줄 알아야 한다. 만약 당신이 두 눈을 모두 잃었는데 한쪽 눈이라도 뜨게 해준다면 어떻겠는가? 또 당신이 두 손을 모두 잃었는데 한쪽 손이라도 쓰게 해준다면? 100만 달러, 아니 1,000만 달러를 내면 합당한 보답이 될까? 그걸 생각한다면 두 눈, 두 손을 다 가졌다는 사실만으로도 엄청나게 감사할 일 아닌가? 사람은 누구에게나 감사할 것들이 있음에도 감사하는 법을 잊고 사는 경향이 있다. 자신이 삶에서 누리고 있는 여러 가지 축복에 감사할 줄 알아야 한다. 평소에 부모가 감사하는 모습을 자녀들이 보고 배우게 하라. 그러면 그 아이들은 자기 인생에서 누리는 축복에 감사할 줄 아는 사람으로 자랄 것이다.

감사할 줄 아는 마음

그러면 감사하는 마음은 어디서 나오는가? 아이에게 감사한 마음을 품게 하는 것은 무엇인가? 감사는 겸손함에서 출발한다.

겸손함은 자기 비하와 다르다. 자기 비하는 자신이 한 일을 창피하고 수치스럽게 여기는 것을 말한다. 겸손은 이와 다르다. 어떤 대접을 받을 때 이를 당연한 권리로 여기는 자세와 정반대 지점에 있는 덕목이 겸손이고, 감사하는 마음은 이 겸손에서 나온다. 빈야드 교회 목사인 제임스 라일James Ryle은 이렇게 말한다. "겸손은 하나님이 주신 자신감으로, 겸손한 사람은 다른 사람에게 자기 가치와 자신이 하는 일이 옳다고 입증할 필요를 느끼지 않는다." 요컨대 불만이 가득한 마음에는 겸손이 뿌리내리기 어렵고, 겸손이 가득한 마음에는 불만이 뿌리내리기 어렵다. 그리고 겸손은 감사하는 마음을 낳는다.

기부하며 겸손을 배우다

신학자 C. S. 루이스C. S. Lewis는 겸손이란 자신을 하찮게 생각하는 게 아니라 자신을 덜 생각하는 것이라고 말했다. 뜻의 차이를 알겠는가? 아버지가 방금 말했듯이 자신을 하찮게 생각하는 것은 자기 비하이지 겸손이 아니다. 자기 비하는 자신이 어떤 일을 잘못했고 자기 자신에 대해 혹은 자신이 한 일에 대해 부끄러워한다는 뜻이다. 자기 비하는 거짓된 겸손이다. 자기 자신에 대한 생각을 덜 하는 사람이 진짜 겸손한 사람이며, 그래서 이들은 자기가 아닌 타인의 필요에 초점을 맞춘다. 이들은 자신이 한 일이나 자신이 소유한 혹은 소유하지 못한 물질에 초점을 맞추지 않는다. 자녀를 나보다는 타인을 더 생각하고 겸손한 아이로 키우는 제일 좋은 방법은 아이에게 남들과 나누는 방법을 가르치는 것이다.

기부에서 겸손으로, 겸손에서 감사로, 감사에서 만족으로 이어지는 길이 당신 눈에도 보였으면 좋겠다. 기부를 가르치면 자녀는 불평불만이 가득한 세계에서 벗어나 기쁨과 자유가 충만한 세계로 차츰 나아갈 것이다. 자녀가 기부 활동을 통해 다른 사람들의 필요를 충족하는 일에 관심을 두게 되면, 자연히 자신의 욕망에 관심을 두는 시간이 줄어든다. 그러면 자녀의 가치관도 180도 달라진다. 아버지는 겸손이 가득한 마음에는 불만이 뿌리내리기 어렵다고 말했다. 똑같은 이유로 기부하는 사람의 마음에는 이기심이 비집고 들어갈 틈이 없다. 아이들은 기부를 하면서 불만이라는 질병에 대항할 면역력을 키운다. 기부할 때마다 아이들은 "나는 충분히 있으니까 당신과 나눠도 괜찮다"고 선언하는 셈이다. 이러한 자세는 만족이 뿌리내리고 꽃을 피우기 좋은 토양이다.

다시 말하지만 자족하는 마음은 나이와 상관이 없다. 철이 일찍 들어서 어린 나이에도 감사할 줄 아는 아이가 있고, 오래도록 철이 들지 않는 아이도 있다. 부모는 아이들을 올바른 길로 안내할 수는 있지만 강제로 변화시킬 수는 없다. 그러므로 때로는 엄하게 다스리고 때로는 관용을 베풀면서 아이가 성숙하기를 기다려야 한다.

아이들은 사랑받아야 마땅하고 또 사랑받고 있음을 아이 자신도 알아야 한다. 아이들은 보살핌을 받는 게 당연한 소중한 존재다. 불행히도 우리 사회에서는 이 숭고한 목표가 변질되어 아이들에게 그릇된 자부심을 가르치는 부모들이 많다. 아이들을 귀하게 여기는 것도 좋지만, 길들지 않은 말과 같은 어린이들을 무작정 떠받들며 키우면 우주가 자기 뜻대로 돌아가는 줄로 확신하는 사태를 빚는다. 모든 걸 아이 중심으로 맞추다 보면 아이가 겸손을 배울 기회를 박탈당한다.

아이들을 많이 사랑하고 아이들이 자기가 귀한 존재임을 느끼게 하되 겸손함을 잃지 않도록 하는 것이 부모의 역할이다. 겸손은 감사하는 마음을 기르는 귀한 덕목이다. 그리고 감사할 줄 아는 사람은 다른 사람들에게 사랑받기 때문에 그만큼 미래가 밝다고 할 수 있다. 감사하는 마음이 불만을 치유하는 좋은 해독제라는 사실은 앞에서도 말한 바 있다. 자녀의 마음에 불만족이라는 병균을 심으려고 호시탐탐 노리고 있는 적군을 향해 부모는 용기 있게 맞서야 한다. 승리할 때까지 멈추지 말고 날마다, 치열하게 싸워야 한다!

제 10 장

가족

다양한 가정의 양육 원칙

SMART MONEY SMART KIDS

이 책에서 우리는 아이들이 돈 문제에서 승리하도록 도울 방법을 다루고 있다. 아마 지금쯤이면 돈 관리를 잘하는 비결이 무엇인지 어느 정도 파악했을 것이다. 돈에 대해 잘 안다고 돈 관리를 잘하는 게 아니다. 물론 예산을 수립하고 통장을 관리하는 법도 알아야 하지만 그 밖에도 신경 쓸 일이 많다. 돈 문제에서 승리하려면 우선 옛날 사람들처럼 몸으로 근면하게 노동하는 법을 익혀야 한다. 이는 인내하고, 현재의 만족을 유예하고, 자족하는 법을 배워야 한다는 뜻이다. 또한 나눔의 정신을 배워야 한다는 뜻이다. 오랜 세월 돈 문제에서 승리하며 살아온 사람들은 다들 이런 특징을 보인다. 그런 까닭에 아버지와 나는 재무 관리 능력을 결정짓는 8할은 행동이고, 나머지 2할이 지식이라고 누차 강조했다. 무엇을 해야 하는지 머리로 이해하기는 쉽다. 재무 관리에 성공하려면 어째서 그렇게 행동해야 하는지 이유를 이해하는 것도 중요하지만, 실제로 실천에 옮기는 것이 무엇보다 중요하다.

흔히 간과하지만 성공한 사람들이 보여주는 또 하나의 특징이 있다. 바로 원만한 인간관계다. 가정에서도 구성원 간에 갈등이 커지면 돈 문제에서 승리하는 것은 물론이고 자녀에게 돈 관리 기법을 가르치기도 어렵다. '문제 가정'이라고 표현한다면 너무 과하다고 여기는 사람도 있겠고, 그 정도면 약과라고 생각할 만큼 끔찍한 상황에 처한 가족도 있을 것이다. 하지만 솔직히 얘기하자. 모든 가정에는 크건 작건 다들 문제가 있다. 램지 집안도 예외가 아니다. 어째서 완벽한 가정은 없는 걸까? 완벽한 사람은 없기 때문이고, 불완전한 사람들이 모여서 가정을 구성하기 때문이다. 따라서 문제가 있고 없고가 중요한 게 아니고 문제에 어떻게 대처하느냐가 중요하다.

사람들은 저마다 다양한 형태의 가정에서 저마다 다른 갈등을 겪으며 산다. 돈 문제에서 승리하는 자녀로 키우려면 이 갈등을 이해하고 해결하는 것도 중요하다. 관계에서 발생하는 문제를 정면으로 부딪쳐 해결하려는 부모의 의지가 강할수록 자녀가 돈 문제에서 승리할 가능성도 높아진다. 또 부모는 자녀의 인생에 들어와도 좋은 사람과 들어와서는 안 될 사람을 가려주고, 그들이 끼치는 영향을 감시할 책임이 있다. 자녀가 살면서 어떤 사람과 친분을 쌓느냐에 따라 그 관계는 부모가 상상하는 이상으로 축복이 될 수도 있고 재앙이 될 수도 있다. 이는 부모가 자녀의 미래에 좋은 영향을 미칠 사람들을 만나도록 길잡이 역할을 해야 한다는 뜻이다.

이 장에서는 지금까지와는 달리 다양한 형태의 가정에 맞는 재무 관리 원칙을 다룰 예정이다. 전통적인 가정(어머니와 아버지, 두세 명의 자녀로 구성된 가정), 한부모 가정, 이혼 가정, 재혼 가정이 겪는 문제들을 다루려고 한다. 또 입양을 생각하는 사람들을 위해 재정 상태 등을 비롯해 입양을 해도 좋은지 판단하는 방법과 장애아동을 둔 부모가 예산을 세울 때 특별히 고려할 문제도 다룰 생각이다. 조부모의 역할도 다루려고 한다. 손주를 지나치게 아낀 나머지 버릇을 망쳐 놓는 조부모가 있는가 하면 사실상 부모 노릇을 하는 조부모도 있다. 이번 장에서는 다룰 이야기가 아주 많으니 마음의 준비를 하시라!

행복한 독립? 행복한 동거?

다양한 형태의 가정과 거기서 발생하는 갈등을 살펴보기에 앞서 애초에 왜 이 문제를 중요하게 다루는지부터 언급해야겠다. 당신은 자녀를 양육하는 부모로서 궁극적으로 어떤 미래를 꿈꾸는가? 말 돌리지 않고 솔직하게 얘기하겠다. 당신은 자녀가 버르장머리 없고, 선의를 당연한 권리로 알고, 매사에 의욕이 없는 아이로 자라 성인이 되어서도 부모에게 얹혀살면서 당당하게 손을 벌리길 바라는가? 당연히 아닐 것이다. 그런 젊은이들은 이 세상을 위해서도 더는 생기지 않는 게 좋다. 우리 사회에는 근면하게 노동하고, 기뻐할 줄 알고, 성공의 열매를 맛보는 사람들이 더 많이 필요하다. 그렇다면 이 점을 염두에 두면서 가족 구성원 간의 관계가 망가져 나쁜 영향이 미칠 때 자녀에게 어떤 일이 발생하는지 살펴보자.

공주병, 왕자병

'공주병'이나 '왕자병'을 치료하는 문제라면 애당초 공주나 왕자로 키우지 않는 것이 가장 좋다. 내가 어릴 때는 응석둥이spoiled라고 하면, 몹시 심한 욕이었다. 그런데 요즘은 한 아이더러 응석둥이라고 해도 그 아이의 독특한 개성인 양 받아들여 웃고 넘어가는 경우가 많다.

응석둥이라는 말은 음식에 적용하면 상했다는 의미다. 가게에서 음식을 샀는데 집에 와서 살펴보니 상했다면 그런 음식을 판매한 주인에게 화가 날 것이다. 상한 음식인 줄 모르고 먹었다가 식중독에 걸려 며칠간 괴롭게 지낼 수도 있다. 상한 음식은 냄새가 난다. 썩어서 파리가 끓고 벌레가 생기며, 곰팡이가 슬고 색이 검게 변한다. 냉장고에 너무 오래 보관해서 상한 우유를 개봉한 적 있는가? 생각만 해도 구역질이 난다. 상한 음식은 역겹다. 응석둥이로 자라 버릇없는 아이들도 마찬가지다. 상한 음식에 손대려는 사람이 없듯이 버릇없는 아이들도 사람들이 가까이하고 싶어 하지 않는다.

내 말을 곡해하지 않길 바란다. 레이첼도 나도 아이의 기를 팍 죽여서 로봇처럼 부모의 지시대로만 움직이는 아이로 키우라는 소리가 아니다. 부모가 자녀를 보호하기 위해 세운 경계 안에서도 아이들은 충분히 개성과 자신감을 발산하고 사람들과 즐겁게 어울릴 수 있다.

응석둥이 자녀와 겁쟁이 부모

그렇다면 무엇 때문에 응석둥이로 자라는가? 버르장머리 없는 녀석들이 어떻게 행동하고 말하는지 다들 잘 알고 있을 것이다. 자기가 원하는 것은 모두 차지해야 직성이 풀리고, '안 돼'라는 말은 들어본 적이 없고, 무엇이든 당연한 권리로 여겨 감사할 줄 모르고 부모에게 공격적인 태도를 보인다. 그런 아이의 부모를 보면 대개 의지가 약하고 겁이 많다. 정신병동 운영을 환자가 맡은 격이니 집안이 어떻겠는가. 공주병·왕자병 환자를 만들지 않으려면 부모로서 안 되는 일은 안 된다고 하고 그 뜻을 관철해야 한다. 부모로서 권위를 되찾아 집안을 다스려야 한다. 아무리 그래도 애는 애 아니냐고, 어른을 제 뜻대로 조종할 만큼 영리하겠냐고 생각하지 마라. 아이들은 그보다 훨씬 영리하다. 그리고 부모가 허용하는 한 아이들은 계속해서 부모를 조종할 것이다. 항상 그렇지만 아이에게 교훈을 줄 만한 순간을 일상에서 포착해 대화를 나눠야 하고, 아이들 앞에서 부모로서 본보기가 되어야 한다.

열 살 때였을 것이다. 우리 반에 새로 전학 온 학생에게 홀딱 반해 그와 친하게 지내려고 애썼던 기억이 난다. 당당하고 멋진 녀석이었다. 그가 입었던 연둣빛 셔츠는 지금도 생생하다. 우리는 금방 친해졌다. 하루는 초대를 받아 방과 후에 그 녀석 집에서 놀았는데 그 아이가 어머니를 향해 주먹을 불끈 쥐고 달려들며 소리를 지르고, 하인 부리듯 대하는 게 아닌가. 나는 충격을 받았다. 그런 모습은 어디서도 본 적이 없었다. 그러다가는 내가 보는 앞에서 어머니한테 맞아 죽지 않을까 하는 생각이 들었다. 우리 집이었다면 분명 그리되었을 것이다. 아이가 어른한테 소리치고 그 정도로 무례하게 굴면 우리 집에서는 목숨을 부지하기 어려웠으리라. 하지만 그 집에서는 아무 일도 일어나지 않았다. 도리어, 친구 녀석이 방방 뜰수록 친구 어머니는 겁을 먹고 설설 기었다. 새로 사귄 친구가 더는 멋져 보이지 않았고 그 녀석에게 품었던 모든 기대도 무너졌다.

그 아이의 태도만 교정하면 되는 문제라고 생각할 사람도 있겠지만, 이 녀석이 부모에게 안 된다는 말을 한 번도 들어본 적이 없다는 게 심각한 문제였다. 그 아이가 무엇을 요구하든 부모는 거절하는 법이 없었다. 성인이 된 이후의 소식은 모르지만 청소년기까지 그 아이는 사람들과 잘 어울리지 못하고 어둡고 우울하게 지냈다. 모든 일에는 넘지 말아야 하는 경계가 있다는 사실을 그 부모가 가르치지 않았기 때문이다.

부모는 아이의 요구를 들어줄 때와 거절할 때를 명확히 구분해야 한다. '안 돼'라는 말은 그것으로 완전한 문장이다. 부연 설명이 필요치 않다. 부모는 가장으로서 위엄을 잃지 않아야 한다. 안 된다고 했으면 끝까지 거절해야 한다. 부모가 아이를 사랑하는 마음으로 정한 경계선을 자녀가 인정하지 않고 주먹을 불끈 쥐고 덤비거나 분노를 표출하면, 그에 상응하는 벌을 내려 엄하게 다스려야 한다. 아이의 요구를 거절하고 이를 관철하려다 보면 여간 힘이 드는 게 아니다. 하지만 인생 전체를 놓고 보면 일찍부터 확실히 선을 그어두는 게 에너지를 절약하는 길이다. 그 일을 아이가 아주 어렸을 때 해놓지 않으면 여덟 살짜리 응석둥이나 자기밖에 모르는 청소년을 상대하느라 진이 다 빠지게 될 것이다. 어른이 되어서도 대인관계, 직장 생활, 재무 관리 어느 것 하나 제대로 할 줄 모르는 자녀를 보면 부모로서 그처럼 속상한 일도 없다. 부모가 어려서 경계를 정해주지 않은 탓이다. 아이의 요구를 거절하려면 실랑이를 벌여야 하니 피곤한 일이지만 장기적으로 보면 그렇게 하는 편이 부모 인생이나 자녀 인생을 구원하는 길이다.

자녀가 태어나서부터 독립해 혼자 설 때까지 부모의 역할은 무엇일까? 자녀의 친구가 되는 것이 아니다. 부모가 할 일은 자녀를 양육하는 것이다. 열다섯 살 자녀와 둘도 없는 친구가 되려는 부모를 보면 안쓰럽기 그지없다. 그건 자녀에게도 황당한 일이다. 애정이 넘치고 다정하고 자비롭고 단호하면서도 친근한 부모가 되는 건 좋지만, 자녀와 친구가 되어서는 안 된다. 때가 되면 부모와 자녀도 좋은 친구가 될 것이다. 부모가 훈육을 잘 해서 자녀가 책임감 있고 유능한 성인으로 성장한 다음에 말이다.

응석둥이냐 복둥이냐

앞에서도 언급했지만 부모는 아이가 대인관계에서 어떤 영향을 받는지 세심하게 살피고, 현명하게 대처해야 한다. 이는 당신이 친구를 만났을 때 그 친구가 당신의 자녀에게 즉흥적으로 던지는 발언에도 귀를 기울여야 한다는 의미다. 어렸을 때 가족이 1년가량 해외에서 휴가를 보낸 적이 있다. 휴가에서 돌아온 직후 부모님 친구분이랑 우리 여행에 대해 대화를 나눴다. 그때 그분이 내게 "레이첼, 그런 호사를 누리다니 완전 응석둥이구나!" 하고 말했다. 그분이 무례하게 굴려거나 나쁜 뜻으로 한 말은 아니었다. 가족과 함께 멋진 휴가를 다녀온 내게 큰 행운을 누렸다고 말한 것뿐이었다. 그런데 그때부터 '응석둥이'라는 말이 내 입에 붙게 됐다. 한동안은 뭔가 특별한 체험을 한다든지 멋진 선물을 받을 때마다 "나 응석둥이 되겠는걸" 하고 말하는 습관이 생겼다.

한 번은 저녁 식사 도중에 부모님과 대화하다가 그 말이 튀어나왔다. 아버지는 내 말을 중단시키더니 이렇게 말했다. "레이첼, 앞으로 응석둥이 되겠다느니 하는 표현은 쓰지 마라. 넌 응석둥이가 아니야. 응석둥이는 아주 나쁜 아이를 말해. 넌 나쁜 아이가 아니니 응석둥이가 아니란다. 응석둥이가 아니라 복둥이지."

그때 나눈 대화는 평생 잊지 못한다. 그 대화를 통해 나는 몰랐던 사실을 두 가지 알게 됐다. 첫째, 우리 부모님은 친구분들이 내 삶에 어떤 영향을 미치는지 주의를 기울였다. 그리고 혹시 내게 잘못된 생각을 심어주면 정정해주었다. 둘째, 응석둥이와 복둥이의 차이를 알았다.

나는 해마다 수많은 십대 청소년과 대화를 나누는데 어떤 아이가 응석둥이고 어떤 아이가 복둥이인지 구별할 수 있다. 아이의 몸가짐이 차이를 만든다. 누차 말하지만 핵심은 8할의 '행동'에 있다. 아이들이 새 옷을 받았을 때나 해변으로 여행을 떠나게 되었을 때 이를 당연하게 받아들이면 그 아이는 응석둥이다. 하지만 자기가 받은 것이 전부 부모님이 주는 사랑이자 관심의 결과임을 아는 아이들은 감사하는 마음을 지닌 아이들이므로 복둥이들이다. 똑같은 선물과 기회를 얻었을 뿐인데 한 아이는 응석둥이로 자라고 한 아이는 복둥이로 자라는 걸 보면 무척 신기하다.

"제 방에서 나가주세요"
아버지의 사업이 날로 번창하자 두 분은 혹시나 우리 마음에 특권의식이 스며들까 봐 각별히 경계했다. 부모님은 우리가 소유한 것은 거의 없다는 사실을 주기적으로 상기시켰다. 하나님의 주권을 인정하는 두 분은 인간은 하나님의 자원을 관리하는 청지기임을 밝히면서도, 우리에게 주어지는 음식과 옷과 잠자리를 비롯해 대부분의 것을 당신들이 제공하고 있다는 사실도 강조했다. 이를테면, 우리 삼 남매는 "제 방에서 나가주세요" 하는 식의 말은 할 수 없었다. 유치한 말처럼 들릴지 모르지만, 우리가 그렇게 했을 때 어머니와 아버지 반응은 이랬다. "뭐라고? 네 방 같은 건 없어. 여긴 우리 집이고 우리가 너그럽게도 너희에게 작은 공간을 빌려주고 있을 뿐이야." 물론 악의적으로 한 말은 아니다. 우리가 자식이라는 이유만으로 원하는 것은 뭐든지 받을 권리가 있다고 착각하지 말라는 의미였다. 우리 세 사람이 각자 침실을 갖고 있는 것은 축복이며 부모님은 우리가 이 같은 축복을 가벼이 여기지 않기를 바랐다.

    집안의 부를 자기 것으로 착각하는 그릇된 소유의식과 관련해 재미난 경험을 한 적이 있다. 내 동생이 초등학교 4학년이 되었을 때의 일이다. 파산에서 벗어난 지 여러 해가 지났고 아버지 사업은 번창하기 시작했다. 파산의 경험은 우리 부모님에게 심리적으로 크나큰 상처를 남겼고, 이미 오래전에 위기를 극복하고 소득이 많이 늘었음에도 그 흔적은 쉽게 없어지지 않았다. 가장 눈에 띄는 흔적은 아버지가 몰던 아주 오래된 자동차였다. 파산 이후에 아버지는 멀쩡하게 굴러가기는 하지만 고상함과는 거리가 먼 구닥다리 자동차를 줄곧 몰았다. 보다 못한 아버지 회사의 부사장이 자동차를 바꿀 때가 되었다고 아버지를 설득했다. 마침 차가 고장이 나서 길가에 세워두고 있을 때 이런 대화를 나누었다는 점도 아버지가 자동차를 새로 구매하기로 마음먹는 데 영향을 준 듯하다!

아버지는 좀 더 좋은 차를 사야겠다고 마음먹고 드디어 준비를 마쳤다. 물론 이번에도 중고 차량을 현금으로 샀다. 차를 몰고 집으로 돌아온 아버지는 우리 식구를 모두 태우고 재미삼아 동네를 돌았다. 우리가 그때까지 보았던 아버지 자동차 중에서는 가장 멋진 차였다. 그 말은 자동차 천장에 어디 찢어진 데가 없고 차를 세울 때마다 브레이크에서 삐거덕거리는 소리도 나지 않았다는 의미다.

우리가 집에 돌아와 차를 세우려고 할 때 내 동생 대니얼이 몸을 뒤로 한껏 젖히고 기지개를 켰다. 그 아이는 가슴을 활짝 펴면서 이렇게 말했다. "아빠, 우리 지금 아주 잘나가고 있는 거네요." 아버지는 운전석에서 뒤를 돌아보며 웃음을 터뜨리더니 "우리가 잘하고 있다니? 아니지, 아들. 아빠가 겁나게 잘하고 있지 너희가 한 건 아무것도 없잖니!"

나는 사람들에게 이 이야기를 자주 들려준다. 우리 집에서 흔히 나누는 대화가 어떤 식으로 진행되는지 가장 잘 드러내는 사례여서다. 부모님은 우리가 어렸을 때부터 분명히 알려주었다. 아버지가 거둔 성공의 열매에서 우리가 당연하게 누릴 수 있는 몫이나 권리는 없다고 말이다. 부모님이 돈을 더 많이 벌게 되었다고 해서 우리 삼 남매에게 더 많은 물건을 소유하거나 재미난 활동을 더 많이 할 수 있는 권리가 주어지지는 않았다. 부모님이 우리를 위해 돈을 후하게 쓸 때면 무척 감사한 마음이 들었다. 이런 가르침 덕분에 우리는 선물을 받거나 휴가를 가는 등 특별한 시간을 보낼 때면 한껏 기뻐하고 즐길 수 있었다. 더 좋은 선물을 받아야 한다거나 더 좋은 휴가지에 갔어야 '마땅하다'는 생각은 들지 않았다.

"안 돼"라고 말하지 않는 부모들

아이들의 기를 살린답시고 자녀의 자율성을 크게 해치는 부모가 있다. 긍정적으로 자녀의 기를 살리는 부모도 있지만, 여기서는 자녀가 할 일을 모두 대신 해주는 바람에 성공이든 실패든 자녀가 스스로 일하며 배울 기회를 없애버리는 부모에 대해 얘기하고자 한다. 예컨대 숙제를 대신 해주는 부모 같은 경우다. 부모는 아이를 위해서 그러는 거라고 생각하겠지만, 할 일을 대신 해주는 것은 오히려 아이를 무력하게 만든다. 또 아이가 잘못을 저질렀으면 그 대가를 치러야 하는데 그때마다 개입해서 구제해주는 부모도 있다. 아이에게는 잘못에 상응하는 고통을 치르면서 배울 시간이 필요하다. 그래야 깨달음을 얻고 장차 똑같은 실수를 범하지 않는다.

아이의 기를 살리고 싶어 하는 부모들이 가장 흔히 하는 실수는 아이들에게 '안 돼'라는 말을 하지 않는 것이다. 마구 소리치며 떼쓰는 아이의 입을 다물게 하려면 그 아이가 원하는 것을 손에 쥐여주는 게 제일 쉬운 방법일 것이다. 하지만 그게 반복되면 아이는 못된 습관을 들이게 된다. 아이에게 '안 돼'라고 말하고 이를 받아들이게 하면 놀라운 변화가 일어난다. 넘어서는 안 될 경계선을 배우기 때문이다. 나는 어머니와 아버지가 수도 없이 안 된다고 말하는 것을 들었다. 우리 삼 남매에게는 물론이고, 두 분 자신에게도 안 된다는 말을 했다. 부모님이 스스로 한계를 긋는 장면은 어떤 가르침보다 강력했다. 그 덕에 나 역시 어른이 된 지금 형편에 맞지 않거나 계획에도 없는 물건을 사고 싶을 때 나 자신에게 '안 돼'라고 말할 수 있다. 자신에게 '안 돼'라고 말하기가 쉽지 않을 때도 있고, 그러고 나서 기분이 영 좋지 않을 때도 있다. 그렇지만 어쨌든 그렇게 하는 게 더 유익하다는 사실은 확실히 알고 있다. 어려서부터 '안 돼'라는 말을 들었기 때문에 가능한 일이다. 그 말은 내게 귀중한 선물이었다.

그러면 반대 상황을 생각해보자. 아이가 제멋대로 살게 하고 어떤 아픔도 느끼지 못하게 부모가 철저하게 보호하고, 그릇된 결정으로 대가를 치러야 하는 모든 상황에서 아이를 구제하면 어떻게 될까? 그 아이는 어른이 되어서 뜻대로 되지 않는 현실을 혼란스러워하며 좌절할 게 분명하다. 그는 노동과 돈의 관계를 이해하지 못할 테고, 잘못된 의사결정과 쓰라린 대가 사이의 관계도 깨닫지 못할 것이다. 또 어째서 세상이 자기가 원하는 것을 내어주지 않는지 의아하게 여기며 오래도록 고통스러워할 것이다.

청소년과 젊은이를 대상으로 강연하면서 그런 친구들을 많이 만나는데 늘 안타깝다. 잘못된 양육으로 자율성을 전혀 기르지 못한 사람들은 대개 이런 모습이다. 나이는 이십대 중반에서 후반이다. 그에게는 학사 학위도 있고 학창 시절 얘기라면 종일이라도 떠들 만큼 재미난 일도 많다. 그렇지만 현재는 직장도 없이 부모님 집에 얹혀산다. 사연을 좀 더 파고들어 보면 그의 부모는 어려서부터 그의 청이라면 모두 들어주었다. 부모가 그에게 일을 시킨 적도 없고, '안 돼'라고 거절한 적도 없는 탓에 어떤 목표를 달성하려고 애쓴 적이 없다. 부모가 그를 대신해 항상 일을 처리했다. 그의 친구들은 대부분 여러

해 전에 직장생활을 시작했고, 가정을 꾸리고 어른답게 살아가고 있지만, 직장이 없는 이 친구는 부모 집에서 살면서 늘 운이 없음을 한탄한다. 내 말이 거슬렸다면 미안하지만 사실이 그렇다. 나는 이렇게 사는 젊은이들을 아주 많이 만났다. 하지만 당신의 자녀는 이렇게 되지 않기를 바란다. 또 부모들 중에서도 자녀가 이렇게 살기를 바라는 사람은 없을 것이다.

자율성을 키워주지 않으면 아이가 매사에 의욕을 느끼기 어렵다. 자녀가 할 일을 부모가 대신해서 처리하고 자녀가 요구하는 것을 모두 들어주면 그 아이는 성인이 되어서도 주체적으로 나서서 뭔가를 하지 못한다. 물론 부모는 자녀에게 축복을 베풀어야 한다. 가계 예산에 합당한 수준에서 근사한 파티를 열어주고 멋진 선물을 주어도 좋다. 하지만 그런 파티나 선물, 휴가가 자녀에게 저주가 되어서는 안 된다. 부모는 자녀에게 얼마든지 '선물'을 안겨도 좋지만 그것을 관리하고 감당할 자질을 길러주지 않으면 선물이 도리어 저주로 변해 아이를 짓누를 것이다. 이렇게 자란 아이들은 '당연히' 받게 되리라고 여기는 다음 혜택만 기다릴 뿐 인생을 자발적으로 살아가지 못한다. 어째서 누군가 나타나 자신의 삶을 안락하게 만들어주지 않는지 이상하게 여기며, 어디선가 보조금이 나오리라 기대한다. 자녀가 이 지경에 이르면 그 부모는 끔찍한 사태에 직면한다. 자율성도 기르지 못하고 특권의식에 젖어 있는 자녀는 성인이 되어서도 경제적으로 독립하지 못한다. 어쩌면 영원히 부모 집에 얹혀살지도 모른다!

부메랑이 아니라 화살을 키워야 한다

시편의 저자는 "젊을 때 낳은 아들들은 용사들의 손에 든 화살과 같다"(시편 127장 4절)고 읊었다. 부모는 자녀들을 언젠가는 세상에 내보내야 한다는 사실을 상기시켜주는 멋진 표현이다. 자녀가 강인하고 진실하게 자랐으면 잘 다듬은 화살처럼 곧게 날아갈 것이다. 시위를 떠난 화살이 힘껏 날아가 과녁에 적중하는 모습을 보는 것은 흐뭇한 일이다. 하지만 부모가 물러터지고 소심하게 양육하는 지금의 세태에서는, 안타깝지만 화살을 쏘아 보내지 못하고 부메랑을 던지고 만다. 부모는 자녀를 밖으로 내보내지만 그들은 곧장 부모 곁으로 돌아온다.

한 번은 우리 라디오 쇼에 한 남자가 전화를 걸어 성인 자녀가 부모 집 지하실에 들어와 사는 일을 방지할 방법을 찾아냈다고 얘기했다. 그가 내놓은 기발한 해결책은 지하실 없는 집을 사면 된다는 것이었다. 편하게 웃을 수만은 없는 얘기다. 이 책에서 우리는 그 해결책을 본격적으로 찾아보고 있다. 마흔두 살 먹은 자녀가 부모 집 지하실에 들어와 사는 일을 예방하는 방법 말이다.

현재 미국에서 25~34세의 성인 남성 중 19퍼센트는 부모 집에 얹혀살고 있다. 만약 그 이유가 대학을 다니기 때문이라면 이는 정상적인 기간보다 최소 3년이나 더 오래 대학을 다니고 있거나 복학했다는 뜻이 된다. 이 통계를 보면 젊은 남성 5명 중 1명이 '독립하는 데 실패'했음을 의미한다. 사내답게 자립하기를 거부하는 젊은 남자들의 수가 급속히 늘고 있다. 그들은 세상에 나아가 당당히 서는 삶의 가치를 모른다. 이런 상황이 되는 데 부모들도 한몫했다. 부모가

'돈을 절약하기 위해' 자녀를 집에 들이기 때문이다. 당장에는 이것이 효율적으로 보일지도 모른다. 하지만 이런 선택은 자녀의 삶을 오히려 엉망으로 만들 뿐이다.

부모는 안전망이지 그물침대가 아니다
성인 자녀라도 위기 상황에서는 부모가 한동안 집에 거두는 것에 찬성한다. 부모가 자녀를 사랑해 안전망을 제공하는 것은 훌륭한 일이다. 하지만 안전망이 변질되어 그물침대가 되지 않도록 주의해야 한다. 무기력하고 게으른 자녀가 의욕도 없이 비디오게임에 몰입해 지내는 상황 말이다.

부모가 성인 자녀와 동거해도 좋은 상황이란 언제일까? 부모가 알아서 결정할 일이지만, 자녀를 애지중지하며 기를 살려주고 구제하는 기간이 길어질수록 자녀의 정신력은 더 약해진다. 갈수록 무기력해질 뿐 험난한 세상과 싸워보려는 의지도 사라진다. 성인 자녀와 다시 동거하는 방안은 극히 위험한 상황에서 예외적으로 허용해야 하고, 장기간 머물게 해서는 안 된다. 만약 질병 치료, 이혼, 마약중독, 실직 같은 문제에 직면해 이를 극복하려고 애쓰는 경우라면 한시적으로 집에 들이는 방안도 합리적이다. 그런데 특별한 문제 없이 단지 돈을 더 많이 저축할 욕심으로 집에 들어오려는 경우도 있다. 이는 아주 짧은 기간이 아니라면 절대 허용해서는 안 된다.

성인 자녀가 부모 집 지하실에 들어와 살면서 빈둥거리며 지내면 버릇만 나빠질 뿐이다. 성인 자녀를 집에 거두어들인 일이 잘못된 선택인지 아닌지 확인할 방법은 없을까? 당연히 있다. 만약 자녀가 일자리를 알아보려고 하지 않고, 밤새 놀다가 해가 중천에 뜬 이후에나 잠자리에 들고, 자기 옷가지를 스스로 세탁하지 않거나 끼니를 알아서 해결하지 않는다면, 이는 부모 집에서 기생하는 사람이 하나 생겼다는 징후다. 텔레비전 시청 시간이나 비디오게임을 하는 시간이 너무 많아도 마찬가지다.

위기를 통과하는 동안 안전망을 제공하려고 성인 자녀를 집에 들인다면, 부모가 자녀에게 무엇을 기대하는지 조건을 구체적으로 언급해야 한다.

첫째, 자녀가 집에 머물 기간에 대해 합의를 보아야 한다. 지원 기간은 단기간에 그쳐야 한다.

둘째, 자녀 스스로 위기를 극복할 방안을 세워야 한다. 자녀가 세상을 피해 방에 틀어박혀 있기만 한다면 부모는 아무 도움도 못 주고 있다고 봐야 한다. 만약 내게 그런 자녀가 있다면 월세를 청구하지는 않겠지만 위기를 극복하기 위해 노력하도록 조건을 달 것이다. 하루 세 시간씩 구직 활동에 나서게 하고, 예산안을 제출하게 하고, 일정 금액을 매달 저축하게 하고, 운동을 거르지 않게 하여 일반 직장인이 근무하는 시간만큼 노력하도록 만들 것이다. 파티나 즐기며 시간을 낭비하게 허락하지는 않을 참이다. 자녀를 위해서도 이런 동거 조건이 필요하다. 이렇게 해야만 부모의 집은 자녀가 낮잠이나 퍼질러 자는 그물침대가 아니라 안전망 구실을 한다.

셋째, 성인 자녀가 부모 집에 들어와 산다면 부모의 가치관과 규칙에 따라야 한다. 가령 나 같으면 어떻게 했을까? 절대 마약에 손을 대서는 안 되고, 친구들을 불러들여 밤을 새우며 놀지 말아야 하고,

일요일마다 예배에 참석해야 하고, 너무 늦지 않게 귀가해야 한다. 우리 집은 대학교 기숙사가 아니다. 또 집안일을 거들어야 한다. (나 역시 이런 규칙을 지키고 살기에 샤론이 내가 함께 사는 것을 허락하는 것이다.) 자녀 입장에서 이 같은 규제가 지나치다고 생각하면 다른 숙소를 찾아보면 된다. 부모가 자녀에게 손님으로 머물 수 있는 아량을 베풀었으면 자녀는 마땅히 부모 집에서 예의를 지켜야 한다. 그리고 동거하는 동안 재기의 발판을 마련하기 위해 노력해야 한다.

다양한 가족 형태에 따른 경제 교육

레이첼과 내가 전국을 돌며 재무 관리 원칙을 강연할 때면 전통적이지 않은 가정에 적용할 수 있는 경제 교육 방법을 알려달라는 요청을 자주 받는다. 여기서 나는 가족의 유형에 따라 저마다 직면하는 문제들을 살펴보고자 한다. 물론 지금까지 이야기한 모든 원칙은 비전통적 가정에서도 그대로 적용된다. 모든 가정에는 저마다 특별한 사정이 있겠지만 자녀가 앞으로 돈 문제로 큰 곤란을 겪지 않길 바란다면 기본적인 돈 관리 원칙은 반드시 가르쳐야 한다.

전통적 가정

이른바 '전통적' 가정을 살펴보자. 한 집에 아버지와 어머니 그리고 두세 명의 자녀가 함께 사는 집이다. 나도 이런 가정에서 자랐고 우리 아이들도 마찬가지다. 예전에는 이 같은 형태가 가정의 전형이었지만 지금은 그렇지 않다. 전통적 가정을 꾸리는 경우, 우리가 지금까지 다룬 내용을 모두 적용하면 된다. 하지만 부모로서 몇 가지 유의해야 할 사항이 있다.

첫째, 자녀가 보물처럼 귀하고 목숨보다 소중하겠지만 집안에서는 부모가 우선이라는 사실을 자녀가 이해하도록 가르쳐야 한다. 부부의 결혼생활이 자녀보다 더 중요하다. 내가 샤론과 사랑에 빠졌을 때 아이들은 존재하지도 않았고, 아이들이 성장해서 집을 떠난 지금도 아내는 내 곁에 있다. 세 아이를 모두 분가시킨 것은 처음부터 계획한 일이었다. 아버지에게 제일 중요한 사람은 어머니고, 어머니에게 제일 중요한 사람은 아버지라는 사실을 우리 아이들은 잘 알고 있다. 이렇게 우선순위를 확실하게 정립하고 나면 아이들에게 돈 관리 방법을 가르치고 지도할 기본 준비는 마친 셈이다. 이상한 일이지만 부부 중심으로 돌아가는 가정에서는 자녀들이 훨씬 더 안정감과 자신감을 얻는다.

둘째, 부모 두 사람은 자녀를 대할 때 일관된 모습을 보여야 한다. 이는 어른 두 명이 한 팀이 되어 어린 자녀들과 벌이는 싸움이다. 물론 어린 자녀들을 위해서다. 부모가 애지중지하는 악동들은 적을 이간질하는 데 능란하다. 집안일 그리고 기부와 저축, 소비에 관해 정한 원칙을 부부가 함께 지키지 않고 어느 한쪽만 엄격하게 하면 악동 녀석들은 원칙을 진지하게 받아들이지 않는다. 자녀들에게 돈 문제에 똑똑하게 대처하는 법을 가르치고 그 원칙을 철저히 지키도록 만드는 일은 부모 한쪽만 노력해서는 실현하기가 매우 어렵다. 따라서 부부는 이 목표를 이루는 데 뜻을 모으고 서로 지원해야 한다.

부부 일심동체

부모라면 아이를 꼼짝 못하게 만들 만한 강력한 경고 한 마디는 다들 있을 것이다. 경고의 내용은 가정마다 다르지만 자녀는 그게 뭔지 안다. 그 '경고'를 들으면 아이는 하던 행동을 멈춘다. 부모가 설정한 경계를 넘었으니 이제 벌 받을 일만 남았다는 사실을 아이는 뒤늦게나마 깨닫는다. 우리 아버지가 쓰는 경고는 "내 아내한테 그런 식으로 말하지 마라!"였다. 우리 집에서 그 말이 들리면 램지 자녀 중 누군가는 심각한 상황에 처했다는 뜻이다. 우리 삼 남매 중 하나가 해서는 안 될 짓, 그러니까 어머니에게 불손하게 말대꾸를 했거나 무례하게 행동한 것이다.

우리가 저렇게 행동했을 때 아버지는 늘 심하게 화를 냈는데, 나는 참 이상하다고 생각했다. 내 어린 생각에 샤론 램지는 우리 엄마일 뿐이었다. 우리 엄마 말이다. 자식이 엄마한테 '반항적인 태도'를 보인 것뿐인데 아버지가 왜 저렇게 화를 내는지 이해하지 못했다. 하지만 지금은 그때를 떠올리면 마음이 따뜻해진다. 어른이 되어서야 나는 아버지가 자기 아내를 함부로 대하지 못하게 보호했다는 사실을 깨달았다. 설령 자기 자식이라도 예외는 아니었다. 이 얼마나 멋진 일인가! 데니스 언니랑 대니얼과 나는 두 분이 일심동체이기 때문에 두 분 사이를 이간질하는 술수를 잘못 부리다가는 엄청난 불행을 자초한다는 사실을 깨달았다. 아버지는 우리를 아무리 사랑하더라도 자신의 아내가 먼저라는 사실을 누누이 밝혔다.

아버지가 전한 메시지는 생각보다 훨씬 강력하게 내 인생에 영향을 미쳤다. 지금의 남편과 사랑에 빠진 것도 이 남자라면 무슨 일이 있어도 나를 보호할 사람이라는 확신이 들어서였다. 만약 결혼해서 배우자와 함께 자녀를 키운다면 두 사람이 일심동체라는 사실을 자녀에게 확실하게 보여줘야 한다. 부모가 똘똘 뭉치면 아이들은 달갑지 않겠지만, 그런 부모 밑에서 훈육을 받은 아이들은 안정감 있고 자신감 넘치는 성인으로 자란다.

한부모 가정

편부모는 자녀를 혼자 키우기 때문에 양육 과정에서 힘든 싸움을 하게 된다. 여기서는 다른 한쪽 부모가 여전히 가정사에 개입하는 상황은 다루지 않을 생각이다. 그 문제는 나중에 다루기로 하고, 여기서는 사별이나 이혼 등의 이유로 다른 한쪽 부모가 곁에 없어서 혼자 재무 관리 교육을 하는 경우만 다루고자 한다.

한부모 가정의 경우에도 이 책에서 설명한 원칙을 그대로 가르치고 준수해야 한다. 처한 상황이 어렵다고 해서 지켜야 할 원칙이 바뀌지는 않는다. 이 경우 돈에 똑똑한 아이로 키우려면 두 가지 사항이 추가로 적용된다.

첫째, 부모가 뜻을 굽혀서는 안 된다. 한부모 가정에서는 아이들이 수적으로 많거나 자신의 뜻을 지지할 배우자가 곁에 없어서 부모가 고전하는 일이 많겠지만 그렇다고 아이들 뜻에 굴복해서는 안 된다. 건전한 돈 관리 원칙을 실행하기로 결심하고 나면 악동 녀석들이 부모에게 저항할 수도 있다. 부모가 어디서 이상한 걸 배워 와서 잘못된 길로 가고 있다고 설득하려 들 것이다. 내가 상담했던 편부모들은 아이들과의 이런 실랑이로 대부분 지쳐 있었다. 아이들이 수적으로 우세했기 때문이다. 하지만 이 점을 분명히 기억하자. 집안에 어른이 하나뿐이라고 해서 부모의 생각이 틀린 게 아니다. 집안의 유일한 어른이며, 바로 그 때문에 옳은 것이다. 그러니 돈 문제에 관한 한 위압적인 독재자라는 불평을 듣더라도 담대하고 일관되게 원칙을 밀고 나가야 자녀를 돈에 똑똑한 아이로 키울 수 있다.

둘째, 주변에 지원을 요청해야 한다. 돈에 똑똑한 아이로 키우려는 목표에 뜻을 같이하는 사람들로 자기 주변을 채울 필요가 있다. 이런 교육은 혼자서 감당하기가 어렵다. 내 라디오 쇼에 전화를 건 한 청취자는 우리가 제시한 교육 방법을 아내와 함께 15년째 실천하고 있다고 얘기했다. 그들은 부채에서 벗어났을 뿐 아니라 부자가 되었다고 한다. 지금은 열 살 된 조카딸과 열네 살 된 조카의 멘토가 되어 재무 관리를 가르치고 있는데 더할 나위 없이 보람을 느낀다고 했다. 누나가 혼자서 조카 둘을 양육하는데, 두 조카가 외삼촌과 외숙모에게 그들처럼 부유해지는 방법을 자주 묻는다고 한다. 편모인 누나에게 든든한 지원부대가 되어준 셈이다.

형제나 자매나 없는 경우에는 청소년 담당 목회자나 친척 가운데 뜻이 맞는 사람 혹은 친구들의 도움을 받을 수도 있다. 아니면 친한 이웃 중에 자녀가 독립해서 나가고 단출하게 지내는 노부부에게 도움을 요청해도 좋다. 그들이 대리 조부모가 되어 힘을 보탤 수 있을 것이다. 이때는 자녀들에게 똑같은 메시지와 교훈을 전달하도록 부모가 가르치려는 내용을 지인들에게도 소개하고 알려주는 게 좋다.

이혼 가정

이혼한 뒤에도 면접교섭권 등으로 전 배우자가 아이들을 계속 만나기도 한다. 이 경우 헤어진 두 사람이 아이들의 유익을 위해 뜻을 합치는 일은 불행히도 흔치 않다. 물론 최상의 시나리오는 각각 재혼했을 경우 두 가정이 뜻을 모아 자녀에게 돈 문제에 똑똑하게 처신하는 법을 공동으로 가르치는 것이다. 두 가정 모두 이 책을 읽고 실천한다면 아이들은 어느 집에 머물든지 똑같은 원칙을 따를 수 있다. 두 가정에서 똑같이 집안일 목록을 작성해 수고비를 벌 수 있고, 자동차를 현금으로 구매하고, 대학 등록금을 마련하기 위해 계획을 세울 때도 함께 예산을 수립하면 좋다.

그런데 만약 전 배우자가 협조하지 않으면 자녀를 양육할 때 모든 면에서 몹시 힘겨운 싸움을 할 수밖에 없다. 아이들 역시 다른 메시지를 전하는 두 개의 다른 가치관을 접하게 되므로 혼란을 느낀다. 전 배우자와 가치관이 맞지 않는 경우 양육을 맡은 부모가 어떻게 해야 하는지에 대해서는 여러 원칙이 있는데, 돈에 똑똑한 아이로 키우는 방법에서 기본 방향은 같다. 누가 됐든 자기 집에서 일어나는 일만 통제할 수 있을 뿐이고, 전 배우자가 전하는 메시지는 통제할 수가 없다. 그러니까 의견이 다른 전 배우자를 험담하는 일은 삼가고 자기 집에서만큼은 자녀들이 철저히 원칙을 준수하게 할 것을 권한다. 아무래도 전 배우자의 집에서는 자녀가 원칙을 지키기 힘들겠지만 양육 부모는 자신이 할 수 있는 최선을 다해야 한다.

자녀가 청소년기에 이르면 그릇된 결정을 내릴 경우 치러야 하는 대가도 그만큼 커진다. 자녀와 전 배우자가 한 팀이 되어 양육 부모가 동의할 수 없는 결정을 내릴 때에는 어떠한 재정적 지원도 하지 않겠노라고 분명하게 선을 그어야 한다. 가령 전 배우자가 자녀더러 학자금 대출을 받도록 제안하고, 양육 부모가 동의하지 않았음에도 고액의 학자금 대출에 연대보증을 섰다고 하자. 이때 양육 부모에게는 자신이 저축한 학자금을 풀어서 이들을 도와야 할 의무는 없다. 자동차 구매에도 똑같은 원칙이 적용된다. 양육 부모는 자녀에게 돈 관리 원칙을 분명하게 전달해야 한다. "이 집에서 사는 한 융자 없이 차를 구매하든지 아니면 차 없이 지내야 한다. 대학 역시 내가 동의하고, 네가 등록금을 낼 수 있는 곳으로 가야 한다. 내가 동의하지 않은 결정에 대해 나한테서 어떤 도움이나 돈을 받을 생각은 하지 마라." 너무 매몰차다고 생각할지 모르겠다. 하지만 자녀에게 합리적인 재무 관리 원칙을 다정하게 그러나 단호하게 설명하는 것이 돈에 똑똑한 아이로 키우는 출발점이다. 또한 부모 역시 이들 원칙을 성실하게 실천하는 모습을 자녀가 지켜본다면, 그 아이가 훗날 돈 문제로 곤란한 상황에 처하는 일은 없을 것이다.

이 책의 원칙을 엄격하게 지키려면 각오를 단단히 다져야 한다. 냉정한 사람이라고 주변에서 비난하는 사람들도 분명 있을 것이다. 하지만 장기적 관점에서 올바로 사고하는 사람은 그들이 아니다. 자녀를 위해 자기가 한 선택이 과연 합리적이고 최선이었는지, 자녀가 선택한 대안이 나쁜 줄 알면서도 자녀에게 굴복하고 말았는지 부모는 눈으로 확인할 기회가 많다. 이혼한 후에도 부모 역할은 마찬가지다. 다만 혼자되고 나면 자기 뜻을 지지할 배우자가 없으니 아이들과의 실랑이가 더 피곤해진다는 점만 다를 뿐이다. 그래도 원칙을 포기해서는 안 된다. 설령 주변에서 이해해주는 사람이 아무도 없을지라도 양육 부모는 옳다고 여긴 대로 행동해야 한다.

죄책감을 돈으로 보상하려는 부모

제3장에서 디즈니랜드 아빠 증후군을 언급한 바 있다. 내 친구 한 명이 딱 그랬다. 그는 좋은 아버지였지만 잘못을 저질러 아내에게 이혼당했다. 가족이 깨진 것은 그의 탓이었다. 본래 자녀들에게 판단력이 흐린 친구는 아니었는데 이혼하고 나서는 디즈니랜드 아빠 증후군에 빠지고 말았다. 아이들에게 죄책감을 느낀 그는 만날 때마다 옷 선물을 한 아름 안겼고, 아이들이 먹고 싶은 거나 보고 싶은 게 있다고 하면 모조리 허용했으며, 디즈니랜드에도 데려갔다(이런 까닭에 디즈니랜드 아빠 증후군이란 이름이 생긴 거다). 그는 자신이 벌어들인 모든 소득과 시간을 자녀들에게 그릇된 방식으로 소비했다.

 두어 해가 지나서 우리는 함께 앉아 그의 재무 상태를 살펴봤다. 그가 자녀들을 위해 돈을 얼마나 많이 썼는지 신용카드 빚이 산더미처럼 불어난 상태였다. 그는 의미심장한 말을 내뱉었다. "돈으로는 죄책감에서 벗어날 수 없군." 그 말을 한 이후로 친구는 마음을 추스르기 시작했다. 결혼생활을 망친 죄책감 때문에 자녀들의 청을 거절하지 못했던 친구는 돈으로는 죄책감을 지울 수 없다는 사실을 비로소 깨달았다. 그러고 나서는 달라졌고 자신의 삶도 서서히 회복해갔다.

자녀 양육비

아이들은 마땅히 어른들이 돌봐야 한다. 이혼할 때 자녀 양육비 지급은 법으로 정하고 있고, 이는 당연한 일이다. 이따금 법원이나 상대측 변호사 때문에 양육비를 받지 못하게 되어 양육을 책임진 부모가 괴롭고 당혹스러운 처지에 놓이는 경우도 있기는 하다. 그런데 그보다는 비양육 부모가 자기 의무를 다하지 않는 경우가 훨씬 많다. 이는 몹시 파렴치한 짓이다. 비양육 부모는 자기를 위해 돈을 쓰기 전에 자녀를 돌보는 일에 예산을 편성해야 한다. 자녀가 딸린 사람과 재혼했다 해서 전 배우자에게 자녀 양육비를 대야 하는 처지를 불평한다는 건 말도 안 된다. 자녀 양육비 지원은 당연한 일이고, 법에서 정한 일이다.

재혼 가정

아이들은 필요하면 부모를 이간질해서 자기들의 목적을 달성하는 경향이 있다. 그러므로 부모는 이런 수법에 항상 주의를 기울이는 게 좋다. 모든 자녀가 부모의 핏줄로 이어진 전통적 가정에서도 비일비재한 일이니 재혼 가정에서도 당연히 그럴 줄로 예상하는 게 좋다. 계모가 괴물로 그려지는 신데렐라 이야기와는 다르게 전혼前婚 자녀들을 따뜻하게 보살피고 건강한 환경을 제공하는 새아버지와 새어머니도 많다. 예비부부들은 모두 결혼 전에 상담을 받는 게 좋지만, 특히 재혼 가정의 경우에는 아무 상담도 받지 않고 성급하게 일을 진행하면 고생을 자초할 수 있다.

재혼 가정의 경우 구성원 조합이 다양하므로 각각의 관계를 모두 고려하다 보면 경우의 수가 많아 복잡해진다. 그래서 여기서는 돈에 똑똑한 자녀로 키우기 위해 부모가 갖춰야 하는 기본 환경을 주로 살피고자 한다.

18세 미만 자녀는 부모가 따뜻하게 돌보고 사랑으로 이끌어주어야 마땅하다. 그렇지만 배우자보다 자녀를 더 중요하게 여겨서는 안 된다. 이는 재혼한 경우에도 예외일 수 없다. 아이들은 자기들이 불리할 때 부모의 사랑을 볼모로 삼아 새어머니나 새아버지를 나쁜 사람으로 몰아가는 작전을 펼칠 것이다. 이런 조건에서는 아이들을 올바로 지도하기가 어렵다

요컨대, 부모는 미성년 자녀를 사랑하고 돌봐야 마땅하지만 자녀 중심으로 우선순위를 짜면 집안의 중심이 바로 서지 않아 위기를 초래하게 된다. 또한 자기 자녀와 새로운 배우자의 자녀를 똑같이 대해야 한다는 점도 중요하다. 만약 다르게 대한다는 사실을 아이들이 눈치채면 이를 이용하려 들 것이다. 재혼 가정에서는 모든 아이를 똑같이 대우해야 한다. 모든 자녀가 일하는 법을 배워야 할 뿐 아니라 모든 자녀가 저축하고, 기부하고, 돈 문제에 현명하게 처신하는 법을 배워야 한다. 만약 그럴 수 없다면 재혼을 하지 말아야 한다.

재혼한 부모가 자신들을 모두 똑같이 대우한다는 사실, 그리고 비양육 부모가 어떤 선물을 쏟아 부어도 양육 부모가 자신들을 합리적으로 양육한다는 사실을 아이들이 알아야 한다. 이 두 가지가 뒷받침되면 부모는 자녀의 미래를 위해 현명한 재무 관리 원칙을 가르칠 수 있다. 전 배우자한테서 양육비를 받는다 해도 대개 양육 부모는 자녀를 돌보기 위해 그 금액보다 더 많은 돈을 쓴다. 이 경우에는 자

녀 양육비를 별도의 통장에 따로 관리할 필요가 없다. 그 돈은 자녀를 보살피고 먹이는 데 필요한 돈이지 아이들이 쓸 돈이 아니다. 부모가 아이들을 잘 보살피고 잘 먹이는 한 그 돈을 가계 예산에서 따로 떼어 별도로 관리해야 할 도덕적 명분이나 법적인 타당성은 전혀 없다. 전 배우자에게 받은 양육비 이상으로 양육 부모도 자녀들을 위해 비용을 지출하기 때문이다. 하지만 전 배우자가 사망하고 자녀들에게 유산을 남겼으면 그 돈은 아이들이 어른이 될 때까지 별도의 계좌에 보관해야 한다.

　부모는 성인 자녀에게 항상 자기 인생을 스스로 책임지고, 부모의 유산을 물려받을 생각은 하지 말라고 가르쳐야 한다. 하지만 미성년 자녀는 유산 상속 계획을 세울 때 배우자와 함께 일순위로 고려해야 하는 대상이다. 미성년 자녀와 배우자에게 유산을 물려주고도 돈이 넉넉하면 그때는 성인 자녀에게 유산을 물려줘도 좋다. 유산 상속에서는 배우자와 미성년 자녀가 1순위다. 유산 문제에서만큼은 공평하다는 것이 꼭 평등하다는 뜻은 아니다.

입양

가정을 꾸리고 싶어서든 자기가 꿈꾸는 이상적인 가정을 완성하기 위해서든, 혹은 보살핌이 필요한 아이에게 가정을 제공하기 위해서든 입양은 아름다운 일이다. 입양은 아무나 할 수 있는 일은 아니다. 하지만 강력한 마음의 명령에 이끌려 입양 결단을 내린 사람들은 입양한 아이를 통해 큰 축복과 위로를 받는다.

　그런데 입양하고 싶다는 욕망에 사로잡힌 나머지 경제적 관점에서 판단력이 흐려지는 사람들도 있다. 내가 상담한 가정 중에는 입양 비용을 부담하느라 파산한 이들도 있다. 의욕이 과한 탓에 상식적인 수준에서 파악할 수 있는 당연한 결과를 보지 못한 것이다. 부모 자신이 돈 문제에 침착하게 대응하지 못한다면 입양 자녀에게 돈 문제에 똑똑하게 대처하는 법을 제대로 가르칠 수 없다. 입양은 몇 가지 지침을 따르면 빚지지 않고도 진행할 수 있다. 철저한 계획과 이를 대비한 꾸준한 저축이 필요하다. 이 두 가지 일을 완수했으면 그때는 입양에 대해 공부하면서 다섯 곳에서 열 곳 정도의 입양기관을 살펴보기 바란다. 합당한 수준보다 두 배가 넘는 비용을 요구하는 기관도 많다. 자기가 원하는 바를 정확히 파악하고 쓸데없는 비용을 내지 않도록 주의한다.

장애아동 양육 가정

장애아동을 돌보고 양육하는 일은 대단한 일이고 그만큼 고된 일이다. 레이첼과 나는 장애아동을 돈에 똑똑한 아이로 키우는 방법이나 부모가 죽은 뒤에 그 아이들이 확실히 보살핌을 받도록 조치하려면 어떻게 해야 하는지 묻는 부모들을 많이 만난다. 이 책의 원리들을 어디까지 적용할지는 자녀의 장애 정도에 달렸다. 지금까지 재무관리 교육을 하지 않았다면 이 책에 제시한 원칙 중에 가능한 것들은 모두 가르치길 바란다. 다운증후군을 앓는 스무 살짜리 아들을 키우는 친구가 있다. 그 아이는 지금 사회생활도 꽤 잘하고 있고, 어려서부터 부모에게 돈 관리 교육을 받아서인지 자신감이 넘친다. 우리 아이들이 그랬듯이 그 아이도 특히 현금으로 물건을 살 때면 환한 미소를 짓는다.

장애아동을 키우는 부모의 경우에도 기본 돈 관리 원칙은 같다. 다만 상속 계획을 세울 때 장애인 신탁상품을 추가하길 바란다. 부모가 사망할 경우를 대비해 미성년 자녀가 보살핌을 받을 수 있게 하는 일반 신탁과 비슷하다. 차이점이라면 장애인 자녀가 평생에 걸쳐 돈을 지급받게 되어 있다는 점이다. 유서에 이 신탁 내용을 적고, 정기 생명보험을 넉넉히 넣으면 자녀는 남은 생애 동안 신탁에서 들어오는 소득으로 살아갈 수 있다. 일단 부채가 없고 부모에게 재산이 있으면, 생명보험금을 활용해서 신탁에 재산을 남김으로써 자녀에게 평생 일정 소득을 제공할 수 있다.

조부모는 재무 관리 교육의 조력자인가?

돈 문제에 밝은 조부모가 있으면 돈에 똑똑한 자녀로 키우는 데 도움이 된다. 하지만 돈 문제에 현명하게 처신하고 균형 잡힌 판단을 내리는 사람도 손주들 앞에서는 판단력이 흐려질 가능성이 높다는 사실을 유념해야 한다. 만약 부모가 세운 돈 관리 원칙을 할아버지나 할머니가 훼손한다면, 그분들을 식사에 초대하거나 차를 함께 마시며 정중하게 도움을 요청하는 게 좋다. 그분들도 아이를 사랑하는 마음에 그랬을 뿐 부모의 권위를 훼손하려는 의도는 없을 것이다.

이상하게도, 할머니 할아버지가 되면 손주들의 응석은 모두 받아주는 게 좋다고 여기게 된다. 아들딸에게는 하지 말라고 말리고 먹지 말라고 했을 음식까지도 정작 손주가 원하면 모두 허락하는 게 이미 오랜 세월에 걸쳐 유지되어온 전통 아닌가. 하지만 어쩌다 있는 일이 아니고 매번 반복된다면, 그분들을 만나 웃으면서 대화를 나누되 단호하게 입장을 밝힐 필요가 있다. 그분들을 조력자로 만들면, 조부모는 자녀를 올바로 키우는 데 훌륭한 지원군이 될 수 있다. 만약 단호하게 의지를 밝혔음에도 계속해서 경계를 넘는다면 자녀가 돈 관리 원칙을 익히기 전에는 조부모와의 만남을 제약할 필요도 있다.

오늘날에는 조부모에게 자녀 양육을 맡기는 부모가 점점 늘어나는 추세다. 만약 조부모로서 양육자 역할을 맡게 되면 어떻게 하는 게 좋을까? 조부모가 손주를 양육하는 경우에는 말 그대로 부모 역할을 하면 되고, 이 책에서 다룬 돈 관리 기법도 그대로 적용하면 된다.

당당하게 홀로 서기

가족 구성 형태에 따라 부모가 처하는 다양한 상황과 그에 맞는 양육 원리를 살피는 중이다. 하지만 가족 구성 형태에 상관없이 관통하는 양육 원리가 하나 있다는 것을 당신이 눈치챘기를 바란다. 바로 경계의 중요성이다. 나는 부모님께 좋은 선물을 많이 받았지만, 특히 소중한 선물은 그분들이 나의 '부모'가 되어주었다는 사실이다. 우리 부모님은 내 친구가 아니었다. 내가 부리는 사람도 아니었다. 그분들은 독재자도 아니었다. 그냥 '내 부모님'이었다.

물론 그분들이 성인군자는 아니었다. 실수도 저지르고 원칙을 어긴 적도 여러 번이었다. 하지만 부모님은 내게 매사에 넘지 말아야 할 경계가 있음을 가르쳤고, 그 경계를 무시할 경우 그에 상응하는 대가를 치르게 했다. 우리 부모님은 나를 위해 돈을 쓰는 일에 관대했지만 내가 그 돈에 대해 그릇된 소유의식을 품도록 내버려두지 않았다. 부모님은 도울 수 있는 능력과 방법이 있을 때 나를 도왔지만, 내가 일을 망칠 때마다 항상 구제해야 한다는 강박관념은 없었다. 또 그분들은 내게 안락한 삶을 제공했지만 두 분이 주는 사랑이 내게 독이 되지 않도록 경계했다.

나는 놀라운 축복을 받았다. 부모님 덕분에 나는 스스로 책임지며 당당하게 세상을 살아가는 어른이 되었다. 아버지와 함께 일할 때 나 아니면 혼자 어떤 일을 할 때나 내게는 그 일을 해낼 능력이 있다고 믿는다. 이는 오만함에서 나온 말이 아니라 자신감에서 나온 말이다. 그리고 내가 자신감이 넘치는 이유는 부모님이 어려서부터 그것을 차근차근 심어주었기 때문이다. 부모님은 경계를 정해두고 그 안에서 내가 스스로 경험하면서 실패를 극복하고 성공을 경험할 수 있도록 했다. 나는 나이가 들수록 부모님의 가르침을 깊이 새기게 되었고 그만큼 더 철이 들었다.

다시 강조하지만 그렇다고 원칙에 너무 매일 필요는 없다. 가능한 한 합리적인 수준에서 자녀에게 많은 사랑을 베풀기를 바란다! 하지만 뭔가를 베풀 때마다 부모는 스스로 점검해야 한다. '이렇게 하면 내 아이가 건전하고 성숙한 어른이 되어 당당하게 자립하는 데 유익한가?' 중요한 건 당당하게 홀로 서는 것이다. 이 기준에 따른다면 돈에 똑똑한 자녀로 키우는 과정에서 더욱 현명하게 의사결정을 할 수 있을 것이다.

제 11 장

| 레거시 |

무엇을
물려줄 것인가

SMART   SMART
MONEY   KIDS

자녀를 양육하면서 부모가 피해야 하는 두 가지 극단이 있다.
첫째, 비좁은 상자 속에 아이를 가두듯이 융통성 없이 규칙을 적용하며 매사 자녀를 통제하려는 양육 방식이다. 이런 부모 밑에서 자라는 아이는 혼자 어떤 결정을 내릴 기회를 얻지 못한다. 이렇게 성장한 아이들은 대학에 들어가자마자 술통에 빠져 살기도 한다. 한 번도 자유를 누린 적이 없기 때문에 어머니와 아버지한테서 해방된 첫날부터 무절제하게 자유를 탐닉하는 것이다. 그들은 한 번도 스스로 판단을 내린 적이 없어서 올바르게 판단할 줄 모른다.

둘째, 구체적인 계획이나 경계도 없이 세월아 네월아 태평하게 지내는 양육 방식이다. 이런 집안에는 아무런 규칙도 지침도 없다. 규율을 세우는 일을 구시대 유물쯤으로 치부한다. 이런 부모는 천방지축 여덟 살배기에게 "날아라, 우리 귀여운 아가. 마음껏 날아라! 우리가 뭐든 해줄게"라고 하는 사람들이다. 식당에서 시끄럽게 떠들고 식탁 위로 식기를 던지며 노는 아이들을 본 적이 있을 것이다. 그런데 미련한 부모는 무슨 일이 벌어지든 내 알 바 아니라는 듯 자신들만의 세상에서 근사하고 조용한 저녁을 즐긴다. 이런 부모 밑에서 자란 아이들은 올바르게 판단하도록 규제를 받은 적이 없어서 올바른 결정을 내릴 줄 모른다.

이 두 가지 양육 방법만 있다면 자라나는 새싹들에게는 끔찍할 일일 것이다. 하지만 다행히 양 극단 사이에서 중용을 지키면서 책임감 있게 행동하는 어른으로 양육할 방법이 있다.

고삐 싸움

지금쯤이면 파악했겠지만 우리 부모님은 엄격하게 원칙을 적용하는 방식과 자율에 맡기며 책임감을 키우는 방식 사이에서 항상 균형을 유지하려고 애썼다. 부모님은 우리에게 스스로 판단하고 행동할 자유를 주었고, 대신 두 분이 정한 경계를 넘지 않도록 원칙을 세웠다. 물론 우리 부모님도 실수를 한 적이 있지만, 원칙과 자율 사이에서 중도를 지켰던 부모님의 가르침은 우리 삼 남매에게 더없이 소중한 유산이다.

밧줄 놀이
어머니와 아버지가 율법과 은혜 사이에서 균형을 얘기할 때 쓰는 표현 중에 밧줄 비유가 있다. 램지 집안의 자녀들은 모두 이 밧줄 비유를 자주 들었다. "네 허리에 밧줄이 묶여 있다고 상상해봐. 아빠가 밧줄의 한쪽 끝을 잡고 있을 거야. 밧줄 길이는 전적으로 아빠가 조절해. 밧줄이 길어지면 네가 스스로 생각해서 결정을 내릴 자유가 많다는 얘기고, 밧줄이 짧아지면 네 행동거지가 좋지 못하거나 믿음직하지 않아서 아빠가 너를 제지한다는 의미야."

예를 들어, 열두 살짜리 딸아이를 부모가 차로 극장에 데려다 주고 오는 길이라고 하자. 부모는 딸아이에게 두 시간 뒤에 같은 장소에서 기다리겠다고 얘기한다. 그리고 두 시간 뒤에 같은 장소에 갔는데 딸아이가 보이지 않는다. 전화를 걸어보니 친구들과 영화를 보지 않기로 해서 길 건너 아이스크림 가게에서 놀고 있다고 한다. 그러면 어떻게 될까? 부모는 아이의 밧줄을 짧게 잡는다. 그 아이가 미리 전화를 걸어 부모에게 허락을 구하지 않았고, 결국 약속을 어겼으니 부모는 고삐를 바짝 조여야 한다. 고등학생 자녀가 파티에 참석했는데 어른들이나 마시는 맥주가 넘쳐나고 있다고 상상해보자. 만약 그 아이가 부모에게 전화를 걸어 어떻게 시간을 보내고 있는지 설명하고 차로 집에 데려가 달라고 부탁한다면 어떻게 될까? 올바른 판단을 내릴 능력이 있음을 보여주었기 때문에 부모는 밧줄을 길게 잡는다.

아이들은 어른처럼 대우받고 싶어 한다. 어렸을 때 내가 그런 말을 하면 아버지는 늘 이렇게 대답했다. "어른 대접을 받고 싶으면 어른답게 행동하면 된다. 우리가 신뢰할 만한 모습을 보여주려무나. 그럼 그렇게 대접해줄 테니." 어머니와 아버지는 항상 이 원칙대로 했다. 내가 그분들의 신뢰를 받을 만한 모습을 보여주면 더 많은 자유를 허락했다. 물론 내가 잘못된 선택을 해서 그분들이 밧줄을 바짝

당길 때도 많았다. 부모님은 밧줄을 길게 혹은 짧게 조절하면서 우리에게 자율을 가르쳤다. 자녀가 대학에 들어가 집을 떠날 즈음에는 밧줄이 필요 없을 만큼 자율적인 성인이 되는 게 모든 부모의 바람이다.

밧줄을 풀어줄 때

우리 삼 남매 중에 대학에 제일 먼저 진학한 사람은 데니스 언니였다. 언니가 집에서 보낸 마지막 밤에 어머니는 맛있는 만찬을 준비했고, 우리는 식탁에 둘러앉아 언니와의 추억을 떠올리며 웃고 울었다. 누군가 우리 얘기에 동참했더라면 장례식장에 참석한 기분이 들었을지도 모른다. 하지만 언니는 그저 몇 시간 거리에 있는 대학 기숙사에 들어가는 것뿐이었다. 잠자리에 들 무렵 아버지가 자리에서 일어나 어디론가 가더니 큰 선물 가방을 들고 돌아왔다. 아버지는 자리에 앉아 가방을 열더니 반짝반짝 윤기 나는 굵직한 흰색 밧줄을 꺼냈다. 그 밧줄에는 색색의 리본이 달려 있었다.

아버지가 말했다. "데니스, 엄마와 아빠는 네가 어엿한 숙녀로 성장해주어 무척 자랑스럽구나. 이제 대학생이 되었으니 달라지는 게 많을 거야." 그러고 나서 아버지는 리본 색깔이 의미하는 바를 설명했다. 빨간 리본은 언니의 학업을 의미했고, 보라색 리본은 언니의 신앙생활을 의미했고, 하얀색은 순결, 초록색은 돈 관리 능력, 주황색은 테네시 대학교 그리고 노란색은 언니가 언제든 집에 돌아올 수 있음을 의미했다. 아버지는 설명을 마친 뒤에 이렇게 말했다. "데니스, 우리는 너를 믿는다. 너는 올바른 판단을 내릴 거야. 이제 400킬로미

터나 떨어진 곳에서 지낼 테니 우리가 더는 이 밧줄을 붙들고 있을 수가 없어." 여기까지 말하고 아버지는 잠시 말을 멈추었다. 그리고 밧줄을 언니 손에 쥐여주며 다시 말을 이었다. "얘야, 오늘 밤부터 이 밧줄을 너한테 맡기겠다." 조금 오글거리는 느낌도 들었지만 가슴이 따뜻해지는 감동적인 순간이었다.

몇 주 뒤에 테네시 대학교의 학부모 방문 주간이 시작되어 우리 모두 데니스 언니의 기숙사를 방문했다. 우리는 언니 방 문고리에 밧줄이 걸려 있는 걸 보고 깜짝 놀랐다. 언니가 말했다. "아빠, 이 밧줄이 기숙사 명물이 되었어요. 기숙사에 사는 애들이 전부 한 번씩 와서 밧줄 얘기를 듣고 갔어요. 다들 그 얘기를 무척 좋아해요!"

내슈빌로 돌아가는 동안 아버지와 어머니는 그 밧줄이 언니에게 그렇게 깊은 인상을 남겼을지 몰랐다면서 놀라워했다. 나는 뒷자리에 앉아 있다가 두 분 대화에 끼어들었다. "언니만 그런 거 아니에요. 대니얼과 저도 느낀 바가 많았다고요."

밧줄의 주인으로 살기

내가 어렸을 때부터 어머니와 아버지는 밧줄 비유를 들려주곤 했지만 그때는 무슨 의미인지를 잘 몰랐다. 성인이 되어 돌이켜보니 대학에 들어가기까지 20년 동안 부모님 밑에서 책임감을 이수했다는 생각이 들었다. 두 분은 내가 현명하고 믿음직한 어른으로 성장하도록 나를 준비시킨 것이다. 언젠가는 우리가 막중한 책임을 져야 하기 때문이다. 나는 지금 부모가 죽은 뒤에 자녀에게 남길지 모를 유산을 책임지는 문제에 대해 얘기하는 게 아니다. 아이들이 결국 직면할 책임감, 즉 어른이 되는 일을 말하고 있다. 아이들은 모두 언젠가 어른이 되어 스스로 결정을 내리고 자기 인생을 책임져야 한다. 돈 문제에서 이기고 지는 문제도, 부를 축적하는 문제도, 인생에서 성공하거나 실패하는 문제도 자신들에게 달렸다. 자녀들이 자신의 삶에 크나큰 영향을 미칠 중대한 결정을 올바로 내릴 수 있게 준비시키는 것이 부모의 역할이다.

부모가 자녀에게 줄 수 있는 가장 훌륭한 선물을 꼽으라면 어른이 될 준비 과정을 제공하는 것이라고 말하겠다. 돈 문제에 현명하게 대응하는 부모, 수많은 대화와 일상에서 맞이하는 깨우침의 순간, 그리고 시행착오를 겪으면서 자녀는 어른이 될 준비를 한다. 이 책에서 소개한 내용을 충실히 실행에 옮기면 자녀가 부자가 되는 일은 '시간 문제'다. 소득이 많고 적음의 문제가 아니다. 만약 자녀가 근면하게 일하고 소비하고 저축하고 기부하는 이유와 방법을 익히고 예산을 세우는 법을 배웠다면, 그리하여 평생 대출을 받지 않으려 노력하고 이른 나이에 자족하는 법을 배운다면, 만약 자녀가 남의 돈이 아니라 자기 돈으로 삶을 꾸린다면 그 자녀는 장차 부자가 되리라고 믿어도 좋다. 하나님이 원하는 방식으로 돈을 관리하면 부는 자연히 따른다.

부모는 자녀가 훗날 큰돈을 관리한다고 전제하고 성실하고 자신감 있게 부를 관리할 역량을 키워야 한다. 자녀가 그 역할을 제대로 할 수 있도록 부모가 미리 해야 하는 일이 몇 가지 있다. 가장 먼저 할 일은 돈에 관한 잘못된 통념을 바로잡는 일이다. 다시 말해 부의 축적이 부도덕하거나 악하다는 생각을 고쳐야 한다.

부는 악인가?

오늘날 우리 사회에는 돈에 관한 잘못된 통념이 많다. 부모는 자녀가 이 같은 통념에 물들지 않도록 경계해야 한다. 그중 하나가 부는 나쁘고 부자들은 타인을 이용해먹는 못된 사기꾼이라는 생각이다. 만약 이 통념이 옳다면 사람들이 시장에서 성공할 이유가 어디 있겠는가? 시장에서 성공한다는 것은 결국 재정적 보상을 얻는다는 뜻이다. 돈을 많이 번 사람들 중에는 자신이 무슨 잘못이라도 저지른 것처럼 죄책감을 느끼는 이도 있는데, 돈에 관한 잘못된 통념 때문이다.

문제의 근원

성경은 돈이 악의 근원이라고 말하지 않는다. 돈에 대한 사랑이 만악의 근원이라고 할 뿐이다. 돈 자체는 옳고 그름을 초월한다. 돈에는 아무런 도덕성이 없으며, 좋은 것도 아니고 나쁜 것도 아니다. 돈은 벽돌이나 마찬가지다. 좋은 사람들은 벽돌을 이용해 병원을 짓지만 나쁜 사람들은 벽돌을 던져 창문을 깨뜨린다. 벽돌은 선하지도 악하지도 않다. 다만 벽돌을 사용하는 사람이 선하거나 악할 뿐이다.

부자가 악하고 많은 재물을 소유하는 것이 나쁘다는 거짓말 때문에 사람들은 잘못된 결정을 내린다. 그런데 돈이 나쁘고 사람들에게 해롭다는 거짓말을 믿는다면 어째서 자녀에게 돈을 많이 벌라고 가르치는가? 만약 당신이 그 거짓말을 믿는다면 자녀에게 돈을 유산으로 물려주어서는 안 되잖은가. 부자들 중에도 이런 거짓말을 믿는 사람들이 있다. 그들은 자녀에게 많은 유산을 남겨주면 큰 해가 닥칠 것이라며 걱정한다. 만약 이들이 자녀에게 지혜롭게 돈 관리하는 법을 가르치면 그 부를 멋지게 사용해서 세상을 바꿀 수도 있을 것이다. 그럼에도 잘못된 통념 때문에 그 기회를 놓치고 있으니 안타까운 일이다.

사실 부자들 중에는 부를 축적하고 자녀를 돈 문제에 똑똑하게 대처하도록 키워 유산을 물려주는 훌륭한 가정도 많다. 다만 세상 사람들은 그런 얘기를 들어본 적이 없을 뿐이다. 그런 얘기는 재미가 없어서 팔리질 않으니까 매체에서 다루지 않는다. 그 대신 금수저를 물고 태어난 자식들이 망나니처럼 사는 모습을 더 많이 보여준다. 사람들은 그렇게 사는 부자들을 보면서 자녀에게 유산을 물려주면 큰 해를 당할 것처럼 두려워한다. 물론 성인 자녀에게 돈은 조금밖에 남기지 못했어도 훌륭한 가치관을 심어주었다면 그것으로도 훌륭한 유산이다. 하지만 성인 자녀에게 훌륭한 가치관과 더불어 남을 유익하게 할 수 있는 막대한 부까지 물려준다면 '하늘만큼 땅만큼' 훌륭한 유산 아닐까! 돈은 악하고 부자들은 모두 사기꾼이라는 해로운 통념은 무시하기 바란다. 그런 주장은 무책임한 일반화다. 그런 거짓말 때문에 자녀에게 물려줄 수 있는 유산을 망쳐서는 안 된다.

큰돈을 관리하는 능력 키우기

돈은 악하지 않지만 그 영향력은 몹시 강력해서 돈 문제에 똑똑하게 처신하는 습관이 들지 않은 사람이 갑자기 큰돈을 관리하게 되면 위험에 빠질 수 있다. 돈이 지닌 위력에 해를 입지 않도록 자녀를 보호하는 원칙이 몇 가지 있다. 기본적으로는 자녀가 태어나자마자부터 이 책에서 다룬 원칙을 꾸준히 가르치고 부모도 몸소 실천하는 것이다. 그러면 대학에 갈 무렵 자녀들은 부의 무게를 감당할 수 있는 어른으로 성장한다.

무소유 원칙

돈의 위력에 자녀가 해를 입지 않게 하는 가장 강력한 방어책 중 하나는 무소유 원칙을 가르치는 것이다. 우리에게 있는 모든 것을 소유하는 이는 따로 있고 우리는 청지기라는 사실을 자녀에게 지속적으로 가르쳐야 한다. 주인에게는 권리가 있지만 청지기에게는 책임이 있다. 주인은 자기 이익을 생각하지만 청지기는 그럴 수 없다. 자기 돈이 아니기 때문에 다른 사람의 이익을 생각해야 한다. 주인은 돈 때문에 불안하지만 청지기는 애당초 자기 돈이 아니기 때문에 불안할 이유가 없다. 주인은 돈을 꽉 움켜쥐지만 청지기는 움켜쥐지 않는다. 이것이 바로 무소유이며, 자녀가 돈에 대해 이런 원칙을 가질 때 돈에 지배당하지 않게 된다.

부모는 어린 자녀에게 작은 것부터 나누는 법을 가르치고 아이가 성장할수록 좀 더 높은 수준의 돈 관리 원칙에 대해 대화를 나눠야 한다. 아이의 마음에 청지기 개념을 심어준다면 이는 세상을 살아가는 자녀에게 훌륭한 선물이 된다. 무소유 원칙으로 자녀를 무장시키면 돈의 위력에 못 이겨 삶이 망가지는 사태를 예방할 수 있다.

빈익빈 부익부 원칙

빈익빈 부익부 원칙도 자녀를 보호할 수 있는 훌륭한 방어책이다. 어떤 일이든 누가 되었든 큰돈이 손안에 들어가면 갑절의 효과를 낸다. 성깔 있는 사람에게 큰돈이 생기면 더 고약하고 못된 성질을 부릴 것이고, 기부를 잘하는 사람에게 큰돈이 생기면 자선가가 될 것이다. 재물이 늘어나면 긍정적인 성격 특성은 더 좋은 쪽으로, 부정적인 성격 특성은 더 나쁜 쪽으로 배가된다는 사실을 자녀에게 가르쳐야 한다. 아이들이 이 개념을 이해하면 큰돈이 생겼을 때 어떻게 행동할지, 어떤 사람이 되고 싶은지 다시 한 번 자기를 돌아볼 것이다.

유유상종 원칙

돈의 위력에 해를 입지 않도록 자녀를 보호하는 세 번째 방어책은 유유상종 원칙이다. 건전한 가치관을 지닌 어른이나 친구들과 교분을 두텁게 쌓는 방법이다. 돈 문제에서 비슷한 가치관을 지녔고 돈 문제에서 승리하는 방법을 아는 다른 가정과 자주 시간을 보내는 것도 좋은 방법이다. 또 자선활동을 펴는 가정의 자녀나 성공한 기업가의 자녀와 우정을 나누는 것도 좋다. 본보기가 되는 어른이나 친구들과 함께하면 재물의 위력에 눌려 자녀가 화를 입을 가능성이 줄어들고, 자녀에게 물려주는 부가 저주가 아닌 축복이 될 가능성은 커진다. 물론 누구를 만나든 그 사람의 배경에 상관없이 그를 존중하고 그와 친분을 나눌 줄 알아야 한다. 여기서 핵심은 자녀에게 좋은 영향력을 끼칠 사람을 부모가 신중하게 가려야 한다는 것이다. 아이들은 자주 어울리는 사람들을 닮는다.

가족 전통 세우기

전국의 여러 교회와 공동체에서 우리 재정평화학교 프로그램을 9주 짜리 과정으로 진행하고 있다. 여러 훌륭한 강사들을 비롯하여 레이첼과 나는 일주일에 한 번씩 참가 가족들을 만나 돈의 이치에 대해 가르친다. 재정평화학교 프로그램에서는 저축, 부채, 합리적인 소비, 기부 등 똑똑한 돈 관리 기법을 다루는데 이 가운데서 가장 중요한 것이 예산 세우기다. 사실 예산 세우기 강좌는 별로 거창하지도 않고 크게 재미도 없지만 정말 중요하다. 돈 문제에서 승리하는 사람들의 공통점을 꼽으라고 하면 나는 가장 먼저 예산 세우기를 들겠다. 왜냐고? 꼼꼼하게 세부 계획을 세우는 일이 돈을 관리하는 데 그만큼 중요하기 때문이다.

돈 문제에서 우연히 승리할 수는 없다. 마찬가지로 자녀에게 우연히 막대한 유산을 물려줄 수는 없다. 자녀가 유산을 물려받아 잘 관리할 수 있도록 역량을 키우려면 계획을 꼼꼼하게 수립해야 하고 계획을 실천하는 데 시간을 투자해야 한다.

돈 얘기를 금기시하지 말라

이 책 전반에 걸쳐 우리는 돈에 똑똑한 자녀로 양육하려면 관련 원칙을 화제로 삼아 아이들과 지속적으로 대화를 나눠야 한다고 강조했다. 물론 부모는 균형을 유지해야 한다. 돈 얘기에 너무 집착해서도 안 된다는 말이다. 하지만 마음먹고 한 차례 '돈 얘기'를 나눴다고 해서 부모 역할을 다했다고 생각하면 안 된다. 당연한 얘기지만 '한 차례' 대화만으로 돈 관리법을 익힐 리 만무하다. 자녀에게 올바른 덕목을 길러주기 위해 부단히 노력하듯이 이 주제 역시 지속적으로 대화를 나눠야 한다. 어떤 부모들은 돈이나 섹스 얘기를 몹시 싫어하고 꺼려서 아예 입에 담지도 않는다. 이런 부모 밑에서 성장한 자녀는 어떠한 얘기도 듣지 못했기 때문에 부모에게 돈이나 섹스가 전혀 문제가 안 되는 줄 안다. 하지만 자기 부모에게도 그 두 가지가 문제가 된다는 사실을 뒤늦게 알게 되면 몹시 충격을 받는다. 그런 주제로 대화를 나눈 적이 없는 아이들은 문제가 생기면 어떻게 대처해야 할지 몰라 당황한다.

가훈 정하기

부자들 중에는 자기 집안에서 가장 중요하게 여기는 가치와 사명을 가훈으로 정해 자손들에게 가르치는 집안이 많다. 가훈이라고 해서 거창하게 목표를 정하고 조목조목 적어서 문서로 만들 필요까진 없다. 우리 집 가훈도 거창하지 않다. 다들 짐작하겠지만 우리 집 가훈에는 근면, 기부, 투자, 빚지지 않기가 들어간다. 먼저 이렇게 시작한다. "나와 내 집은 여호와를 섬길 것이라."(여호수아 14장 15절) 종교가 없는 경우에는 집안에서 가장 중요하게 여기는 가치관을 적으면 된다. 우리 가훈에는 집안의 뿌리인 스코틀랜드 전통을 살려서 '오라 에트 라보라Ora et Labora'라는 라틴어 문구가 들어 있다. '기도하고 일하라'는 뜻이다.

뛰어난 조직은 분명한 비전을 품고 자신들이 중요하게 여기는 가치관을 명시한다. 이는 훌륭한 가문도 마찬가지다. 시간을 내서 가훈을 작성하고, 그 가훈을 자녀에게 읽어주며 자주 언급하기 바란다. 아이들이 단번에 그 의미를 이해하기는 어렵겠지만 나이를 먹을수록 집안에서 우선시하는 목표와 사명을 깊이 새기게 될 것이다.

유산 상속 계획

이 책은 유산 상속 계획을 어떻게 세우는지 자세히 안내하는 책은 아니다. 유산 관리와 관련한 일을 했던 내 친구들에 따르면 미국인의 70퍼센트가 유서를 남기지 못한 채 죽음을 맞는다고 한다. 매우 무책임한 청지기임은 말할 것도 없고, 참으로 어이없는 일이다. 유산 상속 계획을 담은 유서를 남기지 않고 죽으면 유족들은 엄청난 혼란에 빠진다. 법적으로나 재정적으로도 소란스럽지만 가족 간에도 분란이 생긴다. 유산 상속 계획을 꼼꼼하게 작성하는 일도 가족에게 '사랑한다'는 말을 전하는 훌륭한 방법이다. 자녀들이 이제 성인이 되었으면 마지막 가르침으로 유산 상속 계획을 수립해 후대에 부를 물려주는 본보기를 보여주는 것이 좋다.

유산 상속 계획을 법적으로 마무리했으면 성인 자녀를 비롯해 관련된 식구에게 편안하게 유서를 읽어주는 시간을 마련해 부모가 유산을 어떻게 처리할지 분명하게 알려주는 게 좋다. 재산을 어떻게 분배할 것이며 그 목적이 무엇인지 차근차근 설명해야 한다. 이로써 사후에 발생할 문제를 깔끔히 해결할 수 있다. 물론 경우에 따라 기분 상한 자녀들의 얼굴을 대할 수도 있다. 보통 영화에서 보면 돈 많은 부자가 죽고 나서 유서가 공개되면 젊은 아내와 배다른 자식들 사이에 전쟁 같은 일이 벌어진다. 현실은 영화와 다르지만, 영화 같은 일을 방지하기 위해서라도 부모는 생전에 상속 계획서를 차근차근 설명해야 한다.

유산 상속 문제에서는 골고루 똑같이 나눠주는 것이 꼭 공평한 것이라고는 할 수 없다. 만일 내 아이 중에 누군가 마약을 하고 방종하게 산다면 나는 그에게는 유산을 한 푼도 물려주지 않을 것이다. 이는 자녀에게 주는 징벌이 아니라 사랑이다. 자녀에게 마약 살 돈을 계속 대줄 부모는 세상에 없을 것이다. 또 장애인 자녀가 있으면 훨씬 더 많은 돈이 필요할 테니 더 많은 재산을 물려주는 게 공평한 치사다. 재혼 가정의 경우 전 배우자도 재혼했고 자녀도 성인이 되었다면, 재혼해서 생긴 미성년 자녀에게 더 많은 유산을 물려주는 게 공평하다. 관련된 모든 사람에게 생전에 유산 상속 계획을 얘기하고 그렇게 뜻을 정한 이유를 설명하는 게 가족들에게는 얼마나 고마운 선물인지 모른다. 부모가 유산 상속 준비를 소홀히 하거나 어설프게 하면 남은 가족에게 또 다른 일거리를 안기게 된다. 사랑하는 가족을 잃고 슬퍼할 시간에 상속 문제로 다투며 시간을 허비하게 되니 말이다.

모든 서류는 체계적으로 관리하라

우리가 제공하는 재무 관리 교육 과정 중에 '새로 쓰는 우리 가족의 역사'라는 강좌가 있다. 여기에 참가한 사람들에게는 서류함으로 쓸 수 있는 나무 상자를 하나 제공한다. 우리는 이 상자를 유산상속함이라고 부른다. 이 상자에는 자신이 사망했을 시에 필요하게 될 모든 서류를 보관한다. 배우자나 자녀들은 이 상자만 열면 배우자나 부모가 사망한 이후에 재산을 관리하는 데 필요한 소유권 증서와 관련 서류들을 비롯해 보험증서, 유서, 투자명세서, 재무제표 등을 쉽게 발견할 수 있어야 한다. 유언을 비밀에 부치거나 유서를 숨겨놓거나 돈을 담은 단지를 뒷마당 어딘가 묻어놓아 금속 탐지기로 찾게 만드는 일 따위는 없어야 한다.

유산 상속 계획을 마무리하고, 필요한 모든 서류를 유산상속함에 넣은 후에는 생전에 가족들에게 유산을 그렇게 분배한 이유를 설명해야 한다. 이 두 가지는 배우자와 자녀에게 당신이 베풀 수 있는 최고의 사랑이다.

부모는 어디까지 부양해야 할까

부모가 파산할 경우 성인 자녀는 부모를 어느 정도까지 책임져야 하는지 자주 질문을 받는다. 어머니의 부양 문제로 고민하는 르네라는 이름의 여성이 우리 라디오 쇼에 전화를 건 적이 있다. 당시 58세였던 그녀의 어머니는 돈을 제대로 관리하지 못하고 평생 과소비를 일삼았다. 또 일하기를 싫어해서 직장생활을 견뎌내지 못했고, 일을 할 때에도 지각이 잦고 직장 사람들과 잘 어울리지 못했다. 르네의 어머니는 부모를 부양하는 것이 성경에서 가르치는 의무라고 딸에게 강조하며 죄책감을 느끼게 했다. 그 어머니는 툭하면 "네 아버지와 어머니를 공경하라"는 성경 구절을 인용했다.

아버지와 어머니를 공경하라는 성경 말씀은 부모의 나쁜 행실까지 금전적으로 지원하라는 의미가 아니다. 마약을 하는 아버지에게 돈을 대주는 게 어떻게 아버지를 공경하는 일이 되는가? 자식이 됐건 부모가 됐건 잘못된 행실을 유지하도록 돈을 대주는 것은 사랑도 아니고 공경도 아니다. 자녀가 부모의 기본 생계비를 지원해주는 것은 상관하지 않지만, 이때도 그 돈이 나쁜 짓에 쓰이지 않도록 살펴봐야 한다. 단지 부모의 불평을 참아내는 게 힘들어 부모에게 돈을 주는 건 아닌지, 부모에게 정말로 도움이 되는 일을 하고 있는지 분간해야 한다.

그런가 하면 한평생 성실하게 살았지만 돈이 별로 없는 어머니도 있다. 마음씨는 좋은 사람이지만 재정적으로 성공하지 못한 경우다. 자식 입장에서는 르네의 어머니보다 훨씬 정이 가는 사람이어서 기꺼이 도와줄 마음이 든다. 제일 먼저 의무를 다해야 하는 곳은 자기가 꾸린 가정이고 자신의 자녀들이지만, 정말로 필요한 상황에서 부모를 돕는 일은 대견한 일이다. 내 친구 한 명은 훌륭한 아버지를 두었다. 친구의 부친은 열심히 일하며 돈을 저축했지만 큰돈을 모으지 못한 탓에 은퇴할 때가 되어서도 여전히 주택 할부금을 갚아야 하는 처지였다. 내 친구는 아버지의 주택 할부금을 대신 갚아나갔다. 참 흐뭇한 일이다. 물어보진 않았지만 내 친구도, 친구 부친도 부를 악하다고 생각하는 사람들은 확실히 아닐 것이다.

가장 훌륭한 투자

돈을 잘 관리해서 다음 세대에 재산을 물려주려면 근면한 태도와 규율 잡힌 생활이 필수다. 또 시간도 많이 걸린다. 자녀에게 이 책에서 다룬 똑똑한 돈 관리법을 가르치려면 그만큼 시간이 걸린다. 하루아침에 완성되는 일이 아니다. 초반에는 잘 되는가 싶다가도 실망스러운 일이 많을 것이다. 하지만 실패해도 괜찮다. 거기서 포기하지만 않으면 된다. 일상에서 기회가 생길 때마다 자녀에게 똑똑한 돈 관리 원칙을 가르치기 위해 노력해야 하고, 시간을 투자해야 한다. 그렇게 하면 결국 결실을 보게 되어 있다. 돈 문제에 똑똑하게 처신하면서 자신감 있게 세상을 헤쳐나가는 자녀를 지켜볼 수 있을 것이다. 나는 지금까지 많은 투자를 했지만 돈에 똑똑한 자녀로 키우려고 들인 시간과 정성이야말로 내가 한 것 중 가장 훌륭한 투자였다.

청지기 직을 물려받다

"엄마, 이제 우리 부자야?"

어렸을 때 이렇게 물었던 적이 있다. 그때는 어머니와 아버지가 파산한 지 10년도 더 지난 시점이었다. 두 분은 각고의 노력 끝에 빚을 모두 청산했고 새 사업은 순탄하게 풀려나갔다. 아버지가 진행하는 라디오 쇼의 인기가 급상승하고 재정평화학교도 전국적으로 규모를 키워가고 있었다. 또 아버지가 출간한 책 두 권이 〈뉴욕 타임스〉가 선정한 베스트셀러에 오르기도 했다. 아버지의 책 중에 가장 널리 알려진 책이 《절박할 때 시작하는 돈 관리 비법》인데, 아버지는 이때 머릿속으로 한창 이 책을 구상 중이었다. 우리 가족은 가난뱅이에서 부자로 도약하는 과도기에 있었다. 지난 여러 해 동안 부모님을 옥죄던 재정적 스트레스가 사라지는 것을 지켜보면서 어린 나조차도 우리 집 형편이 크게 호전되고 있음을 감지했다.

램지 집안의 자녀들은 어렸을 때 부모가 얼마나 많은 돈을 버는지 전혀 알지 못했다. 우리가 어렸을 때 어떻게 살았는지 앞에서도 말했지만, 나는 중고의류 위탁판매점에서 산 옷을 입고 자랐다. 어머니는 '쿠폰 아줌마'로 불렸다. 아버지는 벼룩시장에서 흥정을 벌여 물건을 싸게 구매하는 데 선수였고, 우리가 즐겨 찾는 식당은 어머니의 주방이었다. 어머니와 아버지가 몰고 다녔던 차는 브레이크에서 삐걱거리는 소리가 나고 도색이 여기저기 벗겨진 허름한 차였다. 아버지는 하루도 쉬지 않고 일했고 밤을 새우는 날도 많았다. 그러다가 조금씩 변화가 생겼다. 그리 큰 변화는 아니라서 사실 신경을 쓰지 않으면 놓치고 지나칠 정도였다. 아버지가 저녁에도 집에 있는 날이 많아졌고, 자동차의 상태가 좀 더 나아졌다. 이따금 저녁을 먹기 위해 어머니의 주방을 벗어나는 모험을 감행하기도 했다. 휴가철에 놀러 가면 낡은 텐트와 야영지 외에도 볼거리가 많아졌다. 하지만 '그래! 마침내 성공한 거야. 우리는 더는 가난뱅이가 아니야!' 하고 확신했던 순간은 없다. 우리가 할 수 있는 것들도 아주 더디게 조금씩 늘어났다. 돈에 관한 대화 내용도 바뀐 게 없고, 돈을 다루는 원칙도 바뀌지 않았다. 그런데 우리가 돈으로 '할' 수 있는 것들이 바뀌었다.

여기서 시간을 빨리 돌려 내가 스물한 살이고 결혼한 지 몇 개월이 지났을 무렵으로 가보자. 대학 졸업식을 한두 달 남겨둔 시점이었는데, 나는 고향인 내슈빌로 돌아와 아버지가 치르고 있는 성전에 동참하기로 진로를 결정한 뒤였다. 아버지와 나는 세상에 재정적 평화를 함께 전파하기로 했다. 남편과 내가 부모님 집에 들어가자 거실에 동생과 언니도 와 있었다. 램지 집안에서 가족회의는 특별한 게 아니었지만, 그날은 아버지가 가족회의를 소집했을 때 모두들 뭔가 특별한 일이 벌어질 것이라고 예감했다. 우리는 이미 두 분이 유서를 작성하고 유산 상속 계획을 진행하고 있음을 알고 있었고, 몇 차례 이에 대해 대화를 나눈 적도 있다. 이날은 부모님의 유산 상속 계획을 전부 알게 되는 날이었다.

아버지가 우리를 주방으로 안내하자 각 사람이 앉을 자리 앞의 탁자 위에 꼼꼼하게 준비한 서류철들이 정돈되어 있었다. 나는 다소 긴장했다. 아버지 입에서 나온 첫마디는 이랬다. "서류철은 아직 열어보지 마라. 먼저 해야 할 얘기가 있으니 너희가 곧장 결론부터 보기를 원하지 않는다." 그리고 나서 아버지는 하나님이 우리 가족에게 얼마나 큰 축복을 내렸는지, 지난 과거에 우리가 얼마나 힘든 시절을 보냈는지 상기시켰다. 아버지는 두 분이 어떻게 희생했는지 또 하나님의 방식으로 돈을 관리하는 일에 얼마나 헌신했는지 얘기했다. 아버지는 돈 자체는 도덕성을 초월하지만, 그 돈을 쥐고 있는 사람의 성격을 반영한다고 얘기했다. 돈에는 모든 것을 갑절로 부풀리는 성질이 있어 관대한 사람은 더 너그러운 사람으로 만들고, 이기적인 사람은 더 이기적인 사람으로 만들 수 있다고 강조했다. 돈은 축복이 될 수도 있고 저주가 될 수도 있으며, 이는 전적으로 돈을 갖고 있는 사람의 태도와 행동에 달렸다고 했다. 다른 사람들의 유익을 도모할 수 있는 도구로 돈을 생각한다면 우리 가족과 세상을 위해서 돈으로 온갖 좋은 일을 할 수 있다고 말했다.

그리고 마지막으로 아버지는 이렇게 말했다. "하나님이 원하는 방식으로 돈을 다루는 것은 효과가 있었다. 우리 가족에게는 분명히 그랬지. 그 서류철에 들어 있는 게 무엇이든 그것은 우리 것이 아니다. 하나님 소유지. 주인은 하나님이고 우리는 청지기일 뿐이야. 지금 한 얘기는 너희가 자라는 내내 나눴던 얘기다. 엄마와 나는 언젠가 너희가 이 책임을 맡아 훌륭하게 감당할 역량이 있다고 생각한다. 그러니까 너희가 장차 어떤 책임을 넘겨받게 될지 살펴보라는 뜻으로 오늘 자리를 마련한 거란다."

그 말을 듣고 난 뒤 우리는 각자 서류철을 살펴보기 시작했다. 세세하게 정리된 유산 상속 계획서였다. 내 생애 처음으로 부모님의 재정 상태를 속속들이 파악한 날이었다. 서류철을 한 장 한 장 넘기는 동안, 거기에 적힌 수치 하나하나가 단순히 금액이 아니라 내가 짊어져야 할 책임으로 다가왔다. 중압감이 나를 짓눌렀다. 나와 남편에게 혹은 우리 삼 남매에게 이런 책무가 떨어지지 않았으면 좋겠다는 생각이 들었다. 어머니와 아버지가 지난 25년간 훌륭하게 일군 부를 내가 망칠까 봐 걱정스러웠다. 물론 하나님이 주신 축복과 그분의 신실함을 기록으로 확인하는 일은 놀라운 경험이었지만 그날 저녁 주방 분위기는 시종일관 무거웠다. 우리는 웃지도 않았고 장난도 치지 않았다. 하나님의 자원을 관리할 책임이 있는 어른들의 모임이었다.

시간이 가면서 점차 두려움을 이겨내게 되었다. 우리 부모님은 내가 이 일을 감당할 수 있도록 평생 나를 준비시켰다. 나는 돈을 관리할 줄 알았다. 열심히 일하는 법은 물론 소비하고, 저축하고, 기부할 줄도 알았다. 내가 이 유산을 책임지기 위해 태어났다고 자신 있게 말할 수는 없지만 이 유산을 감당하도록 훈육받은 것은 분명하다. 주방에 앉아 유산에 관련한 모든 얘기를 마치고 나자 오래전에 어머니에게 했던 그 질문이 떠올라 다시 한 번 해보았다. "엄마, 이제 우리 부자야?"

"그럼, 레이첼. 우리 집은 사랑만큼은 부자야." 어머니는 예전에도 이렇게 대답했었다.

어떤 인생을 살 것인가?

"사랑만큼은 부자야." 나는 어머니의 이 말씀을 가슴에 새기고 산다. 내가 태어났을 때는 부모님이 모든 걸 잃고 빚더미에 올랐을 때였다. 당연히 부모님은 자신들이 '풍족하다'고 여기지 않았을 것이다. 어머니는 물건을 살 때마다 쿠폰을 애용하고 중고의류 위탁판매점에서 옷을 샀으며, 아버지는 빚을 갚으며 식구들을 굶지 않게 하려고 하루에 열다섯 시간씩 노동을 했다. 이때도 그분들이 '풍족하다'고 느꼈을 리가 만무하다. 하지만 여러 해가 지나 부를 축적하고 돈 걱정 없이 좋은 물건을 구입할 형편이 되었을 때에도 그분들은 '풍족하다'고 여기지 않으려고 노력했다. 그 대신 진짜 중요한 가치에 주의를 기울였다. 두 분은 무슨 일이 있어도 사랑만큼은 풍족하게 만들겠다고 결심했다.

부모님은 하나님의 방식대로 돈을 관리하면서 자녀들도 그렇게 하게끔 가르치기로 마음먹었고, 그 일에 헌신했다. 이제 당신도 똑같은 선택의 문제에 직면했다. 신명기 30장 19절에 이런 구절이 있다. "오늘 내가 하늘과 땅을 증인으로 삼아 너희 앞에 생명과 죽음, 복과 저주를 두니 생명을 선택해 너희와 너희 자손들이 살고."

우리는 이 책에서 돈 문제에서 승리하는 자녀로 키우는 방법을 다뤘다. 이 책을 덮기 전에 다시 한 번 그 내용을 떠올리기 바란다. 부모로서 실수도 있겠지만 부모에게는 자녀에게 축복의 유산을 물려줄 힘도 있고 저주의 유산을 물려줄 힘도 있다. 생명과 죽음 중 자녀에게 무엇을 물려줄지 선택하라. 이 책을 읽고 공감하는 바가 있었다면 당신이 무엇을 선택할지는 분명해 보인다. 아마도 '생명'이리라.

제 12 장

내가 바로
그 아버지였다

SMART SMART
MONEY KIDS

내가 바로 그 아버지였다. 이 책 초반부에서 레이첼이 했던 이야기를 기억하는가? 우리 회사 로비에 있는 카페를 찾은 한 가족이 〈데이브 램지 쇼〉에 출연해 빚을 모두 청산한 기쁨을 나눴다는 이야기 말이다. 레이첼은 그 가족 이야기를 하면서 빚을 모두 갚았다고 외쳤던 조그만 소녀의 모습에서 자기 자신을 떠올렸다. 레이첼의 부모도 한때 실수를 저질렀으나 가족의 미래를 위해 부채가 없는 삶을 살기로 결단을 내린 사람들이었다. 우리가 파산 신청을 했던 해에 태어난 레이첼이 지금은 이런 주제로 사람들을 가르치는 일을 하고 있으니 세상일은 참으로 오묘하다.

내가 바로 그 아버지였다. 재정적으로 상상할 수 있는 온갖 실수를 저질렀던 사람이다. 내가 저지른 실수는 보통 사람들이 흔히 저지르는 잘못에 숫자 0을 잔뜩 붙인 규모라고 보면 된다. 나는 가진 재산을 모두 날리고 파산한 아버지였다. 일이 왜 그 지경이 되었는지 영문을 몰라 헤매던 아버지였다. 이 책에서 소개한 똑똑한 돈 관리 원칙을 실천하지 못했던 아버지였다. 하지만 그 모든 잘못과 실수를 이겨내고 승리한 아버지이기도 하다.

이제 당신이 그 아버지이거나 그 어머니가 되어야 한다. 돈의 이치를 완벽하게 이해하고 다룰 수 있어야 이 책에 소개한 개념을 자녀에게 가르칠 수 있는 것은 아니다. 완벽한 부모는 없다. 그러니 너무 겁먹지 말고 자신에게 너그럽게 대하기 바란다. 어쨌든 이 경주에 참여해야 한다. 똑똑한 돈 관리 원칙을 아이들 마음에 심어주기 위한 경주에 나서서 뛰어야 한다. 샤론과 나도 흠이 많았지만 꾸준히 노력했다. 미식축구에서 선수가 패스를 받다가 공을 떨어뜨렸다고 해서 잔뜩 울상을 하고 뛰쳐 나가지는 않는다. 경기장에서 계속 뛰면서 포기하지 않고 다시 덤비면 기회는 다시 만나게 되어 있다.

마치 목숨이 달려 있는 것처럼 가르쳐라

성경에는 예수의 제자가 되기 위해 치러야 하는 대가에 대해 예수가 가르친 이야기가 나온다. 예수는 길을 걷다가 만난 한 사내에게 "나를 따르라" 하고 말했다. 이 남자는 "주여, 제가 먼저 가서 아버지의 장례를 치르게 해 주십시오" 하고 대답했다. 이때 예수의 대답은 다소 이상했다. "죽은 사람들에게 죽은 자를 묻게 하고."(누가복음 9장 59~60절) 이 구절을 처음 읽었을 때 나는 예수가 정말로 그 사람에게 자기 아버지 장례식에 가지 말라고 한 줄 알았다!

그런데 재무교육 전문가 래리 버켓Larry Burkett은 기독교인으로 예수의 이 과격한 요구에 대해 이해가 가는 설명을 제시했다. 래리에 따르면, 유대교 전통에서는 남자가 은퇴할 나이가 되면 자신의 모든 재산과 소유물을 장자에게 넘긴다고 한다. 그러면 장자는 그 재산으로 부모와 어린 형제들 그리고 시집가지 않은 누이들을 보살필 책임을 맡는다. 래리는 이 사내의 아버지가 진짜로 죽은 게 아니라 아들에게 재산을 넘겨줄 만큼 나이가 들었다는 의미라고 얘기했다. 그러니까 이 사내가 예수에게 한 말은 "당신을 따르겠지만, 먼저 아버지의 재산을 물려받아 집을 경영하게 해 주십시오"라는 뜻이라는 해석이다.

내 친구 중에 유대교 랍비가 있다. 친구 설명에 따르면 유대인에게 돈은 곧 자기 목숨이다. 그러니까 돈이 없으면 죽은 것이나 마찬가지다. 나는 유대인이 돈밖에 모르는 인간이라고 말하려는 게 아니다. 유대인은 돈이 있어야 살아갈 능력이 생긴다는 사실을 인정했다. 그러니까 성경에 나온 이 사내가 '아버지의 장례를 치르겠다'고 한 말은 그의 아버지가 더는 돈의 주인이 아니라는 말과도 상통한다.

이 문화적 전통에 담긴 의미를 생각해보자. 유대인은 장자가 태어난 순간 그 아이가 자기와 아내를 부양하며 말년을 책임질 사람임을 알고 있다. 그러니까 은퇴 후의 삶이 퇴직연금이나 부동산에 달려 있지 않고 장남이 돈 문제를 다루는 데 얼마나 유능한가에 달렸다는 뜻이다. 이럴 때 당신이라면 어떻게 하겠는가? 당신 자신의 생계와 삶의 질을 언젠가 그 아이 손에 맡겨야 한다면, 그 아이에게 똑똑한 돈 관리 기법을 일찍부터 가르치고 싶지 않겠는가? 당신은 틀림없이 그 아이에게 근면하게 일하고, 저축하고, 현명하게 소비하고, 기부하는 법을 가르칠 것이다. 또 투자와 세금, 예산에 대해서도 가르칠 것이다. 또 자족하는 법과 부채 없이 사는 법, 그리고 후손에게 지혜롭게 유산을 상속하는 법을 가르칠 것이다. 당신 삶의 질은 물론, 생존 자체가 장자가 돈을 능숙하게 다루는 데 달렸다면 당신은 당연히 그 아이를 돈에 똑똑한 자녀로 키우려고 할 것이다. 그러니까 내가 하고 싶은 말은 이것이다. 당신의 종교나 문화적 배경이 어떠하든, 돈에 똑똑한 자녀로 키우려면 유대인이 장자를 대하는 마음으로 치열하게 임해야 한다는 것이다.

당신도 할 수 있다

나는 재정적으로 큰 실수를 저지르고 사업에 실패한 아버지였다. 하지만 나는 집안의 역사를 새로 쓰겠다고 다짐한 아버지였다. 재정적인 면에서 우리 집안의 운명을 바꿔놓으려면 '계획을 세워' 자녀들이 돈 문제에 똑똑하게 대처하도록 양육해야 한다는 사실을 깨우친 아버지였다. 당신이 재정적으로 어리석은 결정을 내렸을지라도 집안의 재정 상태를 회복할 기회는 있다. 돈 문제에 똑똑하게 대처하는 자녀로 키우기에 늦었다 싶을지라도, 아직 희망은 있다. 앞으로는 돈을 관리하는 일도, 자녀를 교육하는 일도 이 책에 나온 원칙을 따라 하겠다고 지금 당장, 이 자리에서 결심하면 된다.

 자립하여 당당하게 세상을 살고 있는 세 자녀를 둔 아버지로서 말하건대 수고할 만한 가치가 충분한 일이다. 돈 문제에 야무지게 대처하고 유능하게 살아가는 우리 아이들을 볼 때마다 샤론과 나는 마음이 참으로 뿌듯하고 풍족하다. 물론 그 아이들도 흠이 있지만 충분히 잘 해내고 있다. 그 아이들은 제힘으로 일어섰으며 부모 눈이라서 그런지 몰라도 제 또래보다 더 성숙하다. 남에게 베풀 줄 알고, 검소하고, 돈 문제를 결정할 때 항상 합리적인 원칙을 지킨다. 그 아이들은 한 푼도 빚지지 않았다. 가장 만족스러운 점은 그 아이들이 집안의 유산을 잘 관리하고 있으며, 그 유산을 후손에게 전수할 수 있는 역량과 자세를 갖추었다는 사실이다. 레이첼과 나는 당신도 그러한 삶에 도전하기를 바란다. 훗날 당신의 자녀도 돈을 똑똑하게 관리하는 어른으로 성장해 세상에서 승리할 뿐 아니라 후손에게 물려줄 유산을 관리할 역량도 갖추기를 바란다.

당신도 오늘부터 집안의 새로운 역사를 써나가야 한다. 지금부터 시작이다.

학생용 예산안

이 예산 양식에는 밑줄과 빈칸이 많다.
걱정할 일이 아니다. 혹시 빠뜨렸을지 모를 항목을 모두 추가할 수 있도록 공백을 많이 남겨둔 것뿐이다. 밑줄 처진 곳을 반드시 다 사용할 필요는 없다. 자기 상황에 맞게 필요한 만큼 항목을 채워나가면 된다.

1단계
맨 위에 있는 칸(A)에 월 소득을 적는다. 부모님에게 받는 돈도 모두 포함한다. 이 금액이 이달에 지출할 돈이다. 간단하지 않은가?

$$\boxed{\text{소 득}}$$
A

2단계
예산안 맨 아래 있는 소득 칸(B)에 소득을 적는다.

$$\boxed{\text{소 득}} - \boxed{\text{지 출}} = \boxed{0}$$
B

3단계
오락비 항목에는 영화, 스포츠 활동 등의 세부항목이 들어간다. 위에서 아래로 세부항목을 작성하고 우선 옆에 있는 예산 칸(C)에 예산을 적는다. 각 세부항목의 예산을 전부 더해서 나온 총액을 소계 칸(D)에 적는다.

오락비	예 산
✉ 영화	
✉ 콘서트	C
✉ 스포츠	
✉ 기타	
소 계	D

4단계

칸을 모두 채우고 각 항목 소계 칸(D)의 값을 전부 더한다. 그렇게 더한 총액을 지출 칸(E)에 적는다. 그 금액이 매달 지출하게 될 금액이다. 이 예산안의 목표는 딱 그 금액만큼 돈을 소비하는 것이다. 그러니까 지출이 소득보다 더 많으면 일부 항목을 조정해서 지출을 줄여야 한다. 만약 지출 항목을 모두 제하고도 소득액이 남는다면 학자금 저축이나 외식 항목의 비중을 늘려도 좋다.

식 비	예 산
✉ 외식	
✉ 학생식당	
소 계	D

의 류	예 산
✉ 옷	
✉ 유니폼	
소 계	D

오락비	예 산
✉ 영화	
✉ 콘서트	
✉ 스포츠	
기타	
소 계	D

5단계

지출이 소득과 똑같으면 F 칸에 0을 적으면 된다. 그러면 예산 세우기가 끝났다!

소 득 − 지 출 = 0
A   E   F

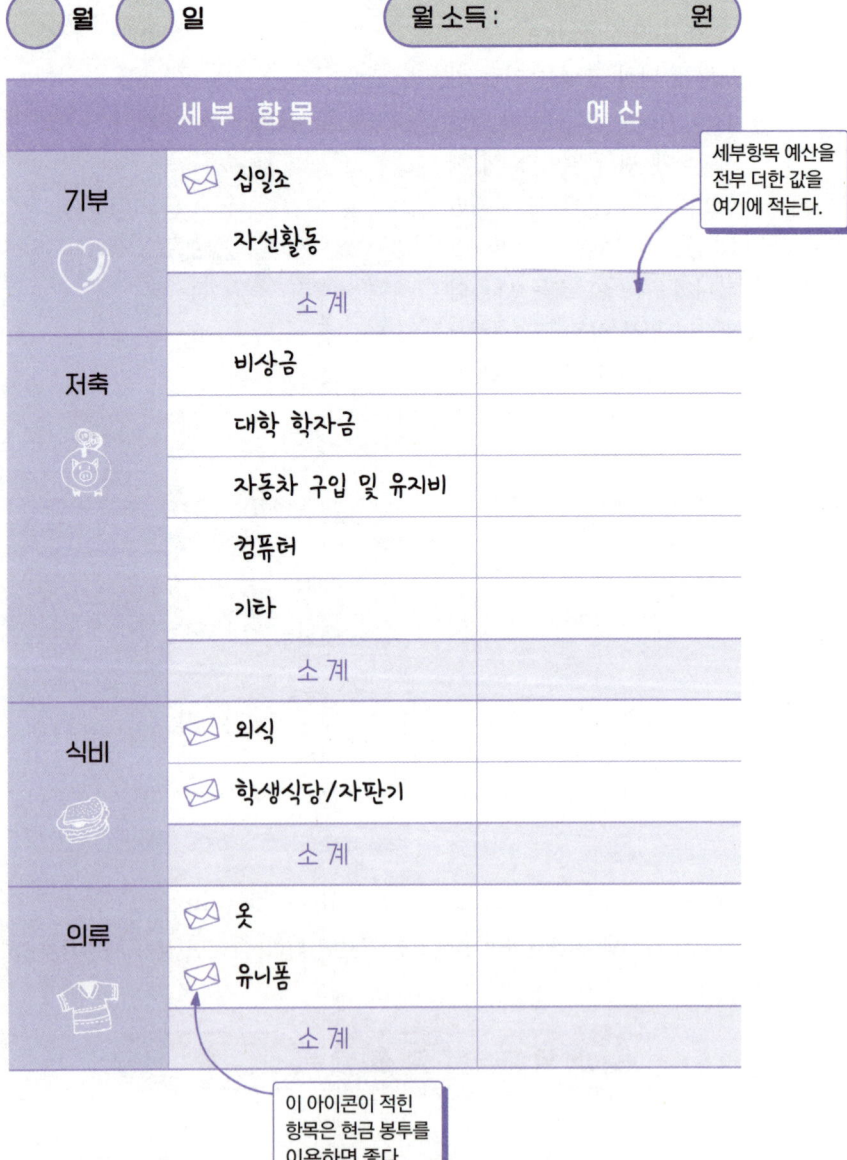

> 아래 예시는 미국의 특수한 상황을 반영한 것이다.–옮긴이

	세부 항목	예산
교통비	기름값	
	자동차 보험	
	엔진오일 교환	
	면허증 및 세금	
	소 계	
개인비용	✉ 미용 관련 용품	
	✉ 음악/최신 기기	
	✉ 선물	
	✉ 용돈	
	휴대폰	
	기타	
	소 계	
오락비	✉ 영화	
	✉ 콘서트	
	✉ 스포츠	
	기타	
	소 계	

(소 득) − (지 출) = (0)

각 항목의 소계를 전부 더한 값을 적는다.

기억하는 가? 여기 값이 0이 되어야 한다.

특별 지출 예산안

커다란 코끼리를 먹으려면 어떻게 해야 하는가?
한 번에 조금씩 먹는다!

방학 여행이나 동호회 회비, 스포츠 장비나 악기 혹은 교복 구입 등 큰돈이 들어가는 일이 있다. 이런 항목은 계획을 세워 준비하지 않으면 재정적으로 큰 부담이 된다. 다음 양식을 이용해 특별 지출에 대비해 매달 예산을 편성하는 방법을 살펴보자.

$$\boxed{항\ 목}\ \boxed{총\ 경\ 비} \div \boxed{개월\ 수} = \boxed{월별\ 저축\ 금액}$$
$$\quad\ \ A \qquad\qquad B \qquad\qquad\ \ C \qquad\qquad\quad D$$

1단계
항목 칸(A)에는 앞으로 큰돈이 들어갈 항목을 적는다. 만약 빠진 게 있으면 기타 항목에 포함하면 된다.

2단계
각자 상황에 맞게 큰돈이 필요한 항목을 적고, 각 항목에 얼마나 많은 돈이 필요한지 그 금액을 총경비 칸(B)에 적는다. 그리고 그 금액을 저축하기까지 몇 개월이 남았는지 세어서 개월 수 칸(C)에 적는다.
일례로, 지금이 6월인데 올해 크리스마스에 친구에게 줄 선물비로 120달러를 지출하고 싶다고 하자. 그러면 12월까지 총경비 120달러가 필요하고, 그 돈을 저축하기까지 6개월이 남았다.

3단계
이제 각 항목에 대해 필요한 총경비를 남은 개월 수로 나눠 그 금액을 월간 저축 금액 칸(D)에 적는다.
그러니까 크리스마스 선물비의 경우 총경비 120달러를 6개월로 나누면 한 달에 20달러다. 매달 20달러를 예산에 편성해 저축해야 한다.

특별 지출 예산안 작성해보기

항목	총경비 (돈이 얼마나 필요한가?)	÷ 개월 수 (몇 개월이나 남았나?)	= 월별 저축 금액 (매달 저축해야 하는 금액)
동창			
동호회 회비			
운동 장비			
크리스마스 선물			
방학 여행			
각종 기념일			
교복			
기타			
⋮			

SMART   SMART
MONEY   KIDS

| 옮긴이 | 이주만

서강대학교 대학원 영어영문학과를 졸업했다. 현재 번역가들의 모임인 (주)바른번역의 회원으로 활동 중이다. 옮긴 책으로《강인함의 힘》《밥 프록터 부란 무엇인가》《폴리매스》《미라클 모닝 밀리어네어》《아이를 위한 돈의 감각》《힘이 되는 말, 독이 되는 말》《끌림》《삶이 괴롭냐고 심리학이 물었다》《성격을 팝니다》《사장의 질문》《다시 집으로》《경제학은 어떻게 내 삶을 움직이는가》《나는 즐라탄이다》《모방의 경제학》《케인스를 위한 변명》《그리스 신화: 신, 여신, 영웅 핸드북》《스카우트 마인드셋》 등이 있다.

돈을 아는 아이는 흔들리지 않는다

초판 1쇄 발행 2015년 4월 1일
개정 1쇄 인쇄 2025년 8월 19일
개정 1쇄 발행 2025년 9월 2일

지은이 데이브 램지, 레이첼 크루즈
옮긴이 이주만
펴낸이 유정연

이사 김귀분
기획편집 신성식 조현주 유리슬아 황서연 정유진 **디자인** 안수진 기경란
마케팅 반지영 박중혁 하유정 **제작** 임정호 **경영지원** 박소영

펴낸곳 흐름출판(주) **출판등록** 제313-2003-199호(2003년 5월 28일)
주소 서울시 마포구 월드컵북로5길 48-9(서교동)
전화 (02)325-4944 **팩스** (02)325-4945 **이메일** book@hbooks.co.kr
홈페이지 http://www.nwmedia.co.kr **블로그** blog.naver.com/nextwave7
출력·인쇄·제본 (주)상지사 **용지** 월드페이퍼(주) **후가공** (주)이지앤비(특허 제10-1081185호)

ISBN 978-89-6596-742-2 03320

- 이 책 내용의 전부 또는 일부를 사용하려면 반드시 저작권자와 흐름출판의 서면 동의를 받아야 합니다.
- 흐름출판은 독자 여러분의 투고를 기다리고 있습니다. 원고가 있으신 분은 book@hbooks.co.kr로 간단한 개요와 취지, 연락처 등을 보내주세요. 머뭇거리지 말고 문을 두드리세요.
- 파손된 책은 구입하신 서점에서 교환해드리며 책값은 뒤표지에 있습니다.